Kohlhammer

Psychodynamische Psychotherapie mit Kindern, Jugendlichen und jungen Erwachsenen

Perspektiven für Theorie, Praxis und Anwendungen im 21. Jahrhundert

Herausgegeben von Arne Burchartz, Hans Hopf und Christiane Lutz

Eine Übersicht aller lieferbaren und im Buchhandel angekündigten Bände der Reihe finden Sie unter:

 https://shop.kohlhammer.de/psychodynamische-psychotherapie

Die Autorinnen

Dagmar Lehmhaus ist Diplom-Soziologin und Kinder- und Jugendlichenpsychotherapeutin, Dozentin, Supervisorin und Selbsterfahrungsleiterin an der APH in Hamburg, der Ärztlichen Akademie in München, dem ZAP in Lübeck und an weiteren anerkannten Ausbildungsinstituten. Sie war viele Jahre in eigener Praxis tätig und hat als Autorin diverse Publikationen veröffentlicht.

Bertke Reiffen-Züger ist Diplom-Pädagogin und Kinder- und Jugendlichenpsychotherapeutin. Sie war langjährig als KJP in eigener Praxis tätig und wirkte bei mehreren Publikationen mit. Sie ist Dozentin bei der Ärztlichen Akademie in München und entwickelte den Plämokasten.

Dagmar Lehmhaus &
Bertke Reiffen-Züger

Spiel und Spielen in der psychodynamischen Kinder- und Jugendlichenpsychotherapie

2., aktualisierte Auflage

Verlag W. Kohlhammer

Dieses Werk einschließlich aller seiner Teile ist urheberrechtlich geschützt. Jede Verwendung außerhalb der engen Grenzen des Urheberrechts ist ohne Zustimmung des Verlags unzulässig und strafbar. Das gilt insbesondere für Vervielfältigungen, Übersetzungen und für die Einspeicherung und Verarbeitung in elektronischen Systemen.

Pharmakologische Daten verändern sich ständig. Verlag und Autoren tragen dafür Sorge, dass alle gemachten Angaben dem derzeitigen Wissensstand entsprechen. Eine Haftung hierfür kann jedoch nicht übernommen werden. Es empfiehlt sich, die Angaben anhand des Beipackzettels und der entsprechenden Fachinformationen zu überprüfen. Aufgrund der Auswahl häufig angewendeter Arzneimittel besteht kein Anspruch auf Vollständigkeit.

Die Wiedergabe von Warenbezeichnungen, Handelsnamen und sonstigen Kennzeichen berechtigt nicht zu der Annahme, dass diese frei benutzt werden dürfen. Vielmehr kann es sich auch dann um eingetragene Warenzeichen oder sonstige geschützte Kennzeichen handeln, wenn sie nicht eigens als solche gekennzeichnet sind.

Es konnten nicht alle Rechtsinhaber von Abbildungen ermittelt werden. Sollte dem Verlag gegenüber der Nachweis der Rechtsinhaberschaft geführt werden, wird das branchenübliche Honorar nachträglich gezahlt.

Dieses Werk enthält Hinweise/Links zu externen Websites Dritter, auf deren Inhalt der Verlag keinen Einfluss hat und die der Haftung der jeweiligen Seitenanbieter oder -betreiber unterliegen. Zum Zeitpunkt der Verlinkung wurden die externen Websites auf mögliche Rechtsverstöße überprüft und dabei keine Rechtsverletzung festgestellt. Ohne konkrete Hinweise auf eine solche Rechtsverletzung ist eine permanente inhaltliche Kontrolle der verlinkten Seiten nicht zumutbar. Sollten jedoch Rechtsverletzungen bekannt werden, werden die betroffenen externen Links soweit möglich unverzüglich entfernt.

2., aktualisierte Auflage 2025

Alle Rechte vorbehalten
© W. Kohlhammer GmbH, Stuttgart
Gesamtherstellung: W. Kohlhammer GmbH, Heßbrühlstr. 69, 70565 Stuttgart
produktsicherheit@kohlhammer.de

Print:
ISBN 978-3-17-045417-0

E-Book-Formate:
pdf: ISBN 978-3-17-045418-7
epub: ISBN 978-3-17-045419-4

Inhalt

1	**Einführung**	**11**
1.1	Zusammenfassung, weiterführende Literatur und Fragen	14
	Zusammenfassung	14
	Vertiefende Literatur	14
	Weiterführende Fragen	15
2	**Spiel und Spielen**	**16**
2.1	Was heißt eigentlich »spielen«?	16
2.1.1	Spielen als ein Handeln besonderer Art	17
2.1.2	Projektion und Symbolisierung	18
2.1.3	Inszenierung und Szenisches Verstehen	20
2.2	Freies Spielen	22
2.2.1	Zentrum eigener Aktivität	22
2.2.2	Schutzraum des Zweckfreien	24
2.2.3	Flow	26
2.3	Spielfreude	27
2.4	Neugier	28
2.5	Fantasie	29
2.5.1	Fantasie und Realität	30
2.5.2	Tagträume	31
2.6	Kreativität	33
2.7	Die Umwelt spielt immer mit	35
2.7.1	Spiel und Beziehung	35
2.7.2	Spiel als symbolische Interaktion	36

2.8 Zusammenfassung, weiterführende Literatur und
Fragen 37
Zusammenfassung 37
Vertiefende Literatur 39
Weiterführende Fragen 39

3 Grundlagen und Rahmenbedingungen spielerischer Begegnung 40
3.1 Entscheidung für das Spieleparadigma 40
3.2 Rolle, Präsenz und Haltung des Kinderpsychotherapeuten 41
3.3 Überlegungen zum Spielzimmer 45
3.4 Überlegungen zum Spielmaterial 47
3.5 Kind und Kinderpsychotherapeut im intermediären Spielraum 50
3.6 Zusammenfassung, weiterführende Literatur und Fragen 51
Zusammenfassung 51
Vertiefende Literatur 52
Weiterführende Fragen 52

4 Spiel und Entwicklung 54
4.1 Die Umwelt spielt immer mit 55
4.2 Spiel und psychische Entwicklung 57
4.3 Bezogenheit, Vertrauen und Dialog als Fundament der Spielentwicklung 58
4.4 Präödipales Spiel: Individuation und Symbolisierung 65
4.5 Vorschulalter: Autonomie und Hineinwachsen in die Kindergruppe 72
4.6 Mittlere Kindheit: Identitätsfindung und Konsolidierung in der eigenen Generation 76
4.7 Adoleszenz – Abschied von der Kindheit 79
4.8 Zusammenfassung, weiterführende Literatur und Fragen 83
Zusammenfassung 83

Inhalt

	Vertiefende Literatur	84
	Weiterführende Fragen	84
5	**Wie das Spiel zum psychotherapeutischen Medium wurde**	**85**
5.1	Wunscherfüllung und Realitätsbewältigung	85
5.2	Katharsis-Hypothese	88
5.3	Spiel als Vorübung für das Leben	89
5.4	Pioniere des Kinderspiels in den psychodynamischen Verfahren	91
5.4.1	Melanie Klein – die deutende Spieltherapie	92
5.4.2	Anna Freud – Behebung von Entwicklungshemmungen im Spiel	93
5.4.3	Der zweite Weltkrieg – ein Rückschlag für das freie Spielen	94
5.5	Entwicklungen der Arbeit mit dem Kinderspiel nach dem Krieg	95
5.5.1	Winnicott – der intermediäre Raum	96
5.5.2	Zulliger – die nicht deutende Spieltherapie	97
5.5.3	Axline – die personenzentrierte Spieltherapie	98
5.5.4	Piagets Konzept des Symbolspiels	99
5.5.5	Spiel, Ichentwicklung und Struktur	100
5.5.6	Ko-narratives Spielen	104
5.6	Zusammenfassung, weiterführende Literatur und Fragen	105
	Zusammenfassung	105
	Vertiefende Literatur	106
	Weiterführende Fragen	107
6	**Das Spiel, das Spielerische und die Spielenden**	**108**
6.1	Zusammenfassung, weiterführende Literatur und Fragen	115
	Zusammenfassung	115
	Vertiefende Literatur	115
	Weiterführende Fragen	116

7

7 Kinderspiele ... 117

7.1 Spiel mit Bewegung, Ton und Rhythmus ... 118
7.2 Versteckspiele ... 121
7.3 Konstruktionsspiele ... 124
7.4 Fantasie- und Rollenspiele ... 126
7.5 Puppenspiele ... 129
7.6 Kaufladenspiele ... 131
7.7 Doktorspiele ... 132
7.8 Lehrer- und Schulespiele ... 135
7.9 Regelspiele ... 139
7.10 Angst- und Gruselspiele ... 142
7.11 Gewalt im Spiel ... 143
7.12 Zusammenfassung, weiterführende Literatur und Fragen ... 151
    Zusammenfassung ... 151
    Vertiefende Literatur ... 152
    Weiterführende Fragen ... 152

8 Spiel und Spielen mit Miniaturfiguren ... 154

8.1 Anfänge der Behandlung mit Miniaturfiguren ... 154
8.2 Sandspiel ... 156
    8.2.1 Das Sandspiel in der kinderpsychotherapeutischen Praxis ... 156
    8.2.2 Material ... 157
    8.2.3 Auswertung ... 158
8.3 Sceno ... 159
    8.3.1 Grundsatz ... 159
    8.3.2 Be-Deutung ... 160
    8.3.3 Material ... 161
    8.3.4 Handhabung und Auswertung ... 164
    8.3.5 Möglichkeiten und Grenzen des Spielmaterials beim Scenotest ... 166
8.4 Plämokasten ... 167
    8.4.1 Grundsätzliche Überlegungen ... 167
    8.4.2 Materialauswahl und -bedeutung ... 170
    8.4.3 Handhabung und Auswertung ... 174

		8.4.4 Ein Beispiel	175
	8.5	Zusammenfassung, weiterführende Literatur und Fragen	179
		Zusammenfassung	179
		Vertiefende Literatur	180
		Weiterführende Fragen	180
9	**Spiel und Spielen im digitalen Zeitalter**		**181**
	9.1	Ein Marktphänomen?	182
	9.2	Digitales Spielen – (k)ein Thema für die psychodynamische KJP-Praxis?	183
	9.3	Real, digital, ganz egal?	184
	9.4	Was ist das denn für Spiel-Zeug?	185
	9.5	Die nächsten Spiele-Generationen	187
	9.6	Wer spielt denn sowas?	188
		9.6.1 Minecraft – ein Konstruktions- und Action-Spiel	191
		9.6.2 Die SIMS – ein Simulations-, virtuelles Puppenhaus- und Rollenspiel	193
		9.6.3 Grand Theft Auto (GTA) – ein Action- und Autofahrspiel	194
	9.7	Psychodynamik der digitalen Spielwelt oder: Was passiert da eigentlich?	195
		9.7.1 Resonanz im Netz	196
		9.7.2 Ein Paradigmenwechsel?	196
		9.7.3 Das Unbehagen an der Kultur	197
		9.7.4 Zukunft des Erlebens	198
		9.7.5 Der Computer als Übergangsraum	199
		9.7.6 Entwicklung oder Abwehr durch die Nutzung virtueller Medien?	201
		9.7.7 Psychodynamisches Computerspielen	203
	9.8	Was sagen die Eltern dazu?	205
	9.9	Ausblick	206
	9.10	Zusammenfassung, weiterführende Literatur und Fragen	207
		Zusammenfassung	207

Vertiefende Literatur 208
Weiterführende Fragen 208

Anhang und Verzeichnisse

**Spielmaterial für die psychodynamisch orientierte Kinder-
und Jugendlichenpsychotherapie** 211

Literatur 214

Stichwortverzeichnis 225

1 Einführung

Kinder sind keine »kleinen Erwachsenen«. Wenn sie einen Kinderpsychotherapeuten[1] aufsuchen, können sie selber selten mit Worten zum Ausdruck bringen, was sie belastet oder quält. Auch für die Ruhigstellung auf der berühmten Couch sind quicklebendige Kinder schlecht geeignet. Daher galten sie zunächst auch als psychotherapeutisch nicht behandelbar. Erst als es gelang, in einer endlosen »Kette von Versuchen, den Ausfall der freien Assoziation durch andere technische Hilfsmittel zu ersetzen« (Freud A., 1968, S. 37), und das Spielen nutzbar zu machen, eröffnete sich die Möglichkeit einer Kind-angemessenen therapeutischen Begegnung und das Spiel etablierte sich als unverzichtbarer Bestandteil psychotherapeutischer Arbeit mit Kindern.

Mittlerweile haben das Spiel ebenso wie das Kindliche ihren festen Platz in der Behandlungsarbeit, und es steht außer Frage, dass Kinder Entdecker sind, mit einem großen Bewegungsdrang und Handlungsbedürfnis, denen wichtig ist, alles zu untersuchen und auszuprobieren; die in Bildern und Geschichten denken, sich dabei auf analoger Ebene bewegen, Inszenierungen bevorzugen, und die sich, ihre Ängste, Wünsche, Projektionen und Identifikationen vorzugsweise im und über das Spiel mitteilen. Das gilt allgemein und auch für ihre Spiel-Art im Hier und Jetzt einer psychotherapeutischen Begegnung. Im Folgenden soll daher – auf dem Fundament

---

1 Nach langen und kontroversen Überlegungen haben wir uns mit sehr viel Vorbehalt entschlossen, in diesem Buch der gewohnteren und daher besseren Lesbarkeit wegen der männlichen Form den Vorzug zu geben, obwohl die große Mehrzahl der Kinder- und Jugendlichenpsychotherapeuten weiblich ist. Wir bedauern sehr, dass es so wenig männliche Vertreter in unserem Fach gibt und dass uns sprachlich keine adäquatere Lösung eingefallen ist.

1 Einführung

normal zu erwartender Entwicklung von Spiel und Spielen – der Stellenwert und der Umgang mit dem Spiel vor allem hinsichtlich seiner Nützlichkeit im psychotherapeutischen Kontext beleuchtet werden. Dabei finden Schwierigkeiten ebenso wie Möglichkeiten seiner Handhabung sowie Ansprüche an das Setting Berücksichtigung. Am Beispiel einiger Kinderspiele soll dies nachvollziehbar werden, immer eingedenk, dass ohne Kreativität – aufbauend auf der kindlichen Projektionsneigung und unter Berücksichtigung von Neugier, Symbolisierung und Fantasietätigkeit – kein elaboriertes Spiel entstehen kann.

Lange Zeit wurde Spielen in der Psychotherapie im Wesentlichen verstanden als einseitige Inszenierung des Kindes. Doch schon Winnicott hat das Spieleparadigma zu einem Miteinander erweitert:

»Psychotherapie geschieht dort, wo zwei Bereiche des Spielens sich überschneiden: der des Patienten und der des Therapeuten« (Winnicott, 1971/2015, S. 49).

Heute wird das Spiel unter dem Eindruck relationaler Psychotherapie als reziprokes Prozessgeschehen zwischen zwei Personen verstanden, das sich asymmetrisch, co-konstruktiv und co-narrativ vollzieht. Entsprechend geht es im Folgenden nicht nur um das Spielen, die Spielfreude und Spielfähigkeit des kindlichen Patienten, sondern immer auch um die des Psychotherapeuten.

»Wir haben ja alle einmal gespielt!« könnte man selbstverständlich voraussetzen. Aber auch wenn Erwachsene spielen, und das Spiel als eine »Gangart des Lebens« (Schacht, 2001) angesehen werden kann, wird Erwachsenen das kindliche Spielen in der Regel fremd. Für Kinderpsychotherapeuten stellt sich daher die Frage, wie diese Entfremdung zwischen Erwachsenem und Kind überbrückt werden kann, sodass im psychotherapeutischen Prozess Begegnung »auf Augenhöhe« mit dem Kind und dem Kindlichen möglich wird, und eine gemeinsame spielerische Sprache gefunden werden kann.

Ein Kinderpsychotherapeut muss aber nicht nur spielen können. Er muss auch einen Begriff davon haben, was das Gros der Kinder eines bestimmten Alters in einer bestimmten Gemeinschaft zu spielen pflegt – auch wenn diese Spielkultur nicht seiner eigenen Spielesozialisation entspricht, ihm nicht vertraut ist und ihm vielleicht auch gar nicht gefällt. Nur wenn er sich auf das Kind und dessen Spiel einlässt, kann er sich (co-narrativ) in den Handlungsdialog einbringen und sich mit dem Kind »einspielen«. Daher haben wir den Wandel des Kinderspiels ebenso zu erfassen versucht, wie die sich darin spiegelnde zunehmende Bedeutung der ökonomischen, technischen und virtuellen Welt. Denn der Spielewandel mitsamt seinen Auswirkungen hat auch den psychotherapeutischen Alltag nicht unberührt gelassen. Er verlangt Anpassung von den Kinderpsychotherapeuten, die im Hinblick auf Umgestaltungen in der Behandlung ebenso wie im Hinblick auf die Kompetenz des Psychotherapeuten reflektiert werden muss.

Grundsätzlich kann das Spiel prophylaktisch, psychodiagnostisch ebenso wie kurativ systematisch psychodynamisch genutzt werden. Dabei stützt sich psychodynamische Therapie bei Erwachsenen wie bei Kindern und Jugendlichen immer auf dasselbe theoretische Fundament. Im Falle psychodynamischen Arbeitens bedeutet das ein Fokussieren auf das Analysieren innerhalb der psychotherapeutischen Begegnung (Burchartz, Hopf & Lutz, 2016). Immer geht es um ein gut abgestimmtes Zusammenspiel im Rahmen einer hilfreichen therapeutischen Beziehung im geschützten Rahmen. Gleichwohl folgen Methodik und Interventionen in einer Kinderbehandlung anderen, am kindlichen Patienten evaluierten Gegebenheiten (Ferro, 2003, S. 25). Vor allem im jüngeren Alter, wenn die sprachliche Ausdrucksfähigkeit noch eingeschränkt ist, bietet das Spiel dem Kind die Möglichkeit einer unverfänglichen Kontaktaufnahme zum Psychotherapeuten. Um das zu bewerkstelligen, muss er einen Spielraum, Spielzeug, aber auch Spielbereitschaft vorhalten und alles so ausrichten, dass sich spontanes selbstgewähltes freies Spielen initiieren kann. Diese Forderungen gründen in der Hoffnung, dass der Patient in Gegenwart des Behandlers und gleichsam innerlich angelehnt an die Sicherheit des psychotherapeutischen Settings wagen kann, sich mehr oder weniger verborgenen und belastenden Anliegen, Ereignissen, Gefühlen, Gedanken, Bildern, Bedürfnissen und Fantasien innerlich anzunähern, sie symbolisch und szenisch wiederzubeleben und sie für beide, Kind wie Behandler, über die Veräußerung erlebbar, verstehbar und bearbeitbar werden zu lassen.

Angesichts der hohen Relevanz des Spiels in der klinischen Praxis mit Kindern und auch Jugendlichen ist es erstaunlich, wie wenig Berücksichtigung es bislang in der Ausbildung von Kinderpsychotherapeuten findet. »Lehrjahre sind keine Spieljahre« hat Sabine Tibud (2016, S. 330) dieses

1 Einführung

Dilemma überzeugend beschrieben und ihr Bedauern ebenso wie Möglichkeiten seiner Überwindung erörtert.

1.1 Zusammenfassung, weiterführende Literatur und Fragen

Zusammenfassung

Zusammenfassung

Spielen ist mittlerweile anerkannter Bestandteil der psychodynamischen Kinder- und Jugendlichenbehandlung. Spielen können ist allerdings keine Selbstverständlichkeit, weder auf Patienten- noch auf Psychotherapeutenseite. Das psychotherapeutische Spiel findet sowohl als einseitige Inszenierung seitens des Kindes als auch als gemeinsames Spiel *in der Begegnung im intermediären Raum* statt. Damit das möglich wird, sollten Psychotherapeuten, die mit Kindern arbeiten, spielen können. Sie sollten aber auch über Spielentwicklung und unterschiedliche Spiel-Arten von Kindern Bescheid wissen. Außerdem sollten sie über Wissen zum soziokulturell eingebetteten Spielewandel verfügen.

Vertiefende Literatur

Ferro, A. (2003). *Das bipersonale Feld. Konstruktivismus und Feldtheorie in der Kinderanalyse.* Gießen: Psychosozial.
Freud, A. (1968). *Wege und Irrwege in der Kinderentwicklung.* Stuttgart: Ernst Klett.
Tibud, S. (2016). Ludo ergo sum – Ich spiele, also bin ich ... Kinderpsychoanalytikerin. *Kinder- und Jugendlichen-Psychotherapie, 171,* 313–338.

Weiterführende Fragen

- Warum musste das Setting der Erwachsenenpsychotherapie für die Behandlung von Kindern verändert werden?
- Warum funktioniert die »Redekur« bei Kindern nicht?
- Welche Bedeutung hat das Spiel für die Psychotherapie von Kindern und Jugendlichen?
- Was kann alles im Spiel dargestellt werden?
- Kann jeder spielen, oder was muss ein Behandler mitbringen bzw. wieder erlernen?
- Warum gibt es immer wieder neue Spiele?

2 Spiel und Spielen

2.1 Was heißt eigentlich »spielen«?

»Die Quelle alles Guten liegt im Spiel«, meinte Fröbel (1782–1852) und deutete an, dass Spielen mehr sein könnte als nur ein Spiel. So wie die Sprache erwachsener Patienten wenig variiert, ob sie nun im Alltag oder in einer »talking-cure« eingesetzt wird, so unterscheiden sich auch die Spiele, die Kinder in die Psychotherapie mitbringen zunächst einmal wenig von denen, die sie in ihrem Lebensalltag spielen (Anzieu, Anzieu-Pemmereu & Daymas, 2006, S. 16 f.). Will man Spiel und Spielen verstehen, ist es daher zunächst wichtig, sich mit dem Spielen ganz allgemein zu beschäftigen, um seine Antriebskräfte zu begreifen.

Spielen, da ist man sich einig, gilt als zentrale Tätigkeitsform des kindlichen Lebens, ist darüber hinaus aber auch für alle Menschen maßgebend, die das Spielerische in sich bewahrt haben. Dabei können Spiele verschiedenartigste Gestalt annehmen und Unterschiedlichstes bedeuten. Das verwundert nicht, wenn man sich vergegenwärtigt, dass es sich beim Spielen um eine anthropologische Grundgegebenheit handelt, die alle Lebensstufen, Zeitalter und Ethnien einschließt. Während Abfolge und Inhalt des kindlichen Spiels durch den gesetzmäßigen Ablauf der geistigen und motorischen Entwicklung eines Kindes bestimmt werden und universal sind (Largo, 2007, S. 273), variieren die Art und Weise, wie ein Spiel zur Darstellung gebracht, und womit und was gespielt wird, kulturell, alters-, reife- und entwicklungsspezifisch, geschlechtsspezifisch, symptomspezifisch, biographisch und individuell. Diese Möglichkeiten sind bei einer Spieleinschätzung immer mit zu bedenken. Infolge dieser unübersichtlichen Vielfältigkeit kann es auch hier gar nicht um eine umfassende Beschreibung des Kinderspiels gehen. Zentral soll im Folgenden neben dem Hinweis auf die schillernde Unterschiedlichkeit von Spielen, ihre individuelle Ausprägung und entwicklungsbasierte Ausgestaltung, vor allem der Blick auf die Brauchbarkeit des Spiels im psychotherapeutischen Kontext sein.

2.1.1 Spielen als ein Handeln besonderer Art

Paulina Kernberg (1995, S. 11) versteht unter »normalem Spiel« eine mit Freude und Hingabe ausgeführte kreative Tätigkeit, die spontan begonnen und über ein sich entwickelndes Thema zu einem konstruktiven Ende geführt wird. Es kann sich in Übungs- und Funktionsspielen, Explorationsspielen oder Konstruktionsspielen konkretisieren. Es können aber auch fiktive Spiele sein, wie Symbolspiele, Rollenspiele oder Regelspiele. Sie können allein für sich (Geduldspiele), nebeneinander (kleine Kinder im Sandkasten), miteinander oder in großen sozialen Einheiten, mit oder ohne Spielsachen gespielt werden. Spielen geht meist einher mit einer *inspirierten Haltung*, wie Klaus Teuber berichtet. Er legte als Kind »mit Wollfäden Gebirge und Flüsse auf dem Fußboden« (Teuber, 2017, S. 66) und erfand eigene Regeln für sein Spiel »Römer gegen Karthager«. Jahre später wurde er mit seinem Brettspiel »Siedler von Catan« sehr erfolgreich.

Oerter spricht vom Spielen als einem »Handeln besonderer Art« (Oerter, 2003), das Ausdruck von Psyche, Körper, Bewegung und Imagination gleichzeitig ist. Wer spielen will, muss demnach nicht nur einen Fuß vor den anderen setzen, die Arme heben und zugreifen können. James Herzog (1994) differenziert ausdrücklich zwischen symbolischem (Rollenspiel), motorischem (Balancieren) und interaktivem Spiel (Fußballspielen), die er als Variablen einer »Kapazität zum Spielen« betrachtet, die sich im Einzelfall wie eine »Spielunterschrift« konkretisiere. Das Spielrepertoire eines Kindes, seine Qualität, seine Begrenzungen ebenso wie die darin aufscheinenden Vorlieben verdanken sich der persönlichen Ausstattung und Erfahrung ebenso wie der Resonanzfähigkeit seitens der Umwelt. Spielszenarien spiegeln mithin Erleben und Erfahrungen und können eng mit Wohlgefühl, aber auch mit Schmerz und realen Sorgen verknüpft sein. Traumatisierungen und zufällige Ereignisse überarbeiten immer wieder den Fundus und die Qualität der Spiele (Herzog, 1994, S. 15 ff). Darüber hinaus versteht Herzog das Spiel als »Sprache des Handelns«, welche dazu diene, im Dienste des Ich etwas zu tun, zu wiederholen und ungeschehen zu machen. Besonders jüngeren Kindern, deren sprachliche Ausdrucksmöglichkeiten noch sehr eingeschränkt sind, gelinge über das Spiel eine unverfängliche Kontaktaufnahme mit der Umwelt, indem es ihnen hilft, ihre Wünsche, Ängste und Fantasien, aber auch ihre Abwehr über Inszenierungen darzustellen, zu kommunizieren und auszuprobieren, sowohl innerhalb des sich entfaltenden Selbst wie auch zwischen dem Selbst und den Anderen (Herzog, 1994, S. 15 ff).

Spielen ist mithin eine hochkomplexe Angelegenheit. Es umfasst geistige Aktivität, die bewusste und unbewusste Fantasien miteinbezieht; körperliche Aktivität, die zu beobachtbarem Verhalten führt und auf die Fähigkeit zur Selbst- und Impulsregulation verweist; sowie Als-ob-Fähigkeit, die die Entwicklung eines inneren Spielraums im Sinne eines »Übergangsraums« nach Winnicott voraussetzt, und die es ermöglicht zu erkennen, dass das, was in Handlung umgesetzt wird, nicht real ist, auch wenn es von dem Kind als wirklich erlebt wird (Neubauer, 1987).

2.1.2 Projektion und Symbolisierung

Im Zusammenhang mit den diversen Spielansätzen ist es sinnvoll, sich eine Erfahrung in Erinnerung zu rufen, die wir Projektion[2] nennen. Mit Projektion bezeichnen wir die menschliche Neigung, etwas in Dinge »hinein zu sehen«, oder dahinter zu entdecken. Diese Neigung zu projizieren, Dinge zu beleben, ihnen eine Bedeutung zu geben, sodass über ihre Realexistenz hinaus »Spielräume der Wirklichkeit« entstehen, treffen wir in der Übertragung ebenso wie bei der Spielgestaltung, und wir können diesen Möglichkeitsraum zwischen Ich und Selbst, in dem wir Bilder

---

2 Einführung des Begriffs »Projektion« in 1895 durch S. Freud. L. K. Frank verwendet den Begriff 1939 erstmals für die Gruppe von Tests, die eine unwillkürliche Repräsentation der unsichtbaren Eigenwelt eines Menschen ermöglichen und Rückschlüsse auf seine Persönlichkeit erlauben. Ausführlich haben wir das projektive Geschehen an anderer Stelle beschrieben (vgl. Lehmhaus & Reiffen-Züger, 2024 [2017]).

2.1 Was heißt eigentlich »spielen«?

dessen finden oder entwerfen, was wir sein möchten oder sollten, psychotherapeutisch nutzen.

Projektionen fußen in der allgemeinen menschlichen Bereitschaft, einen inneren Zustand, eigene Erfahrungen, Affekte, Wünsche und Impulse in die Außenwelt zu verlagern. In der Fantasie ebenso wie im Spiel schafft sich das Kind projektiv eine eingebildete Situation (Elkonin, 1980).

»Jedes spielende Kind benimmt sich wie ein Dichter, indem es sich eine eigene Welt erschafft oder richtiger gesagt, die Dinge seiner Welt in eine neue, ihm gefällige Ordnung versetzt«, sagt Freud (Freud, 1908/2000, S. 171).

Um das zu bewerkstelligen, wird die Welt vom Kind magisch und metaphorisch definiert, ihre Objekte animiert und umgestaltet.

Natürlich gibt es auch präsymbolisches senso-motorisches Spiel, das Aufschluss gibt: Jeder Mensch kann mit seinen Gesten, seiner Stimme, seinen Bewegungen und Handlungen Zeichen setzen. Aber Voraussetzung dafür, dass sich Themen des Alltags ebenso wie des seelischen Geschehens auf spielerische Weise und in bildlicher, szenischer und symbolischer Form z. B. im Rollenspiel Ausdruck verschaffen können, ist die Etablierung der Symbolfunktion. Symbolische Repräsentation aber ist erst möglich, wenn die kognitiven Möglichkeiten eines Kindes sich zur Symbolisierungsfähigkeit hin entwickelt haben. Erst dann kann es wünschen (Dornes, 2005).

Ein gut Dreijähriger war von seiner Mutter liebevoll ins Bett gebracht worden, um immer wieder aufzustehen. Irgendwann war es der Mutter genug, was sie ihm ruhig aber nachdrücklich mitteilte. Sie setzte sich vor sein Bett – eine personifizierte »Schranke«. Die Nachhaltigkeit ihrer Grenze und die Aussichtslosigkeit seines Wunsches provozierten vermutlich über Ohnmachtserleben einen heftigen Wutanfall in dem Jungen. Er blieb liegen, schrie aber: »Hilfe, Hilfe, meine Mutter ist eine Hexe! Hilfe, sie hat ein langes Messer in der Hand! Hilfe, meine Mutter ist eine Mörderin!« Unter dem Druck der Situation und über projektive Mechanismen war die enttäuschend erlebte Mutter für ihn zur Hexe geworden, zur »Anti-Mutter« sozusagen. Er schrie immer wieder und aus Leibeskräften. Mit Rückgriff auf ein gutes Repertoire in seiner Vorstellungswelt veräußerte er voller Vertrauen kathartisch seine ganze Enttäuschungswut und gab ihr gleichzeitig projektiv Gestalt. Die

Mutter war total überrascht und völlig aufgewühlt, wie heftig Ohnmacht und Verzweiflung ihren Sohn mitnahmen. Glücklicherweise musste sie infolge ihrer Einfühlung in die kindliche Befindlichkeit nicht reaktiv real zur »Hexe« werden.

Heftige Impulse und intensive, vor allem aggressive Gefühle sind aber nicht nur schwer auszuhalten, sie bedrohen auch Beziehung und Spiel. Die Art und Weise, wie sich der Junge im Beispiel in einen heftigen affektiven Zustand hineinwagte, spricht für ein Fundament emotionaler und sozialer Sicherheit, das heute mit »guter Bindung« oder »sicherem Ort« umschrieben wird. Und er verfügte über Vorstellungen in seiner Fantasie, in die er seine Affekte kleiden konnte.

2.1.3 Inszenierung und Szenisches Verstehen

Szene ist ursprünglich kein psychologisches Konzept. Im Schauspiel ist die Inszenierung die kreative Reproduktion einer Vorlage. Die Gestaltung einer Szene geschieht in der Regel im Rollenspiel, wo etwas in Szene gesetzt wird. Goffman hat soziales Handeln überhaupt als »Theater«, als Selbstpräsentation und Selbstinszenierung, analysiert (Goffman, 1959/2003). Therapeutisch wurde das Rollenspiel von Moreno (1959) als »Psychodrama« in die Psychotherapie eingeführt[3]. Die von Hermann Argelander und Alfred Lorenzer auf dem Boden hermeneutisch-kommunikationstheoretischer Orientierung eingeführten Begriffe »Szene« und »Szenisches Verstehen« dagegen konzeptualisieren die lebensgeschichtlich

---

3 Morenos Verzicht auf jegliche Symbolisierung, sein Vertrauen in die Wirkung der Emotionen und sein Festhalten an der Suggestion ordnen ihn einer voranalytischen Psychotherapie zu. Erst Serge Lebovici, René Diatkine und Evelyne Kestemberg haben, ausgehend von der Verwendung des Marionettenspiels in der Kindertherapie, in den Jahren 1946/47 in Frankreich das Psychodrama psychoanalytisch ausgebaut, indem sie den Instanzenkonflikt, die Sprache und die Symbolisierung in ihre Konzeptualisierung mit hineingenommen haben und den Akzent auf die psychoanalytische Übertragung legten. Vor allem seit den 1960-er Jahren wurde das Psychodrama psychoanalytischer Provenienz in der Einzeltherapie schnell zu einem viel eingesetzten Instrument bei Kindern und Jugendlichen.

2.1 Was heißt eigentlich »spielen«?

internalisierten Beziehungserfahrungen und ihre Wiederauflage im Übertragungs- und Gegenübertragungsgeschehen im Rahmen der psychotherapeutischen Begegnung. Indem sie davon ausgehen, dass die (spielerische) Begegnung durch das Kind nach dem Muster und als Reproduktion früherer und/oder traumatisch bedingter Vor- oder Realerfahrungen gestaltet wird, betonen sie die Bedeutung der Intersubjektivität in der Psychoanalyse. Es geht in ihrem Konzept also um die Übertragung intrapsychischer Kommunikationsmuster oder Interaktionsformen, die situativ unbewusst aktiviert werden vermittels der »szenischen Funktion des Ichs« (Argelander, 1970). Folgt man diesem Ansatz, dann übertragen Kinder ihre Gefühle, Erlebnisse, Wünsche und Bewertungen auf Spielfiguren im Außen und arrangieren sie unter Zuhilfenahme ihrer Fantasie und dramaturgisch gehalten in Szenen. Dieser Prozess kann mal mehr kreativ problemlösenden, mal mehr konfliktabwehrenden Charakter haben. In jedem Fall verweist eine Szene – wie das Symbol – immer auf ein anderes Geschehen und wirkt neben der manifesten Kommunikation wie ein zweiter Dialog – Argelander spricht von einem »Geisterdialog«.

In Abgrenzung zum logischen Verstehen des inhaltlich-sachlichen Gehalts von Kommunikation und Interaktion (Verstehen des Gesprochenen), und in Abgrenzung vom psychologischen Verstehen des emotionalen Beziehungsgehalts (Verstehen des Sprechens), erfordert das szenische Verstehen eine Einstellungsveränderung. Nun geht es um das Verstehen von Szenen, die sich in Interaktionsprozessen organisieren, und das Augenmerk ist auf die Situation und das Symbolische, nicht unmittelbar Reale ausgerichtet. Analog zur Traumarbeit wird das Wirken von affektiv-kognitiven Bearbeitungsmechanismen wie Verschiebung und Verdichtung angenommen, und es werden dynamisch unbewusste Strukturen und Prozesse unterstellt. Hermeneutisches Ziel eines direkten oder spielerischen Dialogs ist dann eine Annäherung an diese unbewussten, verinnerlichten dynamischen Interaktionsvorgänge (Drews, 2000). Man spricht von tiefenhermeneutischem Verstehen der in Szenen verborgenen Lust, Wünsche, und Abwehrvorgänge. Dabei steht »der Analytiker [...] nicht in beschaulicher Distanz zum Patienten, um sich – wie aus einer Theaterloge – dessen Drama anzusehen. Er muss sich aufs Spiel mit dem Patienten einlassen, und das heißt, er muss selbst die Bühne betreten. Er nimmt real am Spiel teil« (Lorenzer, 1974, S. 138), wird zum Mitspieler, vielleicht auch mal Regisseur. Methodologisch geschieht dies immer auf der Grundlage seiner psychodynamischen Kompetenz, einer spezifischen professionellen, klinisch vermittelten Kunstfertigkeit zum Verstehen und entwicklungsfördernden Beeinflussen unbewusster Strukturen und Prozesse (Fürstenau, 1992).

2.2 Freies Spielen

Piaget hatte bereits darauf hingewiesen, dass alles, was wir Kinder lehren, oder wo wir sie hinführen, sie nicht mehr selbst entdecken können. Hüther und Quarch (2016) fordern, diese Einsicht auch im psychotherapeutischen Spielprozess zu berücksichtigen, das Spiel nicht zu instrumentalisieren und das Kind nicht zum bloßen Objekt therapeutischer Beeinflussung werden zu lassen.

2.2.1 Zentrum eigener Aktivität

Spielen schafft ein Wohlgefühl, weil das Kind etwas bewegt, weil es etwas bewirkt und weil es etwas kann. Nirgends strengen sich Kinder mehr und ausdauernder an, um ein eigenes Ziel zu erreichen, als beim spontanen und freien Spiel. Karl Bühler hob in seinem Konzept der Funktionslust[4] den psychischen Profit solchen Bewegens und Gestaltens im Spiel als ein zentrales Motiv kindlichen Spielens hervor, und benannte neben der Wirkmächtigkeit vor allem die kindliche Freude am Ausprobieren (Bühler, 1930).

> »Was Kinder beim Spielen erzeugen und gestalten, das ist *ihre* Wirklichkeit, in der Subjektivität und Objektivität der inneren und äußeren Tatsachen zu einer Einheit verschmelzen: dem kindlichen Spiel« (Mogel, 1991, S. 10).

---

4 Während Befriedigungslust eine Lust am Erfolg einer Tätigkeit darstellt, meint Funktionslust die Freude an der Tätigkeit selbst.

2.2 Freies Spielen

In vielen Wiederholungen, manchmal auch Ritualisierungen überprüfen und variieren Kinder ihre *Erkundungsfahrt in die Wirklichkeit.* So kommt das Neue ins Spiel:

»Nirgendwo sonst als im Spiel kann das Kind sich so eigenständig, aktiv und selbstgewählt überraschen« (Mogel, 1991, S. 16).

Gelingt es ihm, das Unvermutete, das Neugewonnene in seinen Erfahrungsschatz zu integrieren, ermöglicht das damit einhergehende Wohlgefühl zunehmend auch einen zuversichtlichen Blick auf die eigene Person und stärkt das Zutrauen in die eigenen Möglichkeiten. Im negativen Fall von Ent-Täuschung seiner selbstgesetzten Spielerwartungen hat das Kind die Chance, sich gegebenenfalls mit seiner Fehleinschätzung oder Selbstüberforderung zu konfrontieren und flankiert vom Beistand der Erwachsenen zu lernen, sein Anspruchsniveau angemessener einzuspielen: Das heißt vielleicht eher »kleinere Brötchen zu backen«. Einen solchen Part kann auch der Behandler bekommen. Oder er kann das Kind zurückhaltend und einfühlsam bei seinen beständigen Wiederholungen begleiten, die Hoffnung nicht aufzugeben, und es immer wieder zu versuchen, bis es klappt (Aufbau eines Spannungsbogens). Oder er kann als Hilfs-Ich in haltender Funktion mithelfen, Gefühle des Missgeschicks und die damit einhergehende Enttäuschung auszuhalten, das Unglücklichsein konstruktiv zu überwinden, sodass sich das Kind auch mit solcherart psychischen Herausforderungen vertraut machen kann. Anna Freud beschreibt mit der »Identifikation mit dem Aggressor«[5] eine weitere Möglichkeit von Kindern, sich dem Bedrohlichen anzunähern: Kinder übernehmen identifikatorisch die Merkmale des bedrohlichen Gegenübers, oder verschieben sie

---

5 Während Ferenczi damit ein Verinnerlichungsgeschehen von Gewalt, vor allem nach schweren Traumatisierungen und im Falle von Persönlichkeitsstörungen beschrieb als identifikatorische Anerkennung von Gewalt bzw. als Unterwerfung unter sie: Die Betreffenden nehmen die Gewalt in sich hinein, identifizieren sich mit dem Bedrohungssystem und bleiben dadurch im Wiederholungszwang und lebenslang Opfer. Davon abweichend hat Anna Freud denselben Begriff für ichstärkere Kinder angewandt, die noch in der Lage sind, einen befürchteten Angriff abzuwehren. Sie tun das, indem sie dem potenziellen Angreifer identifikatorisch zuvorkommen (näheres vgl. Hirsch, 1996: *Wege vom realen Trauma zur Autoaggression.* Forum Psychoanalyse 12, 31–44.

im Spiel vielleicht auf eine Puppe oder ein Spieltier, das nun bewundert, geliebt, verehrt, oder aber gefürchtet wird, aber nicht mehr tatsächlich von außen gefährlich werden kann[6].

Illustrierend erzählt Anna Freud ein schönes Beispiel von einem kleinen Mädchen mit Dunkelangst. Als die Kleine es schließlich schafft, mit magischen Gebärden trotz aller Anfechtungen den gefürchteten Raum zu durchqueren, weiht sie gleich danach triumphierend ihren kleinen Bruder in das Geheimnis ihrer Angstbewältigung ein:

»Du musst nur spielen, dass du selber der Geist bist, der dir begegnen könnte« (Freud A., 1936/1984, S. 86).

Durch das Eins-Werden mit der angstauslösenden Person wechselt das Kind von der Opfer- oder Dulderrolle zur aktiven Initiatorrolle.

2.2.2 Schutzraum des Zweckfreien

In der psychodynamischen Arbeit ist der Kinderpsychotherapeut kein Spielleiter, der die Aufgabe hat, durch gezielte Auswahl oder Einsatz von Spielen zu »reparieren«, weshalb auch »Spieltherapie« kein zutreffender Begriff ist. Es geht dezidiert um »non-utilitaristisches« Spiel (Karl Bühler), was eine Instrumentalisierung und Zweckorientierung des Spiels ausschließt. Der Psychotherapeut stellt lediglich sich und den Spielraum bereit, und das Kind tritt in diesen ein und entfaltet im guten Fall sein Spiel so und auf der Ebene der Spielentwicklung, wo und wie ihm das möglich ist. Auch wenn sich das meiste im derart spontanen, selbstgewählten, freien Spiel ›aus dem Stegreif‹ entwickelt, verfolgen Kinder in ihren Spielen immer bestimmte Ziele, und die sind, wie auch die Spielhandlungen selbst, immer auch auf das Hier und Jetzt, also die Begegnung in der Gegenwart bezogen. Dabei wechseln kindliche Spiele mehr oder weniger assoziativ: Handlung erfolgt um der Handlung willen, was keinesfalls heißt, dass

---

6 Zur Identifikation mit dem Angreifer kommt noch eine weitere Abwehrbewegung: »In demselben Augenblick, indem die Kritik nach innen verlegt wird, verschiebt sich das Vergehen in die Außenwelt. Das heißt aber: die Identifizierung mit dem Angreifer ergänzt sich durch ein anderes Abwehrmittel, durch die Projektion der Schuld.« (Freud A., 1964, S. 82).

Spielinhalt oder -geschehen gleichgültig oder austauschbar wären. Es besagt, dass, auch wenn das Spiel ein bestimmtes Thema hat (Autofahren, Mutter und Kind, Räuberspielen) und es aus dem aktuellen Wunsch oder dem Interesse des Kindes erwächst, es meist nicht oder nur zu Beginn überlegend geplant wird. Jede Bewegung kann den Blick des Kindes auf etwas Neues lenken, jede Spielhandlung kann sich mit einem neuen Gedanken verknüpfen – immer vorausgesetzt, dass Spielfähigkeit gegeben und Spielen möglich ist.

»Die Antriebe und Gedanken kommen ungewollt, wie Assoziationen, die an einer Kette laufen. Wie Traumphantasien im Schlaf oder bei Tagträumereien. Erlebnisse des täglichen Lebens bilden meist eine Grundlage des Spiels, Darstellung von Geschautem und Gehörtem« (Wolffheim, 1973, S. 155)

Spielen lebt mithin aus der Gegenwart heraus und ist gleichzeitig gelebte Gegenwart des spielenden Kindes. Das schließt aber keinesfalls aus, dass vergangenes Erleben und zukunftsbezogene Erwartungen und Wünsche spielerisch in den Spielverlauf eingearbeitet werden.

Wenn sich Spiel auf diese Weise entfalten soll, braucht es eine »Beschäftigung des Kindes, die ohne äußeres Ziel sich aus freien Einfällen schöpferisch fortschreitend entwickelt« (Wolffheim, 1973, S. 155). Gemeint ist ein fast vollständiger Verzicht auf Fremdeingriffe. Das Spiel bewegt sich allein aus der spontanen Eingebung in der gegebenen Situation außerhalb des Kindes und ist keinesfalls bloß intrapsychisch motiviert. Es ist aber auch nicht erstrangig der äußeren Welt zuzuordnen, obwohl das Kind die situativ gegebenen Anmutungen ins spielerische Tun einfließen lässt und die »Tücke des Objekts«, das heißt reale Gegebenheiten bedenken muss und zu spüren bekommt.

Moreno[7] schildert ein Spielbeispiel aus der eigenen Kinderzeit 1894. Er ist damals viereinhalb Jahre alt, und hatte sich eines Sonntags mit einigen Nachbarkindern getroffen:

---

7 Moreno hatte in den 1920er Jahre in Wien erlebt, wie gut sich das Stegreiftheater therapeutisch einsetzen ließ. In den USA baute er seine Technik weiter aus und nannte sie »Psychodrama«: Es »erforscht die Wahrheit mittels dramatischer Methoden« (Moreno J., 1959). Moreno war vor allem an der heilsamen Wirkung der spontanen Aktion orientiert (zum Psychodrama vgl. Daymas, 2006).

> »Beim Versuch, ein Spiel auszudenken, kam ich auf die Idee: ›Lasst uns Gott und seine Engel spielen!‹ ›Aber wer soll Gott spielen?‹ ›Ich bin Gott und ihr seid meine Engel‹, erwiderte ich. Die anderen Kinder stimmten zu. ›Wir müssen zuerst die Himmel bauen‹, erklärte eins der Kinder.«
> Sie schleppten Stühle aus dem ganzen Haus in den Keller, und türmten sie wie eine Pyramide,
> »bis wir die Decke erreichten. Dann halfen mir alle Kinder, auf den obersten Stuhl zu klettern, wo ich einigermaßen sitzen konnte. Die Kinder gingen dann singend um den Tisch herum, wobei sie ihre Arme als Flügel benutzten. [...] Plötzlich fragte mich eins der Kinder: ›Warum fliegst du nicht?‹ Ich breitete meine Arme aus und versuchte es. [...] Einen Augenblick später fiel ich und fand mich mit gebrochenem rechten Arm auf dem Boden wieder« (Moreno, 1995, S. 21 f).

Dies ist ein gutes Beispiel für die Grenzen, die – von der Wirklichkeit gesetzt – im Spiel erfahrbar werden, anders als in der Fantasie, wo man sich eben nicht den Arm brechen kann. Dennoch ist das Spielen oft begleitet vom Hauch des Abenteuers, vom Reiz des Unbekannten, manchmal auch des Verbotenen – aber immer währt ein Spiel nur eine begrenzte Zeit und ist bezogen auf die jeweilige Situation.

2.2.3 Flow

Spielen kann von ganz unterschiedlicher Qualität sein. Spiele können explorativ, innovativ, improvisiert, aber auch getrieben oder leer und bedeutungslos sein, manchmal sind sie fahrig und oberflächlich. Ein Qualitätsmerkmal ist z. B. nach Herzog (1994) ihre Variabilität.

> Ein Mädchen, das nach den langen Sommerferien gerade eingeschult worden war, spielt zu Beginn auffallend unstrukturiert und sprunghaft. Sie bemerkt selbst ihre raschen Spielwechsel: »Ich muss mich erst wieder einspielen bei dir!« sagt sie, ihre unsicher suchende Bewegung fast entschuldigend. Ich nicke und denke an das viele Neue, das sie gerade erlebt, und an die Verunsicherung und Angst, die der Schuleintritt schon vor den Ferien in ihr auslöste. Die Veränderung hat offensichtlich ihr grundlegendes biographisch begründetes Gefühl, nicht angemessen

wahrgenommen und gehalten zu werden, wieder hochgespült, und damit ihren Konflikt um Gehalten- und Fallengelassen-werden aktualisiert, was sich über den ›zappenden‹ Spieleintritt mitteilt.

Dieses Mädchen hatte aber auch bereits erlebt, dass man in und über das Spiel in eine Art »Flow«[8] kommen kann. Gemeint sind Spielphasen, in denen das Kind, aber auch der Psychotherapeut, über ein Sich-Vertiefen, Versinken[9] oder gar Sich-Im-Spiel-Verlieren restlos in der Tätigkeit aufgehen, und Zeit und Raum entrücken. Es ist ein selbstvergessener und gleichzeitig hochkonzentrierter Zustand innerer Absorption, in dem das rationale Bewusstsein, das Sekundärprozesshafte ebenso wie das wertende Ich heruntergedimmt sind zugunsten eines eher völlig intuitiven Vertieft-Seins. Alles schwingt dann in einen eher langsamen Rhythmus, hin zu einem Zustand produktiver Harmonie. Solcherart selbstvergessenes und unbekümmertes Spiel steht historisch im Zentrum psychodynamischer Kindertherapie. Es entfaltet sich im guten Fall aus den nicht vorgegebenen, nicht geleiteten, sondern selbst gefundenen oder selbstgewählten Spielen der Kinder, sofern ihnen Zeit und Raum dafür gegeben sind und sie eine entsprechende innere Repräsentanz entwickeln konnten.

Im Folgenden sollen einige weitere wichtige Aspekte angesprochen werden, deren Entwicklung für das freie Spielen unverzichtbar sind.

2.3 Spielfreude

Kinder leben und lernen, indem sie spielen. Spielen bedeutet für ein Kind Entspannung und Unterhaltung, Freude und Erholung, manchmal auch Refugium. Auch in der Psychotherapie ist es möglich, sich mit diesem

---

8 Der Psychologe Mihaly Csikszentmihalyi prägte 1934 den Begriff für den Zustand intrinsisch motivierten Handelns vgl.: Csikszentmihalyi, M. (2014). *Flow und Kreativität*. Wiederauflage. Klett-Cotta Stuttgart
9 Bei Kindern treffen wir das sehr häufig im Falle sog. »Spieleifereinnässens« an.

mächtigen Antrieb zu verbünden, sodass die Spielfreude zu einem wesentlichen intrinsisch verstärkenden Faktor wird. Es wäre aber ein Missverständnis, Spielfreude bei jeder Spielart oder in jeder Spielsituation selbstverständlich zu erwarten. Eher kennzeichnet Ambivalenz das Spiel: Freude und Leid, Lust und Unlust, Vergnügen und Missvergnügen, die oft schnell wechselnd ein Kinderspiel begleiten. Ein Kind beispielsweise, das mit verschiedenen Klötzen einen Turm baut, ist glücklich, wenn sein selbstgesetztes Bauvorhaben gelingt; ein anderes reagiert beglückt, wenn es den Turm mit Getöse zusammenkrachen lassen kann, weil der selbsterzeugte Lärm seine Begeisterung entzündet. Dasselbe Kind ist enttäuscht, vielleicht auch zu Tode betrübt, wenn der Turm zusammenfällt, weil sich die Tücke des Objekts seiner Ambition widersetzt, und es hilflos dem Misslingen seines Projekts Turmbau gegenübersteht. In der Regel entscheidet sich am Zusammenwirken von Spielerfahrung, Spielmotiv, Spielziel und Spielergebnis, ob Kinder sich als kompetente Akteure erleben, die sich im Spiel selbst gestaltend mit der Umwelt auseinandersetzen können.

2.4 Neugier

Neugier ist die wichtigste Triebfeder im Prozess spielerischen Handelns, und die Lust am Entdecken ist allen Kindern angeboren. Vergegenwärtigt man sich die Ausgangssituation von Kindern, dann wird offensichtlich, dass für sie die Begegnung mit Neuem nicht die Ausnahme ist, sondern die Regel. Sie leben in einer Welt, in der Gewohnheiten und Routinen noch kaum existieren. Alles, ihr Körper, ihre Lebenswelt, muss erst einmal »erobert« werden, damit das Unbekannte zu Bekanntem und Vertrautem werden kann. Vor diesem Hintergrund kann man die Angst der Kinder vor dem Unbekannten nachvollziehen, die ihre Faszination begleitet. So erklärt sich auch, wie sehr Kinder Spielmöglichkeiten brauchen, die ihnen helfen, sich über Wiederholung und Ritualisierung immer wieder ihrer Affekte und Gefühle ebenso wie ihrer, wenn auch noch rudimentären

Möglichkeiten zu vergewissern, und sich auf diese Weise zunehmend stabil und kundig zu machen in der Welt. »Living by learning und learning by doing«, sagt man und meint das eigene Lernen durch Versuch und Irrtum sowie das beharrliche Üben, aus dem sich schließlich das Fragen und Denken ergibt. Piaget sah vor allem im kindlichen Spiel einen Weg zur Erkenntnis der Wirklichkeit.

Das gilt natürlich insbesondere auch für die bedrohlichen, heftigen oder verstörenden Seiten des Daseins. Viele Erwachsene versuchen aber, Belastendes aus den Kinderleben herauszuhalten, sei es aus falsch verstandener Schonung oder als Ausdruck ideologischer Überzeugungen. In der Folge fehlt vielen Kindern die Chance genauso wie die zwischenmenschliche Unterstützung, mit dem Unangenehmen und Bedrohlichen einen spielerischen Umgang zu üben und ihm so seinen Schrecken zu nehmen. Dann kann es in einer Behandlung durchaus passieren, dass das Kind von seinen im freien Spiel freigesetzten unvertrauten vitalen Affekten nicht nur überrascht, sondern auch überrollt wird.

Ein Junge z. B., in einer machtvollen Rolle agierend und verstärkt mit einem Laserschwert, der mit seiner eigenen ihm bis dahin unbekannten heftigen inneren Welt auf der spielerischen Bühne konfrontiert wird, kann angesichts des Ausmaßes seiner nun offen-sichtlichen destruktiven Energie zutiefst erschrecken, und ist vielleicht außerstande, die Irritation seines Selbsterlebens zu verarbeiten.

2.5 Fantasie

Sigmund Freud begriff das Spiel als Umgestaltung der Realität mittels Fantasie. Wir alle haben ein reges Fantasieleben. Die Möglichkeit, Fantasien auszubilden ist ein Weg, mit der eigenen inneren und äußeren Welt umzugehen, und sich mit bislang unverstandener, schwer akzeptierbarer oder gar unerträglicher Realität über illusionäre Abfederung anzufreunden.

2 Spiel und Spielen

Eine grandiose Abwehrfantasie beispielsweise, unverletzlich und ein »Alleskönner« zu sein, kann dazu dienen, eine narzisstische Bedrohung aus der Welt zu schaffen, um nicht in die Minderwertigkeitsfalle zu geraten. Das Gleiche gilt für eine Gewaltfantasie, die das lädierte narzisstische Gleichgewicht über Genugtuung, Rache, Vergeltung wieder auszugleichen versucht. Ein bedrohtes narzisstisches Selbstkonzept kann aber auch durch eine Marginalisierungsfantasie geschützt werden, die bis zur Vorstellung gehen kann, auf alle anderen Menschen gut verzichten zu können. Es können auch Entwertungsvorstellungen eine Rolle spielen: Indem ich die anderen runtermache, ins Nichts spiele, fühle ich mich selbst größer und bedeutender. Auch Rettungsfantasien sind möglich und über Helferimpulse wird das erschütterte Selbstkonzept wieder austariert (Schmidbauer, 2007). Oder ein Kind versucht mittels Unterwerfung und Identifizierung mit dem Angreifer im Spiel mit seiner Hilflosigkeit und Ohnmacht fertig zu werden. Auch der Tod kann in der Fantasie als Lösung vorgestellt werden, wenn er Erlösung bietet, indem er vom unerträglich Erlebten befreit.

Die Schutzzone des Spiels bietet vor allem dem Unzufriedenen die Möglichkeit, ehrgeizige oder tabuisierte, peinliche, aggressive bis grausliche Impulse weitgehend ohne Scham, ohne Selbstvorwurf und meist ungestraft auszuleben:

> »Der Glückliche phantasiert nie, nur der Unbefriedigte. Unbefriedigte Wünsche sind die Triebkräfte der Phantasien, und jede einzelne Phantasie ist eine Wunscherfüllung, eine Korrektur der unbefriedigenden Wirklichkeit« (Freud, 1908/2000, S. 173–174).

Im Spiel bietet sich die Chance, diese Vorstellungen, Gefühle und Fantasien konkret in Szene zu setzen, und ihnen über die Wahl oder die verfremdende Gestaltung von Figuren, über Formgebung, Farben, Gesten und Geschichten Ausdruck zu geben.

2.5.1 Fantasie und Realität

Bis zum Alter von fünf Jahren dominiert die Fantasie das Fühlen und Denken der Kinder mit einem Höhepunkt in der sogenannten »magischen Phase« (Fraiberg, 1998) zwischen drei und fünf Jahren. Die meisten Kinder

2.5 Fantasie

können dann zunehmend zwischen Fantasie und Wirklichkeit unterscheiden. Die Erfahrung zeigt, dass sie sich jedoch nicht allzu sehr um diese Unterscheidung kümmern, wenn ihnen ihre Fantasie zu wichtig ist. Anna Freud zitiert ein schönes Beispiel aus den Winnie-the-Pooh-Büchern,

»wo Winnie am Tisch sitzt und sich in alle möglichen Rollen hineinphantasiert. Er ist Matrose und er ist Soldat, er fliegt in der Luft und ergeht sich in allen möglichen Größenphantasien. Aber am Ende sagt er ganz traurig: ›Und dann bilde ich mir ein, ich sei nur ich selbst.‹ Das ist schmerzliche Rückkehr in die Wirklichkeit« (Sandler & Freud, 1989, S. 242).

Der Gegensatz zu Spiel ist also nicht Ernst, sondern – Wirklichkeit (Freud, 1908/2000, S. 170). Meist haben sich in den kindlichen Szenen und Geschichten Wirklichkeit und Halbrichtiges mit Eingebildetem und Selbstausgedachtem verwoben. Oft sollen die Fantasien helfen, bedrohliche Realität zu mildern.[10] Man kann sie also als Vorläufer der Abwehr verstehen. In anderen Fällen sollen Fantasien für Unrecht und Unerträgliches entschädigen. »Aschenputtel« wäre ein Beispiel dafür: Real geschunden, ist sie eigentlich die Auserwählte (Grimm, 1986 [1946], S. 172 ff). Mit ihrem Satz, man muss »einen Drachen reiten, wenn der Fuß versagt«, hat Rose Ausländer (1984) der wunscherfüllenden realitätsüberwindenden befreienden Kraft der Fantasie ein Denkmal gesetzt und gleichzeitig die »innere Unendlichkeit« als ihr Charakteristikum festgeschrieben: In ihrer Fantasie können sich Kinder und Jugendliche unbegrenzt in eine Wunschwelt beamen, in der sie alles haben. In der Fantasie sind ihnen absolut keine Grenzen gesetzt, anders als im Spiel.

2.5.2 Tagträume

Man kann mit Fantasien auch spielen: Inneres Fantasie- und Gedankenspiel statt Kinderspiel. Bei Heranwachsenden ist die Vorstellungskraft bereits so etabliert, dass die vormals spielerische Erprobung dessen, was alles

---

10 Ausführlicheres zum Konzept der Abwehr und den verschiedenen Abwehrstrategien siehe Lehmhaus & Reiffen-Züger (2024, S. 261 ff).

geht, nun in der Vorstellungswelt erfolgen kann. Ein Beispiel wären die Tagträume:

Eine Zwölfjährige, Einzelkind, deren Vater ohne Vorankündigung die Familie verlassen hatte und dann auch nicht mehr erreichbar war, mit der Folge, dass alle wie in einer Schockstarre zurückblieben, lebte ihren Alltag zunächst unauffällig, insgeheim aber im Leben von einer ganz anderen: Sie wurde Hannah Montana[11], und ihr imaginiertes Doppelleben im Sinne halluzinatorischer Wunscherfüllung fiel erst auf, als sie sich vollends in ihrer Fantasiewelt eingesponnen hatte, in der Schule nur noch tagträumend saß und nicht mehr lernen konnte. Sie hatte am gleichen Vornamen und Alter der Protagonistin der Jugendserie angeknüpft: Die namensgebende Hauptperson war ebenfalls eine zu Beginn 12-jährige Schülerin, die ein Doppelleben als erfolgreiche Sängerin führte. Pathologisch wurde es bei der Patientin, als ihre Tagträume auch im Alltag die Regie übernahmen, und sie sie nicht mehr beiseiteschieben konnte, um sich wieder der Bewältigung ihrer altersangemessenen Aufgaben in der Realität zuwenden zu können.

Es ist daher in jedem Einzelfall wichtig zu unterscheiden, ob es sich um einen chronischen Rückzug in die Fantasie auf Kosten der Wirklichkeit oder eher um eine beispielsweise tröstende, aber vorübergehende Fantasie handelt, um die Realität besser oder überhaupt ertragen zu können. In ihrer Fantasie ist Hannah kein »Looser« mehr, sondern berühmt, nicht abgeschrieben und vom Vater verlassen. Der traumatische Verlust wurde imaginär durch sein Gegenteil ersetzt.

Wenn wir Kinder beobachten, wie sie spielen, sich bewegen, sich äußern, bekommen Behandler auch ohne aktives Zutun die Gelegenheit, Narrative ihrer Fantasietätigkeit zu erhalten. Das heißt aber keinesfalls, dass vom Inhalt einer Geschichte oder eines Spiels auf direktem Weg auf das seelische Thema geschlossen werden könnte. Häufig aufgerührt durch einen äußeren Anlass, artikuliert sich das eigentliche Thema über allerlei Entstellungen und Verschiebungen, vielfältige Brechungen und Umge-

---

11 Hannah Montana ist eine Fernsehserie der Walt Disney Company.

staltungen. Dieser Prozess der Verfremdung verlangt vorsichtig verstehend-interpretative Annäherungen, um das Verborgene aufzudecken.

2.6 Kreativität

Fröbel war einer der ersten, der vehement auf die herausragende Bedeutung des Spiels für die Entwicklung von Kindern hinwies. Das Spiel war für ihn neben Arbeit und Kunst eine Grundform der Selbstdarstellung. Die Möglichkeit, dass ein Kind anfängt, selbsttätig Inneres und Verinnerlichtes – im ersten Lebensjahr »Aufgesogenes« – äußerlich sichtbar zu machen, war für ihn eine Zäsur, die das Ende der Säuglingszeit markierte. Und es gelte, je jünger ein Kind sei, umso mehr zeige es von sich im Spiel (vgl. Hoffmann, 1951).

Solange ein Kind seinen Fantasien in seiner Vorstellungswelt und im Spiel Raum gibt – und auch dazu in der Lage ist –, zeigt es, dass es noch Zuversicht hat, über das Spiel die Lage in den Griff zu bekommen – so bedrängt es sich auch fühlen mag. Dieses spielerische Veräußern in der Kindheit, also in einer Periode des Wachstums und mithin hoher seelischer Plastizität, ist vor allem möglich, weil die Grenzen zwischen Realität und Fantasie, zwischen innen und außen, zwischen Ich und Du noch unscharf sind, sodass die Welten immer wieder verschwimmen.[12] Im Umkehrschluss

---

12 Wir sprechen vom noch vorwiegend primärprozesshaften Denken der Kinder. Der *Primärprozess* beschreibt eine Form der psychischen Dynamik, die typisch für die unbewussten psychischen Aktivitäten ist, und am Anfang des Lebens das Erleben des Säuglings bestimmt. Es bleibt aber auch später im Erleben des Träumers oder des ins Spiel vertieften Kindes oder Erwachsenen wirksam. Dieses primärprozesshafte Denken weist spezifische Merkmale auf: Es ignoriert Vernunft und die Orientierung in Raum und Zeit. Widersprüchliche Inhalte können ohne Weiteres nebeneinander bestehen, und Teile stehen für das Ganze und umgekehrt. Negationen, Zweifel, Sicherheit oder ein Zeitgefühl existieren nicht. Die psychischen Abläufe sind dem Lustprinzip unterworfen und das Ich sucht Entlastung durch halluzinatorische Wunscherfüllung. Es bedient sich der Ver-

wird angenommen, dass Spielen, das derart Kreativität, Energie und Kraft freisetzt, auch das Potenzial hat, verfestigte Strukturen zu durchbrechen und neue Lösungen hervorzubringen. Das kann gelingen, indem im Spiel über Fantasie die Perspektive und die Elemente einer Situation so verändert und das Narrativ so verbreitert werden, dass auf der Folie des neuen Arrangements und der veränderten Ein-Sichten neue Erfahrungen und Unbekanntes entstehen können.

In einem völlig verfahrenen Erstgespräch im Familienrahmen schien alles aus dem Ruder zu laufen, als der Zweitklässler den hochstrittigen Eltern spontan ein Indianerspiel mit Friedenspfeife vorschlug. Die in ihrem Beziehungskrieg festgefahrenen Eltern hörten seinen Vorschlag erst gar nicht. Es war klar, dass sich hier Familiendynamisches wiederauflegte. Später waren alle überrascht, wie kreativ und konstruktiv sich die Begegnung schließlich spielerisch am imaginären Lagerfeuer entwickeln konnte, weil über die besondere Art der spielerischen Inszenierung Zuhören wieder eingestellt, und Disput verkleidet in völlig unterschiedlichen Rollen und Ritualen auf ganz andere Weise möglich wurde.

Fördern lässt sich der angesprochene spielerische Schöpfergeist, indem man Freiräume zum Spielen öffnet und den kleinen Patienten die Initiative überlässt; zumindest gefühlt für ausreichend Zeit und Muße sorgt; ihnen feinfühlige und resonante Begleitung auf der Basis eines tiefen Einlassens auf ihre Gefühlswelt zuteilwerden lässt und Ermutigung und behutsame Anregung zur Verfügung stellt, ihre eigenen, und manchmal durchaus auch ungewöhnlichen, vielleicht auch verpönten spielerischen Wege einzuschlagen.

In diesen freien Spielen steht wenig von vornherein fest. Es wird kein vorgegebener Plan verfolgt und auch kein »Drehbuch« abgespult. Vielleicht wird miteinander eines entwickelt. Aber der Sinn des Spiels erschöpft sich nicht in einem Endprodukt, wie man durchaus denken könnte, wenn so viele Eltern ihr Kind mit dem Satz abholen: »Hast Du

---

schiebung und Verdichtung oder der Verkehrung ins Gegenteil. Dabei wird das Realitätsprinzip weitgehend ignoriert.

heute schön gespielt?« Es ist der Spielprozess selbst, um den es geht, in dem sich das Psychotherapeutische im Miteinander abspielt. Wo solcherart kreatives Spielen Raum haben soll, muss es möglich sein, auch nicht zu spielen. Vielleicht auch einfach mal einzuschlafen. Wo ein »Muss« ist, und »wo jede Minute zählt, geht das Spielerische verloren«, hat Erikson beobachtet und in der allgemeinen Beschleunigung, im Druck ebenso wie in dem »So-soll-es-sein« überhaupt einen Feind des Spiels ausgemacht (Erikson, 1973, S. 208).

2.7 Die Umwelt spielt immer mit

Nur ein Kind, das sich wohl und sicher fühlt, und das ein Bedürfnis und eine Vorstellung davon ausbilden konnte zu spielen, wird auch tatsächlich spielen. Ob ein Spiel in Gang kommt oder nicht, ist also nicht nur im Kind selbst begründet. Auch die Umwelt spielt immer mit. Sie kann einen Aufforderungscharakter haben und über eine spieloffene Haltung, über Raum, Einrichtung und Spielzeug zum Spielen einladen. Sie kann aber auch spielerische Einlassung blockieren:

> »Eine reizarme Umgebung ohne jegliche Spielgegenstände kann das kindliche Spielbedürfnis ebenso hemmen wie eine reizüberflutende Umgebung mit einem Überangebot an Spielzeug. [...] Wenn kindliches Spiel zustande kommt, so beeinflussen sich die kindliche Spiel*motivation* und die kindliche Spiel*umgebung* gegenseitig« (Mogel, 1991, S. 11).

2.7.1 Spiel und Beziehung

Anna Freud hatte auf Sicherheit und Vertrauen als Grundvoraussetzung von Spiel aufmerksam gemacht: Kinder »teilen ihre Erlebnisse mit dem Analytiker, vorausgesetzt, dass ein Vertrauensverhältnis innerhalb der Analyse hergestellt ist« (Freud A., 1968, S. 37). Die Spielforschung hat das bestätigt, als sie auf die Bedeutung von guter Bindung als Voraussetzung freier spielerischer Exploration hinwies. Unter psychotherapeutischer Perspektive ist daher zu fragen, wie Begegnung und Spiel gestaltet werden müssen, damit es möglich wird, spielerischen Dialog zu entfalten und eine vertrauens- und spielöffnende Atmosphäre zu ermöglichen. Darüber hinaus ist das »Schicksal« der Spieltätigkeit davon abhängig, ob die kindlichen Spieläußerungen kontextuell angenommen, verstanden und bejaht werden, ob das Kind ermutigt wird und ob seine Lebensäußerungen und seine Neugier angemessen beantwortet werden. Das gilt im kindlichen Alltag ebenso wie in der Behandlung. Für den psychotherapeutischen Prozess bedeutet das, dass neben den Anforderungen an die persönliche und fachliche – insbesondere die kommunikative – Kompetenz des Behandlers auch die Spiel- und Resonanzfähigkeit der nächsten Umgebung eingeschätzt werden muss und gegebenenfalls eine wichtige Dimension in der begleitenden Arbeit mit den Bezugspersonen sein kann.

2.7.2 Spiel als symbolische Interaktion

Dabei umfasst spielerische Interaktion keinesfalls nur das Spiel mit Spielsachen, sondern auch das Spiel mit dem Körper, mit Blicken, Geräuschen und vielem mehr: Kröte reimt sich auf Flöte, Beule auf Eule, Kuh auf Schuh – Kinder lieben Reim und Rhythmus. Und in allen Worten, Gesten, Szenen und Spielen steckt ein Schlüssel zu ihrem Inneren- und Welterleben (Pas Bagdadi, 1994), dem aktuellen und dem vergangenen, der in der psychotherapeutischen Arbeit benutzt werden kann: Themen des Alltags ebenso wie des seelischen Geschehens, Sehnsüchte, Ängste oder ungelöste Konfliktlagen, die zum Teil aus den Tiefen des Unbewussten ans Licht drängen, verschaffen sich auf spielerische Weise Ausdruck in bildlicher, szenischer und symbolischer Form.

»Spiel ist also neben allem, was es sonst noch ist, auch und gerade Kommunikation und zwar indirekte Kommunikation im Gegensatz zu einer direkten, gezielten Mitteilung« (Staehle, 2013, S. 37), gegebenenfalls ein »Dialog ohne Worte« (Anzieu, Anzieu-Pemmereur & Daymas, 2006, S. 220), eine Kommunikationsform im Kontakt mit anderen. Auch wenn die Spiele der Kinder selbstbezogen erscheinen, sind sie von Anfang an kommunikativ und sozial bezogen. Haben Kinder keine ausreichenden frühen spielerischen Kontakte oder fehlt ihnen die Zeit für soziale Beziehungen, können soziale Kompetenzen und Ich-Funktionen, die sie für die Spielanbahnung und -aufrechterhaltung brauchen, nicht angemessen entwickelt werden. Normalerweise aber versuchen Kinder spontan etwas von sich und ihren äußeren Erfahrungen und inneren Bewegungen dem Gegenüber spielerisch mitzuteilen. Ihre spielerischen Aktionen wiederum provozieren Reaktionen seitens der Umwelt, was das Spiel im guten Fall zu einem resonanten Miteinander ergänzt, zu einem Austausch und Gefüge von Blicken, Gesten, Bemerkungen und Bedeutungen im Sinne wechselseitiger Kommunikation und symbolischer Interaktion.

2.8 Zusammenfassung, weiterführende Literatur und Fragen

Zusammenfassung

> **Zusammenfassung**
>
> Spielen ist eine anthropologische Grundgegebenheit und als universelle und basale Kommunikationsform ein Handeln besonderer Art. Es ist eine vielfältige und komplexe, aus der Neugierde geborene, freiwillige, spontane, aktive und lustvolle, manchmal auch bedrohliche, sicher hochbesetzte Auseinandersetzung der Kinder mit sich und der Welt. In der Folge gibt es unterschiedlichste Perspektiven, aus denen das kindliche Spiel betrachtet werden kann. Nur ein Kind, das sich körperlich wohl, psychisch sicher und sozial zugehörig fühlt, ist motiviert und hält es aus, sich ausprobierend spielerisch zu entfalten und den nächsten Schritt in noch unbekannte Entwicklung zu tun. Manche Kinder brauchen Beistand auf diesem Weg. Dabei ist Spielfähigkeit immer eng verbunden mit Bindung, Neugier und Intentionalität, mit der Entwicklung von Fantasiesystemen, von affektiver Regulation und der Als-

ob-Funktion. Im guten Fall schöpfen Kinder große Kraft aus den spezifischen Möglichkeiten der Symbolisierung, der Imagination und der kreativen Inszenierung im Spiel. Denn nichts eignet sich mehr als das Spiel, eigene Ideen Wirklichkeit werden zu lassen, Affekte und Fantasien auszuleben und Wünsche zu realisieren, aber auch Abwehr einzusetzen. Ein Zuviel an Fantasietätigkeit kann aber auch verstören, und es kann passieren, dass Fantasien fortan vielleicht ganz gemieden werden. Ein Sich-Verspinnen in Fantasiegeschichten kann auch Rückzug aus der Wirklichkeit befördern. Manchmal ist es also ein durchaus herausfordernder Akt, dem gewichtigen »Ernst des Lebens spielerisch zu begegnen« (Hüther & Quarch, 2016, S. 9). Denn Spiel ist nicht immer eine freudige Sache. Sich selbst im Spiel mit den Augen seines bewussten Ichs und dazu »ungeschminkt« kennenzulernen, ist ein hilfreicher, aber auch ein riskanter Prozess, der sich nicht ohne Desillusionierungen und Blessuren vollziehen kann.

Im Spiel geht es demnach nicht nur um den Erwerb von Können und Wissen. Heute werden die Abreaktion, die Erholung, die Einübung wichtiger Funktionen und Leistungen, die Rekapitulation sowie die Kreativitätsentwicklung als bedeutendste Funktionen des Spiels für die Entwicklung von Kindern herausgestellt (OPD-KJ-2, 2016, S. 45). Ein psychotherapeutisches Setting sollte daher die Wertschätzung für das Spiel als kindliche Lebens- und Ausdrucksform umfassend und nachdrücklich repräsentieren. Gelingt das, eignet sich das Spiel nicht nur als Königsweg zum Erwerb struktureller Fähigkeiten oder als Fenster ins kindliche Unbewusste. Darüber hinaus ermöglicht es ein Verständnis der kindlichen Persönlichkeitsentwicklung und Selbstwerdung ebenso wie einen Blick auf die Welt aus kindlichem Erleben. Psychotherapeutisch von Relevanz ist vor allem das spontane, frei gewählte non-utilitaristische Spiel in seiner Ausdrucksfunktion, als Projektionsfläche für Affekte, Wünsche, Vorstellungen und Fantasien, als Ort für Inszenierungen und als Möglichkeit tiefenhermeneutischen Verstehens.

Vertiefende Literatur

Freud, S. (2000). Der Dichter und das Phantasieren. In S. Freud: *Bildende Kunst und Literatur*. Studienausgabe Band 10 (S. 169–179). Frankfurt/M: Fischer. (Originalarbeit erschienen 1908).
Hüther, G. & Quarch, C. (2016). *Rettet das Spiel! Weil Leben mehr als Funktionieren ist.* München: Hanser.
Mogel, H. (2008). *Psychologie des Kinderspiels* (3. Aufl.). Berlin, Heidelberg: Springer.
Oerter, R. (2003). Spiel. In: B. Herpertz-Dahlmann, F. Resch, M. Schulte-Markwort & A. Warnke, *Entwicklungspsychiatrie*. Stuttgart: Schattauer.
Piaget, J. (1975). *Nachahmung, Spiel und Traum. Die Entwicklung der Symbolfunktion beim Kinde.* In J. Piaget, Gesamelte Werke Bd. 5. Stuttgart: Klett-Cotta. (Originalarbeit erschienen 1945).

Weiterführende Fragen

- Was heißt eigentlich spielen?
- Gibt es einen Unterschied zwischen normalem und psychotherapeutisch relevantem Spiel?
- Was können Psychotherapeuten entgegnen, wenn Sie kritisiert werden, dass sie mit den Kindern »nur spielen«?
- Was ist eine »Szene« und was bedeutet »Szenisches Verstehen«?
- Was ist Projektion? Was heißt Symbolisierung?

3 Grundlagen und Rahmenbedingungen spielerischer Begegnung

3.1 Entscheidung für das Spieleparadigma

Im Gegensatz zu seiner klinisch basierten Evidenz konfrontiert die spezifische Arbeitsweise in und mit dem kindlichen Spiel einen Kinderpsychotherapeuten oftmals mit Legitimations- und Imageproblemen. Denn aus Erwachsenensicht fällt es gar nicht leicht, das Kinderspiel als eine ernst zu nehmende Sache anzusehen und darauf auch heilend zu vertrauen (Hüther & Quarch, 2016). »Sie spielen ja nur!« hören daher Kinderpsychotherapeuten entsprechend oft von Eltern und Experten und hinter dem manchmal skeptisch bis vorwurfsvoll Dahingeworfenen verbirgt sich nicht selten ein dezenter Hinweis, dass es Gescheiteres zu tun gäbe. Tatsächlich kann Spielen weder mit der Nützlichkeit von Arbeit aufwarten, noch sich mit der Würde geistiger Anstrengung schmücken oder gar mit der Nüchternheit und Genauigkeit wissenschaftlicher Tätigkeit überzeugen. Da kann schnell der Verdacht aufkommen, dass Psychotherapie in dieser Form »vertane Zeit« sein könnte, was umso schwerer wiegt, als Spielen selbst viel Zeit benötigt. Folge solcher Vorbehalte ist, dass der Psychotherapeut dem guten Geist des Spiels oft erst einmal Raum und Anerkennung verschaffen muss, dem Kind gegenüber wie auch den Bezugspersonen und in sich selbst. Beispielsweise ist wichtig, dass der Kinderpsychotherapeut sich entscheidet, ob er der Spielvariante den Vorzug gibt oder halbherzig einem Kompromiss folgt, der in so vielen Supervisionen anklingt: 30 Minuten Spielen (das Kind bestimmt) und 20 Minuten reden (was der Kinderpsychotherapeut wissen will).

Auch ist es nicht so, dass sich Kind und Behandler einfach irgendwo treffen und losspielen. Denn was für Außenstehende wie ein ganz alltägliches Spielen aussieht, ist in Wirklichkeit ein komplexes, intensiv reflektiertes und gut vorbereitetes Vorgehen: Sobald spielerisches Handeln zum psychotherapeutischen Medium wird, verändern sich die Grundlagen und Rahmenbedingungen der therapeutischen Begegnung grundsätzlich. Nonverbale Kommunikation steht nun an erster Stelle und nicht nur die störungsbedingten Grenzen des Kindes, sondern auch die (Spiel-)Fähigkeiten des Psychotherapeuten bestimmen Möglichkeiten und Grenzen und sind bei der Behandlungsplanung in Betracht zu ziehen.

3.2 Rolle, Präsenz und Haltung des Kinderpsychotherapeuten

Die Person des Psychotherapeuten ist in den psychodynamischen Verfahren das eigentliche Medium und das wichtigste Instrument für die Gestaltung und Wirksamkeit der psychodynamischen Arbeit. Ausgehend davon, dass Zurückhaltung Entfaltung herausfordert, ist eine möglichst abstinente und neutrale Grundhaltung erforderlich, die aber immer wieder in Spannung gerät mit der geforderten spielerischen Einlassung des Behandlers und von ihm »ausbalanciert« werden muss. Man kann sagen, dass sich an der Fähigkeit zur Rollendifferenzierung ebenso wie an der ebenso aufmerksamen wie empathischen Wahrnehmungseinstellung und an seinen inneren Möglichkeiten, Spannungen zu halten und nicht zu agieren, der individuelle Spielraum bemisst, der dem Kind, seiner Innenwelt und seinen Besetzungen zur Verfügung gestellt wird. Entsprechend dem Konzept der freischwebenden Aufmerksamkeit sollte der Behandler offen sein für alles, für jede feine und grobe Geste, jeden Spieleinfall und seine möglichen Ausgestaltungen. Gemeint ist eine akzeptierende sammelnde Haltung ohne Tabus. Die Ein-Stellung ist auf den Patienten gerichtet, auf das Kindliche, auf das Spielerische ebenso wie auf das Symbolische. Mit der symbolischen Einstellung ist die Bereitschaft gemeint, den Phänomenen neben ihrer faktischen Gegebenheit eine implizite, szenische[13] oder unbewusste Bedeutung zuzuerkennen.[14] Es liegt auf der Hand, dass Desinteresse, Ablenkungen und Alltagsroutinen diese Art intensiver Begegnung wenig wahrscheinlich werden lassen. Psychotherapie beginnt immer *im* Psychotherapeuten: Die psychodynamische Variante verlangt ein hohes Maß an Intimität, wenn sie erwartet, dass sich der Kinderpsychotherapeut seinem Patienten außer mit seiner Professionalität auch mit seiner Ich-Selbst-Organisation, mit seinen Gefühlen und seinem biographischen So-geworden-Sein in einem bestimmten Raum für eine bestimmte Zeit empathisch zur Verfügung stellt. Gleichzeitig muss er funktionell als Psychotherapeut vorhanden und wirksam bleiben. Entsprechend beschreibt Zwiebel die psychotherapeutische Situation im Bild vom Gast und Gastgeber (vgl. Wittenberger, 2016, S. 16). Zwiebel zufolge geht es nicht nur darum, einen äußeren Raum zur Verfügung zu stellen, mit Körper *und* Seele präsent zu sein, sich dem Kind mit Interesse und Einfühlung zuzuwenden, sein Handeln und sein Spiel in seiner inneren Welt aufzunehmen und resonant zu sein, das Kind an seinen Einfällen, Gedanken und Gefühlen teilhaben zu lassen. Darüber hinaus gelte es, sich im Winnicott'schen Sinne wie ein Objekt verwenden zu lassen (Winnicott, 1971/2015). Damit ist eine grundlegende technische Akzentverschiebung angesprochen: Die psychodynamische Perspektive hat nicht vor, den Patienten zum Objekt der psychotherapeutischen Bemühungen zu machen, beispielsweise Techniken anzuwenden, um seine störenden Symptome zum Verschwinden zu bringen – was ja viele erwarten oder sogar einklagen, die zu uns kommen. Vielmehr ist der Kinderpsychotherapeut psychodynamischer Provenienz aufgerufen, sich zur Verfügung zu stellen und angelehnt an das, was dieses konkrete Kind zeigt und was es braucht, etwas mit sich machen zu lassen. Das bedeutet, sich als (Spiel- und Entwicklungs-)Objekt verwenden und brauchen zu lassen. Wir sprechen von einem intersubjektiv ausgerichteten Behandlungskonzept. Dahinter stehen die Erfahrung und das Vertrauen, dass die Seele sich im Miteinander des geschützten spielerischen Raums Ausdruck verschafft, wo das Unbewusste des Kindes auf das Unbewusste des Behandlers trifft, und beide eine neue gemeinsame Wirklichkeit hervorbringen (Ferro, 2003).

---

13 Zum Szenischen ▶ Kap. 2.1.3
14 Zum Symbolischen ▶ Kap. 2.1.2

3.2 Rolle, Präsenz und Haltung des Kinderpsychotherapeuten

Diese verbal und nonverbal zu gestaltende *Beziehung* zwischen dem Psychotherapeuten und dem kleinen oder auch schon größeren Patienten ist von Beginn an eines der wichtigsten Instrumente. Sie stellt »das Dritte« dar und bietet einen »Möglichkeitsraum« (Winnicott, 1971/2015), in dem sich die therapeutische Begegnung vollzieht, in der und mit der Heilung möglich werden soll. Das Verstehen der jeweiligen spielerischen Inszenierung in dieser Begegnung öffnet die Bedeutung dessen, was sich zwischen beiden ereignet, und sichert den Fortgang des Prozesses. Psychodynamische Psychotherapie im Kindes- und Jugendalter in diesem Sinne stellt eine »Kunst« dar, die ausgebildet werden kann und geschult werden muss. Einerseits geht es um das sich bedingungslose Einlassen auf das Beziehungs- und Spielgeschehen, andererseits um die Aufrechterhaltung der psychotherapeutischen Rolle und Arbeit. Man könnte sagen, dass sich der Behandler spielerisch verwickeln lassen muss, um zu verstehen, aber sich nicht »einwickeln« lassen darf, weil er dann als Psychotherapeut nicht mehr vorhanden wäre.

Es geht also um *gemeinsames Spiel*, um geduldiges, genaues, sorgfältiges miteinander Hinsehen und Hinhören, um Nachdenklich-Werden und Verstehen sowie um progressionsorientierte Fantasie, um in diesem Miteinander gemeinsam einen neuen kreativen Weg aufzuspüren. Dies alles ist therapeutisch unverzichtbar, aber sowohl ein Luxus wie ein Anachronismus in einer Zeit, in der es immer mehr auf Schnelligkeit, Rationalität und Effektivität ankommt und fordert daher Legitimierung. Diese notwendige Verständlichmachung wird nicht leichter, wenn man bedenkt, dass ein psychodynamisch arbeitender Psychotherapeut auch die Bereitschaft und Fähigkeit braucht, zu akzeptieren und (narzisstisch) auszuhalten, dass er zunächst nichts weiß und auch nicht sofort alles versteht – was ja niemanden als Experten ausweist! Zwiebel prägt für den psychotherapeutischen Prozess aus dieser Perspektive die Metapher einer »*analytischen Bootsfahrt*«[15]:

---

15 Rolf Zwiebels Arbeitsmodell einer »grundlegenden Bipolarität« der psychodynamischen Arbeit (Zwiebel, 2013) umschreibt die oszillierende und balancierende Schwebe von »persönlichem Pol« und »technischem Pol« von Einfühlung und konzeptualisierender Distanzierung.

3 Grundlagen und Rahmenbedingungen spielerischer Begegnung

»Man tritt immer wieder die Fahrt vom Ufer des Nicht-Wissens zum Ufer des Wissens und Verstehens an, das sich nicht selten überraschenderweise erneut als Ufer des Nichtwissens erweist, kommt in Stürme und Flauten, kentert manchmal und rettet sich ans Ufer (…), bis man die Fahrt mit ungewissem Ausgang wieder aufnimmt« (Zwiebel, 2013, S. 192 f).

Insbesondere am Anfang psychotherapeutischer Tätigkeit ist diese Ungewissheit wenig ermutigend und verlangt dem Behandler viel ab. Vor allem, wenn man bedenkt, dass es, um diese Haltung des Nicht-Wissens realisieren zu können, notwendig ist, in der spielerischen Begegnung mit dem Kind selbst das (fachkundige) Wissen zu suspendieren, an das man sich zu Beginn so gerne klammert.

Im Spiel auftauchende Bilder, Szenen und Gefühle werden vorsichtig aufgegriffen, im Kontext ihres Auftretens bestätigt, sei es mimisch, gestisch, oder mit ermunternden Worten als legitim anerkannt. So wird über Wahrnehmen und Verstehen auch ein gemeinsamer »Erlaubnisraum« aufgespannt, der hilft, das jeweilige Spiel und die darin aufgehobenen Gefühle und Affekte anzunehmen und auszubauen. Die Schaffung eines Möglichkeitsraums kann dabei auch auf spielerischer Ebene geschehen, indem der Psychotherapeut im Spiel eine entsprechende Rolle übernimmt und die vermuteten Affekte ausspielt oder in Worte fasst, wobei auch unangenehme Gefühle oder unerlaubte Impulse einen legitimen Raum und Rahmen erhalten. Die auf diese Weise geteilten Erfahrungen lassen oft relativ schnell verständlich werden, wie und warum das Kind auch mit anderen Personen außerhalb des therapeutischen Raums in eben dieser spezifischen Art und Weise interagiert und fühlt. Durch die Transformation von inneren Beweggründen in äußeres Spiel und dessen Erleben und Reflektieren im Rahmen der psychotherapeutischen Beziehung kann das Kind die Störungen und Missverständnisse, die seinen Alltag begleiten, selbst merken. Über die (spielerische) Resonanz des Psychotherapeuten oder durch Perspektivenwechsel kann ein Kind erfahren, wie sein innerlich vielleicht ganz anders motiviertes Verhalten auf andere wirkt, und dass es aus deren ganz anderer Perspektive auch ganz anders verstanden und entsprechend darauf reagiert werden kann. Außerdem können spielerisch Umstellungen angedacht werden, sodass der Patient im Zusammenspiel im psychotherapeutischen Raum sich und seine Geschichte zunehmend entdecken und sie erzählen kann.

Wer mit Kindern *mit* und *im* Spiel auf diese Weise arbeiten will, muss nicht nur in der Lage sein, spielerische Bewegungen ebenso wie das Atmosphärische aufzunehmen. Er muss auch über Kindheit, über Spielentwicklung und die aktuelle Spielwelt Bescheid wissen. Er muss Zugang zu den im Spiel symbolisierten und inszenierten psychischen Zuständen, eingebettet in die Dialektik von Übertragung, Gegenübertragung und Widerstand finden, sich darauf einlassen können, sie halten, verstehen und in der Lage sein, sie gegebenenfalls wieder zurück zu »übersetzen«. Ein solcher Behandler ist mehr als nur Detektiv, Spurensucher oder Faktenjäger, der Informationen sammelt und verstehend abtastet. Er ist auch nicht nur »Archäologe«, der tief gräbt, um Verborgenes freizulegen. Ein Kinder- und Jugendlichen-Psychotherapeut braucht darüber hinaus spezifische »social skills« (Kanning, 2002)[16], um sich konkret spielerisch und in Beziehung angemessen »einzuspielen«. Dies meint die Kunst, jenseits des psychoanalytisch begründeten Bewusstseins natürlich und authentisch zu bleiben (Mertens, 2009, S. 23) und sich auf das Kindliche ebenso wie auf das jeweilige Kind einzustellen.

3.3 Überlegungen zum Spielzimmer

Die Anforderungen an den Psychotherapeuten werden flankiert von der Planung eines angemessenen Settings. Raum, Zeit, Abmachungen, therapeutische Haltung und Technik sind immer Mittel zum Zweck. Sie haben sich dem Hauptzweck, der therapeutischen Beziehung und dem therapeutischen Anliegen unterzuordnen.

Konkret heißt das, Bedingungen zu entwickeln und zu sichern, die Intimität und Integrität zu schützen, Beziehung und Vertrauen aufzubauen, Spiel zu entfalten und den therapeutischen Prozess in Gang zu

---

16 Gemeint ist hier eine besondere soziale Kompetenz, die sich aus Bindung, Konfliktfähigkeit ebenso wie aus Kooperationsbereitschaft zusammensetzt, als Voraussetzung für intersubjektives Teilen.

bringen, vor allem in seiner Tiefendimension. Der Psychotherapeut ist verantwortlich für die Bereitstellung des Settings und wacht über seine Einhaltung. Klüwer (1983) hat das Verhältnis von Setting und therapeutischem Prozess einmal im Bild eines Wasserstroms im Flussbett beschrieben: Der Psychotherapeut stellt das Bett bereit, gleichwohl muss er dem Strom folgen. Er hat es nicht in der Hand, welches Spiel das Kind wählt und welche konkrete Gestaltung das Thema in der jeweiligen Stunde annimmt. In beidem muss er dem Strom folgen, wie er fließt. Wie also die beiden Akteure mit der jeweiligen psychotherapeutischen Begegnung verfahren, das bleibt der Gestaltung der beiden anheimgestellt und ist entsprechend unverwechselbar.

Teil der Bereitstellung ist im optimalen Fall ein ansprechendes, einladendes, strapazierfähiges, »ungefährliches«, warmes und gemütliches, gut strukturiertes mittelgroßes Spielzimmer. Es sollte eine robuste bewegliche Möblierung bieten, aber zugleich eine private Atmosphäre verbreiten und darüber hinaus offen, flexibel, nach außen geschützt und nicht ängstigend sein. Es sollte sich möglichst an den Bedürfnissen und Raum-Gewohnheiten von Kindern orientieren. Denn Räume wirken sich immer auf Menschen aus, und ihre Wirkung ist bei Kindern, kranken und unsicherängstlichen Menschen ungleich intensiver. Hier geht es darum, mit dem Spielraum einen sicheren, nicht strittigen Ort zu schaffen. Der eigene Körper ist unser intimster und ureigenster Raum. Von dort aus nehmen wir die Räume um uns herum in Besitz. Viele Kinder suchen Sicherheit und Geborgenheit, einen Rückzugsraum, andere kommen im »Kampfmodus« und suchen einen Aktionsraum. Das Spielzimmer sollte also vielfältigen Möglichkeiten Raum bieten. Da Kinder sich gerne bewegen, vielleicht auch von »Station« zu »Station« gehen, um mit dem passenden Material ihr Anliegen zu verdeutlichen, braucht Kinderpsychotherapie auch ausreichend Platz. Zuviel Raum dagegen könnte das Gefühl hervorbringen, verloren zu gehen.

Folgt man dem Gesagten, dann geht es nicht darum, ein besonders hübsches Spielzimmer mit modernstem Spielzeug einzurichten, obwohl ästhetische Gesichtspunkte nicht vernachlässigt werden sollten. Eher geht es darum, einen *Möglichkeitsraum* zu schaffen, der dem Kind Gelegenheit gibt, sich mit seinen Fantasien und Problemen im Spiel auszudrücken. Raumgestaltung und Spielzeugauswahl sind daher auch nicht normiert vorgegeben. Sie variieren individuell und sind verfahrensabhängig. Sie sollten in jedem Fall in engem Zusammenhang mit der Entwicklungsstufe, mit den diagnostischen Problemen und mit den besonderen Bedürfnissen der Kinder erfolgen, die zu uns kommen (Arbeitsausschuss, 2012, S. 212 ff).

Schaut man sich realiter einzelne kinderpsychotherapeutische Räume an, wird schnell deutlich, dass jedes Spieltherapiezimmer ein Unikat ist, eine Art »Visitenkarte« des Psychotherapeuten, das Klima und Atmosphäre prägt und seine Haltung, Vorlieben und Ambition spiegelt. Das ist auch deshalb von Belang, weil der Psychotherapeut von seinem »Angebot« überzeugt sein, sich damit auskennen und sich auch selber darin wohl fühlen sollte (Vorschläge und Gedanken zur Einrichtung ▶ Anhang).

3.4 Überlegungen zum Spielmaterial

Die Spielzimmer der Kinder- und Jugendlichenpsychotherapeuten unterscheiden sich nicht nur hinsichtlich Raum und Möblierung, sondern auch deutlich hinsichtlich der Menge und der Art des Spielzeuges, der »Modernität« des Spielmaterials, sowie hinsichtlich der Art, wie es präsentiert wird. Da gibt es die minimalistische Variante mit dem separaten Kasten für jedes Kind in der »Kleinianischen« Ausrichtung:

> »Von 1923 an stellte Klein dem Kind in der Analyse ausgewählte Spielsachen zur Verfügung, die speziell für jedes Kind in einer Schachtel aufbewahrt wurden (hölzerne Frauen und Männer, Autos, Tiere, Bäume, Bleistifte, Buntstifte, Leim, Kugeln und Bälle etc.). Ihr Spielzimmer war nur mit dem Notwendigsten ausgestattet« (Burchartz, Hopf & Lutz, 2016, S. 41).

Demgegenüber bietet die Sandspieltherapie (▶ Kap. 8.2) nahezu unbegrenzt Miniaturen an, die die Welt repräsentieren. Für die Spielsachen finden sich offene, leicht zugängliche Regale und Kisten ebenso wie verschlossene Schränke.

Ein allgemein gültiges Rezept gibt es nicht. Jeder Psychotherapeut muss für sich entscheiden, welches und wieviel Spielmaterial er warum anbieten möchte, und wie er es präsentieren will. Ob er alles offen anordnet und damit auf den Anmutungscharakter der Spielsachen setzt, oder ob das Spielmaterial verschlossen vorhanden ist und vom Kind entsprechend seiner Spielvorstellung gezielt gesucht und gefunden werden kann. Nelly Wolffheim betonte:

»Nicht ein Spielzeug an sich formt das Spiel, sondern die Aktivität des Kindes und sein seelisches Leben formen es« (1973, S. 156).

Das kann uns beruhigen. Wo dem Kind nicht die »richtigen« Spielsachen zur Verfügung stehen, wird es sich anderes Material suchen und es mit Hilfe seiner Fantasie sowie ermutigt durch seinen Psychotherapeuten umgestalten. Auch mit an sich ungeeignetem Spielzeug gehen die Kinder locker um und tun damit das, was der Augenblick ihnen eingibt, selbst wenn das eventuell etwas ganz Anderes ist, als der Erfinder damit vorhatte.

Es gibt in der Profession bei aller Unterschiedlichkeit allerdings auch deutliche Übereinstimmungen in der Ausstattung, die darauf hinweisen, dass es so etwas wie eine Grundausstattung gibt. Berns und Reinholz haben in ihrer im Jahre 1998 durchgeführten (nicht repräsentativen) Umfrage bei 34 im Raum Hannover niedergelassenen analytischen Kinder- und Jugendlichenpsychotherapeuten das konkret vorhandene Spielmaterial erfasst (Berns & Reinholz, 2000) (▶ Anhang).

Prinzipiell scheinen uns folgende Überlegungen für die Auswahl von psychotherapeutisch brauchbarem Spielmaterial wichtig zu sein. Es sollte

- für die jeweils verschiedenen Alters- und Entwicklungsstufen geeignet sein;
- sowohl regressive als auch progressive Tendenzen und libidinöse ebenso wie aggressive Spielgestaltungen erlauben;
- die Kontaktherstellung mit dem Psychotherapeuten erleichtern;
- einen hohen Wiedererkennungswert für den Patienten haben, weil Vertrautes Scheu und Verunsicherung vertreiben kann;
- Kreativität und eigenes Tun erlauben und fördern;
- von der Norm abweichende Nutzung erlauben;
- Projektionen auf Mensch-, Tier- und Fantasiefiguren, sowie sonstige Gegenstände ermöglichen;

- die Fantasie des Kindes anregen, ihm den Als-ob-Raum öffnen, und dem Rollenspiel eine Bühne geben;
- Szenen anregen, die sowohl bedeutsame innerpsychische als auch aktuelle Konflikte im realen Umfeld zur Darstellung kommen lassen;
- dem Psychotherapeuten helfen, das Kind bei seiner Abenteuerreise ins Unbewusste, oder in seiner Auseinandersetzung mit den aktuellen Problemen im Hier und Jetzt, verstehend und unterstützend beiseite stehen zu können;
- einfach handhabbar, strapazierfähig, leicht zu reinigen, und möglichst stabil sein.

Das einzelne Spielzeug kann natürlich vom Kind jederzeit auch ganz anders verwendet werden, als es die bekannten Zuschreibungen nahelegen. Spiel und Spielzeug sind nie eindeutig, sondern immer vielfältig determiniert. Ihr Sinn, Wert und ihre Bedeutung unterliegen unterschiedlichsten Einflüssen. Ein Hula-Hoop-Reifen beispielsweise kann von dem einen Patienten im Sinne narzisstischer Selbstpräsentation gekonnt als Sportgerät vorgeführt werden. Ein Anderer dagegen legt ihn flach auf den Boden, setzt sich hinein, um sich selbst und seinen Bereich abzugrenzen. Ein wieder Anderer wählt dieselbe Konfiguration, spielt aber »Häschen in der Grube«. Wieder ein Anderer »fängt den Therapeuten damit ein« usw. Daher kommt es auch nicht in erster Linie darauf an, womit ein Kind spielt, sondern was es in dem jeweiligen Spielzeug sieht, und was es damit assoziiert, konkret, was es in diesem Moment der Begegnung damit macht. Zeigt es Umsicht, bunkert es das Spielzeug in seinem Kasten oder lässt es gar in seiner Hosentasche mitgehen? Oder kümmert es sich nicht. Welche Gefühle löst die Abwesenheit von Sorgfalt oder gar die Zerstörung der Dinge im Behandler aus? Besondere Beachtung verdient auch, wie das Kind selbst mit kaputtgegangenem Spielmaterial umgeht. Auch defektes Material gehört zum Spiel und ist Bestandteil des Settings und der Behandlung. Reagiert das Kind mit Abwertung, oder verlangt es nach Wiedergutmachung durch Reparatur oder Ersatz? Auch wenn ein Kind eigenes Spielzeug mitbringt oder anfragt, ein Spielzeug aus der Praxis mitnehmen zu dürfen, geht es in jedem Einzelfall darum herauszufinden, was das Kind bewegt, das zu tun, und was es damit sagen will. Fotos der Spielszenen, Bilder und andere Produkte des Spiels sind wichtige Dokumente. Sie können z. B. in der Praxis bis zum Ende der Behandlung in einem geeigneten Behälter sicher verwahrt werden.

3.5 Kind und Kinderpsychotherapeut im intermediären Spielraum

Der Behandler mit seinen Möglichkeiten, seiner Zugewandtheit und seiner zur Verfügung gestellten Zeit, zusammen mit dem Raum und dem Spielmaterial, bilden gemeinsam den Rahmen für die Behandlung. Dieser soll dem spielenden Kind und seiner Kreativität wie eine Einladung entgegenkommen und ihm ermöglichen, sich frei zu bewegen, sich gefahrlos, offen und ohne Scheu auch mit unbekannten, schwierigen und »verbotenen« Selbstaspekten in seinen Spielen zu beschäftigen. Dabei wirkt der Therapieraum mit seinem Spielmaterial immer im Sinne einer *Erweiterung des Psychotherapeuten*, der damit dem Patienten ähnlich wie im Theater eine Bühne zur Verfügung stellt, die den Raum vorgibt und Bühnenbild, Rollen und Requisiten beherbergt, die durch das Drehbuch in eine dem Kind passende Ordnung gebracht werden können. Das psychotherapeutische Spiel umfasst dabei immer zwei Spieler, das Kind und den Behandler und es ist immer auch eine verschlüsselte Antwort des Kindes auf die Persönlichkeit, den Habitus, die Bewegungen, Signale und Äußerungen des Psychotherapeuten und umgekehrt. Wünschenswert ist daher eine Atmosphäre der Toleranz auch für das Infantile, Regressive, Peinliche, vielleicht auch Lächerliche und für die dunklen Seiten unseres Daseins im psychotherapeutischen Raum. Wie auch immer, indem wir Spielen und Spielzeug zur Verfügung stellen, schaffen wir Ausdrucksmöglichkeiten, aber auch Grenzen, die den Spielraum im guten Fall schützen und ordnen im Sinne eines sicheren, haltgebenden Settings.

»Die Definition des Spielraums und die Definition der Grenzen dieses Raumes schaffen die therapeutische Situation, die es uns möglich macht, eine Art Arbeitspakt, eine therapeutische Situation mit dem Patienten zu haben« (Ekstein 1976, S. 166).

Alles miteinander führt zur Festlegung des therapeutischen Raumes, der vom Kinderpsychotherapeuten aufrechterhalten wird und mit dem sich das Kind allmählich identifiziert.

Dieser Spielraum hat

- unter physischem Aspekt eine räumliche Dimension als konkreter realer Handlungs- und Bewegungsraum;
- unter psychosozialem Aspekt eine kommunikative und intersubjektive Dimension als Begegnungs- und Beziehungsraum;
- unter psychischem Aspekt eine Dimension als Fantasieraum und imaginärer Raum;
- unter psychodynamischem Aspekt eine implizite[17] und unbewusste Dimension als Ort der Entfaltung der inneren Welt und des Unbewussten im kindlichen Spiel.

3.6 Zusammenfassung, weiterführende Literatur und Fragen

Zusammenfassung

> **Zusammenfassung**
>
> Spiel und Spielen sind wesentliche Bausteine einer kinderpsychotherapeutischen Behandlung. Spielen ist ein hochkomplexes Geschehen,

---

17 Implizites Wissen steckt implizit im Können, ohne es explizieren zu können. Es ist uns selbstverständlich, habitualisiert, aber es fehlen die Worte, um dieses Können zu beschreiben oder es Anderen verbal zu vermitteln.

das dem Psychotherapeuten einiges abverlangt. Sprache und Sprechen treten zurück. Es wird gemeinsam in einem geschützten Raum agiert. Dabei sind die Person des Psychotherapeuten und die Beziehung zwischen Kind und Psychotherapeut von grundlegender Bedeutung. Spielraum, Spielzeug und Psychotherapeut bilden zusammen den Rahmen, in dem Psychotherapie stattfinden kann. Art und Bedeutung der Spiele und der verwendeten Spielmaterialien sind nicht vorgegeben. Jedes Kind verwendet es nach seinem individuellen Bedürfnis. Auch jedes Spieltherapiezimmer ist ein Unikat. Es ist nicht genormt, sondern Ausdruck des Knowhows ebenso wie der persönlichen Spielgeschichte und der Vorlieben des Psychotherapeuten. Aber auch die konkreten Vorerfahrungen des Kindes, seine Bedürfnislage und seine psychische Beeinträchtigung spielen eine wichtige Rolle. Innerhalb dieses Zusammenspiels spannt sich ein ganz individueller und intimer »Möglichkeitsraum«.

Vertiefende Literatur

Berns, I. & Reinholz, K. (2000). Was benötigen analytische Kinder- und Jugendlichen-Psychotherapeuten in ihren Praxen, um wirksam arbeiten zu können? Psychoanalytische Orientierungen. *Hannoversche Werkstattberichte*, Heft 12, 155–189.
Ferro, A. (2003). *Das bipersonale Feld. Konstruktivismus und Feldtheorie in der Kinderanalyse*. Gießen: Psychosozial.
Ogden, T. (1997). Über den potentiellen Raum. *Forum der Psychoanalyse*, 13, 1–18.
Winnicott, D. W. (2015). *Vom Spiel zur Kreativität*. Stuttgart: Klett-Cotta. (Originalarbeit erschienen 1971).

Weiterführende Fragen

- Was ist mit »Möglichkeitsraum« oder »intermediärem Raum« gemeint?
- Wie und womit sollte ein Spieltherapiezimmer ausgestattet sein und warum?
- Gibt es Spielsachen, die unbedingt vorhanden sein sollten?
- Gibt es Spielsachen, die besser nicht vorhanden sein sollten?
- Dürfen Kinder etwas ausleihen?

- Dürfen Kinder eigene Spielsachen mitbringen?
- Sollte der Psychotherapeut auf Wünsche des Kindes nach bestimmten neuen Spielsachen eingehen?

4 Spiel und Entwicklung

Kinder kommen nicht nur mit verschiedenartigsten Spielen, sondern auch mit unterschiedlichen Spielbiographien und Ausprägungen von Spielfähigkeit in die Behandlung. Kinderpsychotherapeuten sollten sich auf diese Vielfältigkeit einstellen können und entsprechend förderliche Behandlungsbedingungen schaffen, um das Kind dort abholen zu können, wo es in seiner Spielentwicklung angekommen ist. Im Folgenden soll daher skizziert werden, wie sich das kindliche Spielen entwicklungsbegleitend fortwährend weiterentwickelt (▶ Tab. 4.1 für einen Überblick) und wie Entwicklungsthemen und -aufgaben die vorherrschende Spielart und -möglichkeiten (mit-)bestimmen. Dabei sollte immer mitgedacht werden, dass Spielen konstitutiv ist für Entwicklung und Einschränkungen der Spielfähigkeit weitreichende Folgen haben.

Kinderspiel hat eine hohe Relevanz im kindlichen Leben. Die Fähigkeit zu spielen scheint angeboren, dennoch handelt es sich nicht um eine sich autonom aus sich selbst heraus und immer gleich abspulende Tendenz. Zwar startet Spielentwicklung mit sehr ähnlichen rudimentären Voraussetzungen, trifft aber auf eine sehr unterschiedliche soziokulturelle Rahmung und kann von außen gefördert oder beeinträchtigt werden. In der Lebenswelt eines Kindes entscheidet sich ganz konkret, wie auf den manchmal heftigen kindlichen Forschungsdrang reagiert wird, wieviel Raum und Unterstützung das kindliche Spielbedürfnis überhaupt erfährt und ob und womit gespielt wird. Damit ist immer die Umwelt mit im Spiel.

4.1 Die Umwelt spielt immer mit

Sehr früh schon in der Entwicklung werden die Weichen gestellt und die Kinder erschließen sich ihre innere und äußere Welt ganz wesentlich sinnlich, vor-bewusst, emotional und interaktional über das Spielen, das eingebettet ist in die Beziehungen und den verbalen und nonverbalen Dialog mit den bedeutungsvollen Bezugspersonen. Für Remo Largo (2007) und viele andere sind körperliches und psychisches Wohlbefinden ebenso wie eine sichere Bindung und Umgebung notwendige Voraussetzungen für eine normale Spielentwicklung. James Herzog (1994, S. 16) unterstreicht, wie sehr Kinder das ernsthafte Interesse und die helfende erfahrene Begleitung von vertrauten Menschen brauchen: Je jünger, empfindlicher und überforderter sie sind, umso mehr brauchen sie ein *Hilfs-Ich*[18], das Begleitung und Unterstützung bietet, ohne das Kind mit Neuem zu überfrachten und mit Erklärungen zu überfüttern. Vor allem braucht ein Kind resonante Begleitung[19], die *Spielraum* gibt. Eingebettet in diesen Prozess gleichzeitigen und permanenten Zusammenspiels gelingt es dann mehr oder weniger, die ursprüngliche Spielbereitschaft eines Kindes über immer komplexer werdende spielerische Aktivitäten zur Spielfähigkeit hin zu entfalten. Dieser Prozess schließt die Konfrontation mit Lan-

---

18 Der Begriff *Hilfs-Ich* wurde von René Spitz eingeführt und ist der sogenannten Ich-Psychologie entlehnt. Werden dem Kind grundlegende Funktionen abverlangt, die aber (noch) nicht ausreichend entwickelt sind, werden sie vorübergehend stellvertretend vom Erwachsenen übernommen: Der Erwachsene nimmt eine Hilfs-Ich-Rolle ein und übernimmt vorübergehend stellvertretend Hilfsfunktionen. Dabei nimmt er aber dem Kind das Problem möglichst nicht aus der Hand, sondern unterstützt und hilft ihm progressionsorientiert, sein Anliegen selbst und möglichst sublimierend zu realisieren. Damit werden Gedanken von Maria Montessori (1870–1952) aufgegriffen: »Lerne es selbst zu tun«. Ziel ist es, dem Kind angeregt und durch Identifikation mit dem Erwachsenen zu ermöglichen, derartige Situationen in Zukunft selbst zu erkennen und auf der Grundlage des Erlebten ähnliche Lösungsansätze entwickeln zu können. Der Begriff fand Eingang in die von Franz Heigl (1921–2002) und Annelise Heigl-Evers (1920–2001) konzipierte »psychoanalytisch-interaktionelle Psychotherapie«.
19 Zum Resonanzbegriff vgl. Altmeyer (2016) und Rosa (2019).

geweile und entsprechendem »Genörgel« nicht aus. Können Erwachsene das ertragen, können sich ein guter Spannungsbogen und gute Ideen daraus entwickeln. Viele Eltern schaffen es aber heute nicht, ein unzufriedenes Kind auszuhalten. Eher wird das ganze Animationsprogramm aufgefahren: Die Kinder werden beschäftigt, bespaßt, bespielt. Folge derartigen Entertainments ist, dass viele Kinder auf dem Boden einer passiven Konsumhaltung mit Spielsachen nichts anfangen, nicht mehr richtig spielen und sich auch nicht mehr intensiv und konzentriert beschäftigen können. Ihnen fehlen nicht nur die Spielideen und -fertigkeiten, sie können auch die unter dem Kreativitätsaspekt für die Einfälle notwendige Langeweile gar nicht mehr ertragen.

Neben der Überversorgung gibt es natürlich auch deprivierende oder traumatische kontextuelle Bedingungen, die Spielfähigkeit erst gar nicht wachsen lassen.

Hoffmann und Hochapfel (1995) beschreiben in einem berührenden Beispiel, wie eine junge zwangsgesteuerte Mutter, jeglichen Spiel- und Entwicklungsraum der zweijährigen Tochter rigide beschnitten hat. Stolz erzählt sie, dass die Kleine ihren hochglanzpolierten Wohnzimmerschrank nie anzufassen wagte:

> »Wissen Sie, ich kann die Fingerabdrücke von den Patschhänden nicht an meinen Möbeln vertragen. [...] Wenn die nur in die Nähe kam, habe ich in der Küche gebrüllt, dann ist die sofort zurückgezuckt. Die ist eher hingefallen, als dass sie sich am Schrank festgehalten hätte« (Hoffmann & Hochapfel, 1995, S. 26).

Es liegt auf der Hand, dass derart übertriebene Ordnungs- und Kontrollvorstellungen ebenso wie chaotische Verhältnisse Erzfeinde des Spiels sind. Ein Kind, dem spielerische Zuwendung auf diese Weise vorenthalten wird, hat keine Chance, sich gesund zu entwickeln.

4.2 Spiel und psychische Entwicklung

James Herzog (1994) spricht von der Ich-Funktion des Spielens: »Diese Fähigkeit zum Spiel ist, ebenso wie die notwendige Fähigkeit zur Variabilität innerhalb des Spielprozesses, ein wichtiges Merkmal für die Ichstruktur des Kindes« (S. 15). Er führt aus, wie sich die Kinder im Spiel neugierig dem Unbekannten zuwenden. Bei diesen Spielen der Entwicklung wird probeweise spielerisch angegangen oder in Szene gesetzt, was gerade in der Entwicklung des Kindes ansteht, was schwierig ist, oder was bewältigt werden muss, damit der nächste Reifungsschritt realisiert werden kann. Im ununterbrochenen Erkunden von Ursache und Wirkung in ihren explorativen Spielen und Beziehungen, unter dem Eindruck zunehmender motorischer Befähigung, kognitiver Reifung und Strukturierung, flankiert von immer elaborierterer Beherrschung von Symbolik und Sprache, werden Verhaltensweisen, die sich das Kind zunächst spielerisch angeeignet und ständig wiederholend ausprobiert hat, dann zu zielgerichteten Fähigkeiten im Dienste des Ich (Largo, 2007, S. 269 ff). Dabei entdeckt das Kind immer neue Spielmöglichkeiten. Form, Inhalt und Funktion der Spiele ändern sich mithin beständig mit dem Älterwerden, wobei eine Form des Spielens ganz von selbst in eine andere überzugehen scheint, und sich die Entwicklung des Spielens in einer logischen Abfolge vom Einfachen zum Vielfältigen hin vollzieht. Frühe Spielformen werden nicht aufgegeben in diesem Spielentwicklungsprozess, sondern sublimierend[20] in komplexere integriert. Auf diese Weise gewinnt ein Kind über seine eigenen Spielerfahrungen sukzessive immer größere intrapsychische, interpersonelle und soziale Kompetenz und Autonomie.

Piaget (1945/1975) gilt als Pionier in Sachen Spielentwicklung. Sein Grundgedanke beinhaltet die Annahme einer entwicklungsmäßigen und funktionellen Kontinuität zwischen dem vorstellungslosen sensomotorischen Handeln und der repräsentativen geistigen Tätigkeit, die auf Vorstellungen beruht. Er unterscheidet im Wesentlichen drei Stufen der ko-

---

20 Sublimierung meint, dass libidinöse, aggressive oder narzisstische (unbewusste) Impulse sich immer sozial angemessener realisieren.

gnitiven Entwicklung, die sich mit der Entwicklung des Spielens verknüpfen:

1. Die sensomotorische Phase, die sich vor dem 2. Lebensjahr entfaltet;
2. das repräsentative oder anschauliche Denken, das mit dem Erwerb der Symbolfunktion beginnt, aber bis zu seinem Ende vorbegrifflich bleibt im sogenannten »Märchenalter« (2–6 J.);
3. das begriffliche beziehungsweise operationale Denken (6–11 J.), das überleitet zum reflexiven Denken und Handeln.

Zwischen dem sensomotorischen Schema einerseits und dem logischen Begriff (6 J.) anderseits wäre das symbolische Bild anzusiedeln. Im psychotherapeutischen Prozess können kognitive Objektpermanenz, Nachahmung und symbolisches Spiel als Etappen der Symbolentwicklung beobachtet werden (Piaget, 1945/1975).

Anna Freud hat eng angelehnt an die Phasen der infantilen psychosexuellen Entwicklung eine Entwicklungslinie beschrieben: »Von der Autoerotik zum Spielzeug und vom Spiel zur Arbeit« (Freud A., 1968, S. 81 ff).

Auf beide Ansätze wird im Folgenden Bezug genommen, wenn – ohne Anspruch auf Vollständigkeit – versucht wird Fixpunkte zusammenzustellen, die der normal zu erwartenden Entwicklung von Spiel und Spielen zugrunde liegen.[21]

4.3 Bezogenheit, Vertrauen und Dialog als Fundament der Spielentwicklung

Zunächst bewegen sich Säuglinge in einem präsymbolischen Spielraum und müssen im noch vorstellungslosen sensomotorischen Modus erst lernen, ihre Sinneserfahrungen in einem Zusammenspiel von körperlicher

---

21 Zur Entwicklungspsychologie des Spiels vgl. Schaefer (1995), Oerter (1997).

4.3 Bezogenheit, Vertrauen und Dialog als Fundament der Spielentwicklung

sensorischer Bewegung, Wahrnehmung und innerpsychischer Strukturbildung zu ordnen. Entscheidend in diesem frühen Prozess noch ausschließlicher Abhängigkeit von Bemutterung ist, inwieweit die vom Kind über seine Affekte und Emotionen geäußerten Bedürfnisse auf eine ausreichend feinfühlig abgestimmte und sozial angemessene Bereitschaft treffen, es zu versorgen und dabei gleichzeitig genügend spielerische Ansprache zu gewährleisten. Erste Berührungs- und selbstbezogene Bewegungsspiele können als Urform des Spiels angesehen werden. Lange bevor sie als Spiel wahrnehmbar sind, vollziehen sie sich oralzentriert, bedürfnis- und triebgesteuert, zunächst unwillkürlich und autoerotisch am eigenen Körper.[22] Obwohl es sich um Spiel in der Autosphäre handelt, steht das kindliche Handeln schon ganz im Dienst einer allmählichen Hinwendung und Anpassung an die Umgebung.[23]

Ab dem 4. Lebensmonat gelingt es immer besser, Zufälliges und Reflexhaftes in aktive Handlungsmuster umzuwandeln, und in vorbereitenden Übungs- und Funktionsspielen werden sensorische und motorische Fertigkeiten, kognitive Leistungen, Gefühle und Willenskraft durch beständige Wiederholungen eingeübt.[24] Begleitet von »Guck-guck-da-da-Spielen«, Nachahmungsspielen, Geben-Nehmen-Spielen, Zeigen-Verstecken-Spielen wird Funktionslust — vor allem getragen von Freude am Erfolg – zum leitenden Spielmotiv. In zunehmenden explorativen Spielen stellt sich das Kind nun vor, wie etwas gehen könnte, probiert es spielend aus, macht über Anfassen, Sehen, Denken und Fühlen seine Erfahrungen, zieht erste Folgerungen, gleicht sie mit bisher Erlebtem ab und integriert und realisiert sie im erneuten Handeln. So entwickelt sich das Denken am spielerischen Tun (Piaget, 1945/1975). Stehen dem Kind die Muster dann sicher zur Verfügung, wird es sie auch zielgerichtet einsetzen. Gleichsam schwebende Intentionalität transformiert so sukzessive zu einem auf Ziele ausgerichtetem intentionalen Verhalten, schließlich gepaart mit einem

---

22 Mit dem Entdecken seiner Händchen betastet das Kind selbst seinen Körper, bewegt die Arme und spielt mit seinen Fingern.
23 Zum Beispiel, wenn das Baby den Kopf Geräuschen zuwendet, wenn sich etwas bewegt oder es der Mutter ein erstes Lächeln schenkt.
24 Wiederholungen unterstützen zunächst die positive Erfahrung, die entsprechende Handlung zu meistern (*mastery play*).

4 Spiel und Entwicklung

Sich-ausrichten-können-auf-Andere. Überwiegend gleichbleibende Gegebenheiten und ausreichend förderliche Umweltresonanz vorausgesetzt, stellt sich dann zunehmend ein Gefühl der Vertrautheit und schließlich eine Bindung an Menschen, räumliche Gegebenheiten und Objekte ein, die ihrerseits als Voraussetzung und Basis eines sicheren und positiven Selbst- und Lebenskonzeptes gewertet werden können.

In dieser Zeit braucht ein Kind noch kein Spielzeug, aber es benötigt ein menschliches Gegenüber. Die Kinder sind nun stark und dialoghaft am emotionalen (Gesichts-)Ausdruck ihrer Bezugspersonen orientiert und zunehmend bereit, sich dem Ausdruck im Gesicht des anderen (imitierend) anzupassen. Es überrascht daher nicht, dass schon bei Babys Hinweise auf die zentralen Grundemotionen (Freude, Interesse, Furcht, Überraschung, Ärger, Traurigkeit, Ekel) vorhanden sind.

Mit dem zunehmenden Verständnis der Bedeutung von Gefühlsausdrücken und Gesten anderer Menschen zeigt das Kind etwa mit drei Monaten das erste soziale Anlächeln als Indikator seiner Ich-Entwicklung in Richtung grundlegender sozialer Bezugnahme. Die Kinder lieben es nun, aktiv das Interesse eines anderen wach zu rufen, den anderen zu imitieren und wiederum von ihm nachgemacht zu werden. Lächel-Spiele sind Folge und Ausdruck solcherart gemeinsamer Aufmerksamkeit und Rückversicherung, die sich auch in einem lebendigen rhythmisch lautierenden Spiel- und Handlungsdialog widerspiegeln, über den sich immer mehr ein Grundgefühl des In-Kontakt-Seins einstellt: Lange vor dem ersten »Mama« werden so zwischen dem Kind und seinen bedeutungsvollen Fürsorgepersonen auf Mimik, Gesten und Bewegung gestützte »Gespräche« möglich (wir sprechen von Handlungssprache) und über spielerische Nachahmung entsteht Konversation.

Im Rahmen früher Such-, Bewegungs- und Lall-Spiele lernt das Kind nicht nur, dass Menschen und Dinge existieren, auch wenn sie nicht in seinem Blickfeld aufscheinen (Objektkonstanz).[25] Zusätzlich differenziert

---

25 Das Kind weiß jetzt, dass, auch wenn es die Mutter nicht sieht, sie doch vorhanden ist. Damit taucht Sehnsucht auf nach ihr. Mit Hilfe der Symbolfunktion kann sie geistig präsent gemacht werden. So kann das Kind die Zuversicht entwickeln, dass sie auch wiederkommt, was zu einer beträchtlichen Verminderung von Trennungs- und Verlustangst beiträgt.

4.3 Bezogenheit, Vertrauen und Dialog als Fundament der Spielentwicklung

sich über »Checking-back-Spiele«[26] ein Gefühl und eine Vorstellung für sich selbst als handelnde Person. Das Erreichen der emotionalen Objektkonstanz ermöglicht den Kindern schließlich das Alleinsein und in der Folge mehren sich die Hinweise auf eine wachsende Möglichkeit der Einfühlung in andere Personen. Auf dieser Basis wächst nun auch die Bereitschaft des Kindes, seine egozentrische Perspektive zu lockern und seine Aufmerksamkeit zunehmend auch auf die vom Gegenüber vorgegebenen Anliegen und Themen zu richten. Das schafft schließlich die Möglichkeit mit seinen Bindungspersonen zu einer *geteilten Aufmerksamkeit auf etwas Drittes* zu gelangen (joint attention).

Um den 6. Lebensmonat herum zeigt sich vor dem Hintergrund sich entfaltender Mobilität ein ausgeprägter Wunsch der Kinder nach »Schauen mit den Händen«, womit Erfassung und Umgang mit Dingen, eben Begreifen gemeint ist. Über die Hände, die ein wunderbares Spielzeug sind, erleben und verinnerlichen die Kinder ihre Lebenserfahrungen im kaptativen Modus spielerischer Auseinandersetzung. Die Hände und das in den Griff bekommen werden eingeschrieben als Sinnbild für Handhabung, (Selbst-) Wirksamkeit und Beherrschung.

Der Übergang von den Eltern als »Spielsache« zu kommerziellen Spielzeugen ist fließend. Etwa ab dem 5. Monat erfolgt das Spiel mit Objekten. Spielzeug sollte aber immer Mittel der Begegnung mit dem Kind sein und nicht als Ersatz dafür herhalten. Die ersten Spielsachen entwickeln ihren Reiz ja auch vor allem dann, wenn Fürsorgepersonen damit spielen: Sie beispielsweise hinter einem Kissen verschwinden und wiederauftauchen lassen. Indem sie die Dinge bewegen und sie affektiv einfärben, hauchen sie ihnen sozusagen Leben ein und ermöglichen Sinn und Bedeutung. Die Welt wird so vertraut, auch durch die Beziehung zu den Dingen[27], und kindliches Leben ist im wahrsten Sinne des Wortes be-dingt: »Dinge sind für die Subjekte nicht nur objektive Gegebenheiten, sondern in gewisser Weise auch Interaktionspartner; dadurch werden sie zu Elementen eines persönlich gedeuteten Lebens und erhalten damit eine

---

26 Das Kind auf dem Arm der Mutter greift beispielsweise ihre Nase, zieht dann an seiner eigenen; greift ihr Ohr, dann seins...
27 Zur Repräsentation von äußeren Objekten – also auch Spielsachen – im inneren seelischen Geschehen vgl. Searles (1960/2016).

emotionale Bedeutung. Diese Bedeutung haftet symbolisch den Dingen an« (Gebhard, 2016, S. 12), und konstituiert den spielerischen Gegenstandsbezug.

Im Alter zwischen vier und zwölf Monaten, sobald entwicklungsbedingt im kindlichen Erleben der psychische Binnenraum auf der einen und die äußere Realität auf der anderen Seite auseinander zu treten beginnen, kann man beobachten, wie Kinder eine besondere Beziehung zu einem »Etwas« aufbauen, das sie in ihrer unmittelbaren Lebensumwelt auswählen. Winnicott (1951/1969) spricht von einem »Übergangsobjekt«.[28] Übergangsobjekte markieren ein Entwicklungsstadium, zwischen dem Autoerotismus des Daumenlutschens und der Liebe zu einem Kuscheltier und kennzeichnen den Aufbruch in die Ablösung von der mütterlichen Fürsorgeperson. Damit weist die Entstehung solcher »Brückenobjekte« ähnliche Züge auf wie das Symbol: Übergangsobjekte lockern die Dyade und triangulieren, sind aber noch kein Symbol. Eher sind sie konkrete Statthalter des »intermediären« Erfahrungsbereichs zwischen dem Kind und der mütterlichen Person und Platzhalter künftiger Symbolisierung. Aus der Beschäftigung mit dem Übergangsobjekt entwickelt sich nach Winnicott das Spielen (1951/1969).

Beherrschen jedoch Unsicherheit und Angst das Miteinander und überschwemmen die Psyche eines Kindes chronisch, ist ein solcher Entwicklungsprozess nicht möglich. Andererseits kann ein Übergangsobjekt immer wieder zum Einsatz kommen, wenn ein Kind sich mit Herausforderungen konfrontiert sieht, die sein Ich momentan überfordern, beispielsweise beim Erstkontakt in der Psychotherapie. Übergangsobjekte sollen dann helfen, im Dienste der Selbstberuhigung Aspekte aus der Frühzeit der Mutter-Kind-Beziehung imaginär zu aktualisieren.

Um den 13. Monat herum scheint es in der kindlichen Entwicklung dann so etwas wie einen Komplexitätssprung zu geben. Er wird markiert durch die frühe Fähigkeit zur Triangulierung und den Beginn der Symbolisierungsfähigkeit. Auch der Austausch erst von Lauten, dann von Worten hat »Brückenfunktion« und unterstützt, die gemeinsame Welt zu teilen und trotzdem getrennte Wesen zu sein, auf Distanz zu gehen und

---

28 Zum Übergangsobjekt und seiner Bedeutung in der frühen Entwicklung vgl. Winnicott, 1969 [1951]), Kögler & Busch (2014), Horne & Lanyado (2016).

4.3 Bezogenheit, Vertrauen und Dialog als Fundament der Spielentwicklung

getrennte Wege zu wagen, gleichwohl über die Hörweite verbunden zu bleiben.

Ein knapp zweijähriges Kind ist dann auf dem Fundament permanenter Objektkonstanz meist in der Lage, sich eine symbolische Vorstellung von Nicht-Vorhandenem zu machen, das es sich jetzt bildhaft vor Augen führen und auf das es über Erinnern, Nachdenken und Verstehen wieder zurückgreifen kann. Dabei erscheint ihm die Welt aber immer noch eingebettet in den Primärvorgang: Es erlebt sie magisch-animistisch eingefärbt. Das bedeutet, dass die emotional getönten Vorstellungsbilder analog, auf der Grundlage von Ähnlichkeitsbeziehungen und nicht nach logischen Gesetzen konstruiert werden.

Fast zeitgleich werden Krabbeln und Laufen eingeübt und setzen – ebenfalls spielerisch – autonome Akzente. Bewegungsfreude ist ein Grundelement kindlichen Daseins. Krabbeln und Laufen von einem Ort zum anderen macht es Kindern nun möglich, sich ins Verhältnis zu setzen zur umgebenden Welt, und »Ortssinn« zu entwickeln. Auf die eigenen Beine zu kommen und loszulassen ist verführerisch und verschafft ein narzisstisches Hochgefühl, denn es eröffnet dem Kind nicht nur neue Perspektiven, sondern auch eine neue Bedeutung. Nun ist es ein Kind, das (weg-)gehen kann, und damit sind neben neuen Möglichkeiten, Herausforderungen und Verführungen auch Ängste aufgerufen, z. B. hinzufallen, sich zu verlaufen oder verloren zu gehen. Das Kind braucht nun Mut und über Weglauf- und Gefangenwerden-Spiele erschließt es sich innerlich wie äußerlich immer mehr einen eigenen und spielerischen Raum. Schließlich werden das Alleinestehen und das Weg-gehen-können eingeschrieben als Sinnbild von Erkundung und Autonomie. Besetzung und Einfärbung richten sich danach, was die erworbene Leistung für das Kind, und was sie in seiner Lebenswelt bedeutet.

Die ersten zwei Jahre bewegt sich – wie ausgeführt – ein Kind noch in einem präsymbolischen Entwicklungsraum. Ihm fehlt noch die Möglichkeit, Vorstellungsbilder hervorzubringen und Hypothetisches in Szene zu setzen[29], was bedeutet, dass es, wenn es von etwas innerlich bewegt wird,

---

29 Hanna Segal (1991) unterscheidet, angelehnt an diesen Entwicklungsprozess, zwei Formen des Symbolgebrauchs: Eine rudimentäre Form der Symbolisierung, der die Empfindung eines Unterschieds zwischen dem Symbol und dem,

ganz Gefühl ist, seinen Affekten und Impulsen gänzlich ausgeliefert, weil es sein Erleben noch nicht relativieren, einordnen oder gedanklich damit spielen kann. Vielmehr ist es auf eine haltende »Fassung« von außen angewiesen. Bollas (2014) spricht von der Fürsorgeperson als einem »Verwandlungsobjekt«[30]. Wenn alles gut läuft, mildert sie den Stress, die affektive Eruption und die Hilflosigkeit von außen ab. Unter dem Eindruck dieser Unterstützungsmaßnahme und ihrer wiederkehrenden Erfahrung entwickelt das Kind im guten Fall schließlich ein Vertrauen, »dass unerträglich scheinende Zustände überlebt werden können, da sie von erträglichen Zuständen abgelöst werden« (Wittenberger, 2016, S. 31). Schließlich ist über Identifikation und Internalisierung dieser Beziehungserfahrung der Grundstein gelegt, innere Bilder entwickeln, und sich selbst beruhigen zu können. Gehaltenwerden ermöglicht auf diese Weise Aushalten-Können. Nun wird es möglich, »ein Gefühl zu haben«. Sobald »gefühlt« wird, kann die Emotion vergegenwärtigt, abgewogen und nach innen genommen werden. Ein-Drücke und Vor-Stellungen, die sich mit dem Gefühl verknüpfen, erlauben es nun, das Gefühl im psychischen Innenraum zu »bewegen«. Das Kind befindet sich am Schnittpunkt vom Handlungsdialog zum Denk-Akt. Das Erobern der Worte und Wortzusammenhänge bereitet entsprechend den Schritt vor vom Gefühl zum Wort.

Mit der Erfahrung, Ungewissheit ertragen und eine ambivalente Gefühlseinstellung aushalten zu können[31], hat sich dann die Voraussetzung

---

wofür es stehen soll, fehlt. Sie bezeichnet es als »*symbolische Gleichsetzung*«. Die Beziehung zum Objekt hat hier im Gegensatz zur Symbolisierung die Gestalt einer projektiven Identifizierung.

30 Der Schatten des Objektes – so der Buchtitel von Christopher Bollas (2014) – liegt über dem als unabhängig und individuell erlebtem Ich. Die »mütterliche« Person wird als Repräsentantin einer fördernden Umwelt zu einem Teil der Ich-Struktur des Kindes. Wenn der spätere Erwachsene von seinem *Ich* redet und den subjektiven Eindruck eines höchst individuellen Erlebens hat, ist ihm nicht bewusst, dass alle Bemühungen der Fürsorgeperson, sein frühes Leben befriedigend zu organisieren, in diesem höchst persönlichen und individuellen Erleben drinstecken (Kögler, 2004).

31 In der Tiefenpsychologie gilt das Zulassenkönnen widersprüchlicher Gefühlsregungen, zum Beispiel Liebe und Hass bezogen auf ein und dieselbe Person,

etabliert für die Hinwendung zu Neuem und Unbekanntem – auch im Spiel. Mit dem Blick auf die Ausbildung von Belastbarkeit wird noch einmal nachvollziehbar, welche wichtige Funktion das von Freud beschriebene »Fort-Da-Spiel« seines 18 Monate alten Enkels (Freud, 1920/ 2000, S. 224 f), oder Versteckspiele überhaupt haben. Getrenntsein ist für ein Kind eine höchst schmerzhafte Erfahrung. Versteck- und Suchspiele fingieren solchen Verlust, indem sie der Herstellung einer aktiv entwickelten, symbolischen Form von Abwesenheit (Verlassenheit) dienen, und damit ihre Akzeptanz ebenso wie ihre seelische Bewältigung vorbereiten: Es ist ein grundlegender Entwicklungsschritt, wenn aus einer konkreten schmerzhaften Erfahrung ein »schmerzliches« Spiel werden kann.

4.4 Präödipales Spiel: Individuation und Symbolisierung

Erst ab dem 2. Lebensjahr entwickelt sich der Sekundärprozess parallel zur Symbolfunktion und das logische zweckrationale Denken gewinnt in den Folgejahren immer mehr die Oberhand. Das Kind hat nun zwei entscheidende Modi des Denkens und Fühlens entwickelt: den »Als-ob-Modus« und den Modus der »psychischen Äquivalenz«. Ungefähr der 18. Lebensmonat markiert den Anfang des *Als-ob-Spiels*. In diesem Modus spielt das Kind die Realität nach, und ist sich dabei bewusst, dass sein Spiel nicht der Realität entspricht, obwohl das Spiel für es Wirklichkeit ist.

> Ein kleines Mädchen legt das Springseil auf den Boden und spielt, es spanne sich hoch in der Luft, und sie sei die beste Seiltänzerin der Welt.

> und damit die Fähigkeit zur Ambivalenztoleranz und Ambiguitätstoleranz als ein wichtiges Kriterium der Ich-Stärke. Ein Individuum, das nicht in der Lage ist, Ambivalenz auszuhalten, neigt zum Entweder-Oder und zum Schwarzweißdenken, was bei entsprechender Fixierung einer Borderlinestörung Vorschub leisten kann.

Ihre Bewegungen spiegeln, wie sehr sie ihr Tänzeln auf dem Seil genießt, wohlwissend, dass das nicht real und sicher auch nicht möglich ist.

Fiktion *und* Wirklichkeit können nun gleichzeitig und nebeneinander erlebt werden. Beim Äquivalenzmodus hingegen liegt eine Vertauschung von psychischer und äußerer Realität vor. Das Kind erlebt seine Gefühle und Gedanken als wären sie ein Abbild der Realität.

Ein gut achtjähriger Junge malt nach einer Nachrichtensendung eine Tsunamiwelle an die Tafel und wir entwickeln davon ausgehend spielerisch eine entsprechende Szene. Plötzlich gerät er (real) in Panik, weil er sich nicht mehr sicher ist, ob wir tatsächlich geschützt sind, oder die Welle »in echt« durchs Fenster schlagen wird.

Bis zum Alter von 4 Jahren schwanken Kinder zwischen den beiden Modi hin und her. Mit dem Ausbau seines psychischen Innenraums ist das Kind dann zunehmend in der Lage, seine Wahrnehmungen und Erfahrungen *innerlich* darzustellen. Die Entstehung symbolischer Ausdrucksmöglichkeiten stellt die Voraussetzung bereit für den Prozess der Mentalisierung[32] und für die Spielfähigkeit. Wenn es um die Einordnung von Narrativen, Handlungen und Gestaltungen im kindlichen Spiel geht, empfiehlt es sich daher, insbesondere den Level der Symbolisierungsentwicklung zu beleuchten[33]. Es handelt sich hier um zentrale psychische Funktionen, die ein Kontinuum ständig ablaufender mentaler Prozesse bilden. Diesen Prozess

---

32 Mit dem Terminus *Mentalisierung* wird der Akzent auf den psychischen Prozess gelenkt, der zur Entwicklung von Denkprozessen und zur Gedankenbildung führt. Mentalisierung schafft die Möglichkeit, das eigene Verhalten oder das anderer Menschen durch Zuschreiben mentaler Zustände (Bedürfnisse, Wünsche, Gefühle, Annahmen, Überzeugungen, Ziele, Absichten, Gründe) zu interpretieren und der psychischen Verarbeitung und später der Reflektion und Kommunikation zugänglich zu machen (zur Affektspiegelung und Mentalisierung vgl. Allen, Fonagy & Bateman, 2022).

33 In der Regel starten symbolisches Erleben und Symboldenken ungefähr mit eineinhalb Jahren, und bleiben bis zum sechsten Lebensjahr vorbegrifflich. Eine zufriedenstellende Differenzierung der Symbolfunktion beansprucht die ersten fünfzehn Lebensjahre.

4.4 Präödipales Spiel: Individuation und Symbolisierung

kann man sich in einer Entwicklungslinie vorstellen von diffusem Selbst- und Welterleben → Symbolisierung → Mentalisierung → Repräsentation. Die Einschätzung, ob und inwieweit die Kinder und Jugendlichen symbolisieren können, scheint im Zusammenhang mit dem Spielen wichtiger als die Orientierung am Lebensalter. Erst wenn durch rein geistige Vorstellungstätigkeit allein etwas auch in seiner Abwesenheit vor das innere Auge geholt werden kann, sprechen wir von der Fähigkeit zur symbolischen Repräsentation. Im symbolischen Modus bekommen Kinder mit, dass ihre Gedanken die Realität nur repräsentieren und sie realisieren, dass sie mit ihren Gedanken spielen können, dass ihr Fühlen, Denken und Wünschen aber die reale Welt nicht verändert. Das ist gleichzeitig ein Marker dafür, dass Realitätsprinzip und Realitätskontrolle etabliert sind. Während die präsymbolischen Repräsentanzen vorzugsweise sensorische, viszerale[34], motorische und affektive Erinnerungsspuren aufweisen, finden sich in den symbolischen Repräsentanzen vor allem visuelle und verbale Informationen.

Symboldenken und symbolisches Erleben finden immer vor der Sprachentwicklung statt. Der Gebrauch von Sprache setzt die Fähigkeit des Symbolgebrauchs voraus. Während das Symbol bildhaft und eher irrational ist, ist Sprache bereits rationale Abstraktion und wird weitgehend vom Bewusstsein gesteuert. Beide Bereiche spielen eine Rolle im Spiel und können einen Hinweis geben auf Störungen:

>»Sprechen kann unterschiedliche Qualitäten haben, ebenso wie Spielen. Hohles Wortgeklingel unterscheidet sich inhaltlich kaum von ziellosem Hin- und Herlaufen – beides deutet auf Mängel in der Symbolisierungsfähigkeit hin« (Wittenberger, 2016, S. 16).

Erst die symbolische Repräsentation[35] und der aktive Symbolgebrauch machen Restaurations- und Reparationsfantasien möglich (Löchel, 2000,

---

34 Gemeint sind Sensationen der inneren Organe (zum Beispiel »Schiss haben«).
35 Als *Repräsentanz* werden die seelischen Spuren und Niederschläge der Wahrnehmungen vom Selbst und den bedeutungsvollen Anderen einschließlich deren Interaktionen bezeichnet. Heute weiß man, dass in der Regel ganze Szenen verinnerlicht werden, die Bilder vom Selbst, vom Objekt, von den situativen Umständen und den zugehörigen Affekten umfassen. In Repräsentanzen sind mithin Inhalte aufgehoben, die das Selbst als Abbild von sich und den bedeu-

S. 698). Mithin erwirbt ein Kind auch erst mit seiner Befähigung zum symbolischen Spiel Ausdrucks- und Bewältigungsmöglichkeiten für seine Vorstellungen, Ängste, Wünsche, Aggressionen und Konflikte! Auf der Basis ihres immer besseren Selbst- und Umweltverständnisses gelingt es den Kindern in der präödipalen Entwicklungszeit immer zutreffender, die Perspektive der Anderen zu übernehmen. Damit erweitert sich nicht nur ihr Rollenverständnis und ihre Fähigkeit zur Empathie, sondern auch ihre Fähigkeit zur Antizipation: Wenn es gelingt, die Affektäußerungen und das Affekterleben der Mitwelt zu entschlüsseln, wird es leichter, deren Absichten zu erschließen und sich darauf einzustellen. Mithilfe der (aufgeschobenen) Nachahmung können dann auch Ereignisse, Modelle und Rollen erinnert und (nachträglich) im Spiel reproduziert werden.

Wenn ein kleines Mädchen mit 18 Monaten seiner Puppe die Haare kämmt, setzt das bereits eine innere Vorstellung dieser Handlung voraus, die es selbst erlebt, vielleicht auch beobachtet und dann auf die Puppe übertragen hat.

Das Spiel ist noch der Nachahmung verhaftet, gleichwohl ist es kein Abbild schlechthin. Indem das Kind spielt, wiederholt es zwar die vorgestellte Szene, erlebt und reflektiert dabei aber auch, und variiert sie drüber spielerisch immer wieder geringfügig: Über den aktiven Entwurf kommt so das Eigene bzw. Innovative in die Kopie.

In der sogenannten »analen Phase«, sobald das Kind auf der Basis des geschilderten Kompetenzgewinns und sicherer Verortung in der Welt zunehmend selbstbewusst seinen eigenen Willen entdeckt und Selbstbehauptung praktizieren sowie eine verneinende Haltung wagen kann und

---

tungsvollen Anderen gespeichert hat. Man unterscheidet entsprechend Selbst- und Objektrepräsentanzen. Die Erfahrungen werden sozusagen generalisierend »hochgerechnet« und zu Durchschnittserwartungen: Das Kind wird in späteren vergleichbaren Handlungssituationen unbewusst eine Wiederholung der ursprünglich damit verbundenen Empfindungen und Affekte erwarten. Aus der Vielzahl der Erfahrungen entwickeln sich »Inseln der Konsistenz«, die zusammenwachsen und in das Gedächtnissystem eingehen.

4.4 Präödipales Spiel: Individuation und Symbolisierung

sich davon auch noch faszinieren lässt, verändert sich sein Verhältnis zur Welt und sein Verhalten im Spiel grundlegend (Löchel, 1996, S. 258). Seine Bewegungsfreude gepaart mit »anarchischer« Lust an Grenzüberschreitungen, am Brüllen, Toben und Wüten, die sich im Rahmen der Trotzphase als neue Möglichkeit herausbildet, rüttelt an den zivilisatorischen Übereinkünften seiner Lebenswelt und fordert immer häufiger begrenzende, verbietende und verhindernde Einmischungen. Die bislang meistenteils liebevollen Fürsorgepersonen mutieren aus Sicht des Kindes nun immer häufiger zum »Störenfried« und »Spielverderber«. In der Folge wird das Kind enttäuscht, überdies vielleicht auch affektiv von seiner Ambivalenz bedroht, und heftige Wutaffekte und Liebensverlustängste sind keine Seltenheit. Nun gerät eine aggressiv besetzte Erinnerungsspur von Verboten und erlebter Ablehnung möglicherweise immer häufiger in Konflikt zur libidinösen Bindung an die primären Bezugspersonen. Wichtig ist, sich zu vergegenwärtigen, dass alle notwendigen Individuations- und Ablösungsschritte undenkbar sind ohne derartige Ambivalenz, ohne Erleben von Alleinsein, von Mangel und (reaktiv) von Angewiesen-Sein auf Andere. Zwangsläufig setzt autonomes Begehren Trennungsangst, Trennungsschmerz und Trauer, aber auch Aggressionen und Abwehrbewegungen[36] frei. Das gilt für den Alltag ebenso wie für die Psychotherapie. Und je mehr ein Kind mit seinen starken Affekten zu kämpfen hat, umso größer wird sein (reparatives) Sehnen nach liebevoller Anlehnung, Verstehen und Zugehörigkeit sein.

Hier werden Körperspiele wichtig, denen für die kindliche (Aggressions-)Entwicklung eine kaum zu überschätzende Bedeutung zukommt. Erst ist der Vater ein Baum, an dem man hochklettern kann, dann verleiht ein Ritt auf seinen Schultern Größe und Weitblick und schließlich macht es Kindern ganz viel Spaß, insbesondere mit den Vätern, als Garanten der Ablösung, zu kämpfen und zu raufen. Die Väter werden zum Halt, der die stürmischen Kräfte des Kindes eindämmen kann. Und es werden nicht nur Regeln und Grenzen ausgelotet, diese Spiele simulieren auch den Weg aus der vertrauten Bindung in gefährliche, noch unbekannte Situationen, auf die die Kinder sich noch im Vertrauten, begleitet und im Schutz einer

---

36 Zusammenfassend zur Abwehr und zu den Abwehrmechanismen vgl. Lehmhaus & Reiffen-Züger, (2024, S. 261 ff).

4 Spiel und Entwicklung

Vertrauensperson auf »handgreifliche« und spielerische Art und Weise vorbereiten können.

Sind die affektiven Anfechtungen zu groß, kann dem Kind auch Fantasie[37] helfen, die Wirklichkeit überhaupt ertragen und hinnehmen zu können. So verstanden ist Fantasie »nicht nur eine Flucht aus der Wirklichkeit, sondern eine ständige und unvermeidbare Begleiterin realer Erfahrungen, mit denen sie in dauernder Wechselwirkung steht« (Winnicott, 1958/2008, S. 70).

Unnachahmlich hat Maurice Sendak (1963/2013) diese Wandlung von liebevollen Begleitern zu (projektiv) beängstigenden Monstern an der Bruchstelle zwischen Kinder- und (enttäuschender) Erwachsenenwelt illustriert, und gezeigt, welche Bilder die Fantasie schafft, wenn sie von den Fesseln zivilisierten Lebens befreit den Affekten ungehindert Gestalt geben kann. Max, der Junge in dem Buch, folgt nicht und wird ohne Abendessen ins Bett geschickt. Daraufhin träumt er sich von seiner real erlebten Ohnmacht zur Übermacht. Um seiner Enttäuschung ein Bild zu geben, aber sicher auch, um seine »Schmach« wieder gut zu machen, schafft er sich einen Spielraum und fantasiert sich in die Welt der »Wilden Kerle«, scharfzähniger, großäugiger Monster, die er zähmt, indem er sie nur anstarrt. Das gelingt ihm natürlich grandios »ohne ein einziges Mal zu zwinkern«! Schließlich schafft er es sogar noch, ihr König zu werden.

Auch in der Psychotherapie ist zu unterscheiden, ob es sich in erster Linie um (präsymbolische) Übungs-, Explorations- und Bewegungsspiele handelt, oder ob mit dem Spiel schon zunehmend Vorstellungen und Fantasien bewegt werden. Denn Symbolisierungsfähigkeit verknüpft sich in ihrer Entwicklung zunehmend mit bewussten und unbewussten Fantasiesystemen, wobei sich der innere Fantasieraum im Alltag in Analogie zum äußeren intermediären oder Möglichkeits-Raum entwickelt, der dem Kind gewährt wird.

---

37 Bürgin beschreibt Fantasien als szenische Kondensate angeborener intrapsychischer Abläufe und Destillate bewusster und unbewusster Lernerfahrungen, Traumatisierungen, Konflikte, Abwehr-, Anpassungs- und Bewältigungsstrategien, Kompensationshaltungen und (projektiver und introjektiver) Identifikationen (Bürgin, 2000).

4.4 Präödipales Spiel: Individuation und Symbolisierung

Im positiven Fall schafft sich das Kind nun über seine Fantasie spielend seine eigene Welt, einen Spielraum, in dem es Alltagserfahrungen oder Träume inszeniert, Bedürfnisse befriedigt, Wünschen Gestalt gibt und Ängste und Probleme meistert. Solche Fiktions- oder Imaginationsspiele interessieren uns in der Psychotherapie besonders, weil sie sich wie Träume als Botschaften aus dem Inneren des Kindes und als Manifestationen des Unbewussten »lesen« und interpretieren lassen.

Natürlich gibt es immer auch Fantasien, die dem Wachbewusstsein unannehmbar erscheinen. Sie werden verdrängt und damit dem Primärvorgang überantwortet. Sie sind dann zwar »vergessen«, bestimmen aber aus dem Untergrund das kindliche Denken, Fühlen und (spielerische) Handeln und die Behandler sind aufgerufen, sie im therapeutischen Prozess wieder aufzuspüren, um ihnen einen Entfaltungsraum öffnen zu können.

Ungefähr mit 21 Monaten findet noch ein anderer Entwicklungsschritt statt: Spielhandlungen, die bislang selbstbezogen waren, werden nun auf Objekte, beispielsweise auf eine Puppe übertragen. Sie übernimmt (imaginär) die Rolle eines Dialog- und Interaktionspartners. Zunächst ist alles noch sehr im Konkreten verhaftet, und die Puppe ist eher passiver Empfänger kindlicher Anweisung und Handlung. Meist wird sie so behandelt, wie das Kind es in der realen oder medialen Welt beobachtet hat: Das Puppenkind wird in einer Quasi-Realität ins Bett gelegt, es schläft, es wird gefüttert, gewickelt, gekämmt. Allmählich wird dann auch die Kind-Puppen-Beziehung symbolischer und fantasievoller, bis die Puppe selbst zum Akteur wird: Sie wird (projektiv) mit einem Willen, mit Absichten, mit Gefühlen und einer guten Portion Eigeninitiative ausgestattet. Sie wird nun nicht mehr einfach gefüttert, sondern bestimmt selber, ob sie überhaupt und wann sie was und wieviel essen will. Das Spiel wird zunehmend zum Symbol- oder Als-ob-Spiel und erlaubt dem Kind, immer mehr Facetten seiner Erfahrungen, Wünsche, Fantasien und Möglichkeiten einzubringen. Auch wenn die Selbstäußerungen der Puppe im Spiel von der Gedanken- und Gefühlswelt des Kindes ausgestaltet werden, ist dies schon ein wichtiger Schritt vom Selbst- zum (imaginierten) Partnerbezug, und damit entscheidend für die Übung und den Ausbau sozialer Fähigkeiten als wichtiger Vorläufer späteren gemeinsamen Spielens (Fooken, 2012, S. 119).

4 Spiel und Entwicklung

Spielsachen sind in dem geschilderten Prozess hilfreiche Objekte. Sie gestatten dem Kind, Fantasien um sie zu weben. Nun verschiebt sich die Vorliebe der Kinder vom Übergangsobjekt zunächst auf eine ganze Kategorie von ähnlichen Spielzeugen, gewöhnlich Spieltieren, die nun als symbolische Objekte dienen und mit Libido oder Aggression besetzt werden. Sie ermöglichen dem Kind zunehmend, der inneren Befindlichkeit stellvertretend ein Gesicht zu geben. An die Stelle der Objektbeziehung tritt nun immer mehr die Objektverwendung für die kreativ-spielerische Selbstentfaltung.

Ein gut Dreijähriger scheint nach der Geburt des kleinen Bruders sehr irritiert. Während er real mit allen nett umgeht, läuft er tagelang mit einem kleinen knackenden Blechkrokodil relativ gleichmütig hinter seiner Mutter her. Es scheint als habe er seine »bissigen« Impulse auf das Krokodil verschoben, das nun der Mutter auf der Als-ob-Ebene »auf den Fersen« ist und »die Hölle heiß macht«.

Die Spielobjekte werden später von Spielmaterialien abgelöst, die nicht mehr nur Gefühlsbeziehungen spiegeln, sondern – vor allem ab der Latenz – den Ichtätigkeiten und den mit ihnen verbundenen Fantasien Ausdruck geben. Das Spielgeschehen wird auf dieser Basis – wie z. B. im Konstruktionsspiel – immer planmäßiger.

4.5 Vorschulalter: Autonomie und Hineinwachsen in die Kindergruppe

Das sekundärprozesshafte Denken und Handeln übernimmt nun immer mehr die Führung vor dem primärprozesshaften und assoziativen Vorstellen und Fantasieren, das zum Schulalter hin als »kindisch« entwertet und schamhaft abgewehrt werden muss. Etwa ab dem fünften Lebensjahr stehen den Kindern mit der Fähigkeit zur Mentalisierung ein ganzes Set

4.5 Vorschulalter: Autonomie und Hineinwachsen in die Kindergruppe

von psychischen Funktionen zur Verfügung, die ihnen erlauben, »mit der Realität spielen« zu können (Fonagy, György, Jurist & Target, 2004, S. 258 ff), ohne dabei den Kontakt zur aktuellen Wirklichkeit zu verlieren. Dennoch findet noch wenig Selbstbeobachtung statt, weshalb in dieser Altersstufe auch noch kaum Schilderungen des Innenlebens erwartet werden können. Heftige innere Bewegungen werden externalisiert, vornehmlich projiziert, auf andere verschoben oder im Spiel in Szene gesetzt.

Im dritten Lebensjahr beginnen Kinder sich füreinander und das Spiel und Spielzeug des Anderen zu interessieren und Einzelaktivitäten und solitäres Spiel werden zunächst durch ein Nebeneinander und dann zunehmend durch ein Zusammenspiel mit Gleichaltrigen abgelöst. Nun gibt es viel Gezerre und Streit, meist weil ein Kind eine bestimmte Sache besitzen oder ein bestimmtes Privileg für sich allein haben möchte. Besitztümer sind in diesem Alter auch im Spiel wichtige (Selbst-)Attribute: »Das ist mein Papa!« Im guten Fall bahnt der Umgang mit Konflikten und Rivalisieren den Weg vom Egoismus zur menschlichen Gemeinschaft, bis im vierten Lebensjahr die Kindergruppe den erstrangigen Entwicklungsrahmen darstellt. Nun zeigt sich immer mehr und immer selbstverständlicher ein interaktives Spielverhalten.

Autonomie ist das herausragende Entwicklungsthema dieser Entwicklungsepoche (Erikson, 1973), oftmals flankiert von Unsicherheit, Scham und Zweifel. Denn Kinder sind extrem verletzlich, insbesondere, wenn sie sich mit Realitätseinflüssen auseinandersetzen müssen, die sie ohne äußere Hilfe nicht bewältigen können. Es geht also nun um Können, Willenskraft und die selbstbestimmte Aneignung von Welt (»alleine machen«). Gleichwohl zeigt sich eine fast übertriebene Orientierung an Grenzen, Regeln sowie rollen- und geschlechtsspezifischen Eigenschaften und Aktivitäten. Mutter-Vater-Kind-Spiele, Doktorspiele oder Kaufladenspiele helfen, Orientierung zu finden und zu festigen. Dabei ist der spielerische Realitätsbezug wichtig: Kinder dulden keine Abweichung von der inhaltlichen Logik des Spiels und seiner Regelhaftigkeit. Dabei kommt ihnen die sublimierende Funktion des Spiels zu Hilfe: Beherrschung, Hemmung, Umformung von Aggression und Destruktion, zielorientiertes Handeln und Aufschub von Bedürfnisbefriedigung bereiten nicht nur die Schulreife vor, sie machen es auch möglich zu bauen, zu planen, zu lernen sich in der Gruppe mit anderen Kindern zurecht zu finden, zu teilen, sodass schließlich eine Gemeinschafts- und Arbeitshaltung möglich wird. Beide Aspekte – Spiel und Arbeit – stehen fortan als Möglichkeiten nebeneinander.[38] Das Symbolspiel erweitert sich in der Folge zum *Rollenspiel*. Beides sind Spielformen, die im Alltag am ehesten mit Kinderspielen assoziiert werden. Ihre Bedeutung liegt in der Erprobung der Vorstellungsfähigkeit als inneres Handeln und ist damit eine (handelnde) Vorübung des Denkens. Darüber hinaus ist im Rollenspiel das Vermögen eingefordert, sich in andere einzufühlen, die Gedanken anderer zu interpretieren und ein Gespür für die Vorhaben des Gegenübers zu entwickeln, sodass es dem Kind gelingen kann, auch andere Kinder in sein Spiel mit einzubeziehen.

In unserem Buch zur Psychodiagnostik (Lehmhaus & Reiffen-Züger, 2024, S. 79; mit freundlicher Genehmigung des Brandes & Apsel Verlages) wurde das nachfolgende Arzt-Patient-Spiel aus einer Kindergartensupervision vorgestellt: Die Erzieherinnen waren hochbesorgt wegen zweier Jungen, zwei Freunde.

Sie hatten am Tag vorher einen anderen gleichaltrigen Jungen – den schwächsten der Gruppe – herausgefischt und versucht, ihm etwas in den Rachen zu schieben. Nun sahen die Erzieher sie hochgefährdet mit düsterer Sozialprognose. Es waren zwei eher vorentwickelte sehr aufgeschlossene Jungen. Relativ schnell konnten sie ihre Version wiedergeben: Der Babybruder des einen hatte am Vortag die Zigarettenschachtel der Mutter erwischt und Zigaretten gegessen. Als die Mutter das merkte, wollte sie ganz schnell in die Notaufnahme, musste alles stehen und liegen lassen und konnte die beiden Freunde, die sie an dem Tag beaufsichtigte, nur mitschleppen. Dort achtete offensichtlich keiner auf die Jungen, während dem Kleinen der Magen ausgepumpt wurde.

Sie hatten die Aufregung mitbekommen und überhaupt nicht verar-

---

38 Auf halbem Weg zwischen Spiel und Arbeit finden wir die *Hobbies* der Menschen, die mit beiden Aspekten viel gemeinsam haben und meist erstmals mit dem Sammeleifer in der Latenz auftreten. Sie haben Spielcharakter soweit sie der Lustsuche dienen, nicht lebensnotwendig sind und sublimierende Befriedigungen versprechen. Sie sind der Arbeit ähnlich, »insofern in diesen Tätigkeiten ein vorgefasster Plan in realitätsangepasster Form unternommen und mit Überwindung äußerer Hindernisse und Schwierigkeiten zu einem beabsichtigten Ende geführt wird« (Freud A., 1968, S. 85).

4.5 Vorschulalter: Autonomie und Hineinwachsen in die Kindergruppe

beiten können. Das haben sie mit ihrer Aktion am Folgetag versucht, als sie im Spiel einem Kindergartengefährten einen Schlauch legten, ohne Böses zu ahnen, denn am Vortag waren auch alle erleichtert gewesen, als der Magen ausgepumpt war.

Solcherart Nachgestaltung und Nachverarbeitung einer Alltagserfahrung mit Hilfe von Requisiten/Symbolen setzt das Vermögen voraus, sich vorstellungsmäßig in eine Person, eine Rolle, eine Situation, einen Habitus zu versetzen, sie entsprechend darzustellen, zu reden und sich und andere mit passender Mimik und Gestik zu »bewegen« und zu überzeugen, ihre Rollen in diesem Spiel zu übernehmen. Darüber hinaus braucht es die Fähigkeit, sich in die Spielfantasien anderer einzufühlen, sich auf ein »Drehbuch« zu einigen, also entsprechend verhandeln zu können, und die Vorschläge der anderen mit eigenen Spielanliegen emulgiert zu bekommen.[39] Dies wird umso schwieriger, je mehr Rollenträger beteiligt sind, wie es in den nun entstehenden Gemeinschaftsspielen wie »Cowboy und Indianer« oder »Verstecken spielen« der Fall ist. Die Gemeinschaftsspiele differenzieren sich dann mit steigendem Alter der Kinder zu Regelspielen, die aber im Vorschulalter noch relativ selten sind:

> »Die Kindergarten- und Vorschulzeit ist die Zeit des klassischen Puppenspiels und der größten Intensität und Häufigkeit des *Als-ob-Spiels*« (Fooken, 2012, S. 122).
> »Das Kind, dessen Bedürfnisse und Emotionen im soziokulturellen Kontext ununterbrochen auf Grenzen stoßen und das in einem schmerzvollen Prozess lernen muss, Ziele und Verhaltensweisen von der Umwelt zu übernehmen, schafft sich eine Welt, in der es zumindest stellvertretend die eigenen Bedürfnisse befriedigen und die Probleme, mit denen es in der realen, d. h. in der sozialen Welt, nicht fertig wird, meistern kann« (Oerter, 1997, S. 13).

Es geht also oft um Spiele, die helfen, die soziale Wirklichkeit überhaupt auszuhalten!

Auffallend ist jetzt eine plötzlich einsetzende geschlechtsspezifische Differenzierung, die die Vorlieben der Mädchen und Jungen definitiv ge-

---

39 Gefragt ist hier die Bereitschaft und Fähigkeit Eigenes zurückzustellen zugunsten eines gemeinsamen Spielablaufs: Das sind Mentalisierung, Ambiguitätstoleranz und Kompromissfähigkeit, die ggf. mit Kontrolle und Dominanz konfligieren.

trennte Wege gehen lässt. Während das Spiel mit Baby- und Barbiepuppen und eine allgemeine »Pinkisierung« (Ausstattungsfarbe Rosa) bei den Mädchen das Bild bestimmt, ist bei den Jungen der Einsatz von Aktion- und Monsterfiguren, von Technikspielzeug (Fahrzeugen) und sogenannten »Ballerspielen« zusammen mit »Macker-typischem« Verhalten vorherrschend. Die plötzliche geschlechtsspezifische Festschreibung verdankt sich nicht allein der psychosexuellen (ödipalen) Geschlechtsrollenidentifizierung. Sie ist auch nicht nur eine Reaktionsbildung auf eine eher androgyne gesellschaftliche Tendenz. Sie wird zusätzlich von einer raumgreifenden Spielzeugindustrie aufgegriffen und vorangetrieben, die mit ihrem unentwegten verführerischen »Auswurf« (Petzold, 1983), repräsentiert auf gigantischen Spielwarenmessen und ihren gnadenlos medial geführten Kampagnen zunehmend die Kinderstuben infiltriert. Mit kindlichem Spiel wird nicht nur eine Unmenge Geld verdient, das Überangebot befeuert auch die rivalitätsbasierten Vergleichs-, Verortungs- und Abwertungsprozesse in den Kindergruppen und verhindert ihr kreatives Spielen: Status- und Marktwertorientierung (wer hat das angesagteste und teuerste Spielzeug?) ebenso wie Besitzdenken verschränken sich mit den Entwicklungskonflikten der Kinder und greifen fast nahtlos auf das kindliche Miteinander über.

4.6 Mittlere Kindheit: Identitätsfindung und Konsolidierung in der eigenen Generation

Eric Erikson bezeichnet diesen Entwicklungsabschnitt vom 6. bis 12. Lebensjahr, situiert zwischen ödipaler und adoleszenter Entwicklung, als »eigentliche Kindheit«. Normalerweise ist die Latenz[40] eine lebendige,

---

40 Die klassische Auffassung geht davon aus, dass in dieser Zeit die Psychosexualität eine relativ geringe Rolle spielt, auch wenn z.B. masturbatorische Aktivitäten und sexuelle Phantasien weiterbestehen. Im Vordergrund steht nun mehr die

4.6 Mittlere Kindheit: Identitätsfindung und Konsolidierung

identitäts- und integrationsbestimmende hochdynamische Lebenszeit, in der der Ich-Ausbau in Auseinandersetzung mit *realen* Anforderungen und Erfahrungen im Mittelpunkt steht, und oft und unreflektiert die Weichen für die Zukunft stellt. Die magische Weltauffassung wird zunehmend durch realitätsbezogenes, logisches, zweckrationales Denken und Handeln, wachsende Abstraktionsfähigkeit und eine vernunftorientierte Haltung überformt. In ihrem Bemühen, sich sukzessive von externer Kontrolle und Verhaltenssteuerung zu lösen, wollen die Kinder nun alles richtig machen, was auch in ihrer ausgeprägten Regelorientierung aufscheint, die immer wieder in Regelspielen überprüft wird. Ihre Anpassungsbereitschaft wird flankiert von einem ausgesprochenen Realitätssinn (Ferenczi, 1913/1970). Viele Kinder profitieren von diesem Zugewinn und verhalten sich wie kleine Forscher mit intensiver kausaler und analytischer Betrachtungsweise, stolz auf ihr Wissen und Können. In Weiterentwicklung von Eriksons »sense of industry« spricht das Ehepaar Tyson gar von der sublimierungsbedingten »pleasure of industry« (Tyson & Tyson, 1997), die dem Kind nun eine immer größere intrapsychische und interpersonelle Kompetenz und Unabhängigkeit, aber auch eine entsprechende Betriebsamkeit verleiht.

All dies lässt natürlich auch das Spiel der Kinder nicht unberührt. Das kreative Umgehen mit praktischen Dingen, Bauen im Sand, Modellieren mit Ton oder Knete, der Umgang mit Werkzeugen an der Werkbank mündet z.B. in immer anspruchsvolleren Konstruktionsspielen und aus dem Forschen und aktiven Experimentieren entwickelt sich über den sensomotorisch koordinierten Gegenstandsbezug etwa um das 5.–6. Lebensjahr ein Stadium, das als Informationsspiel beschrieben wird. Das Kind erkundet Gegenstände, will wissen, was man mit ihnen machen kann, und zerlegt sie auch probeweise.

Ein kleiner Patient im Übergang vom Kindergarten zur Schule hatte auf der Suche nach den verborgenen Bildern alle runden Dosen mit den Familienfilmen aufgemacht, sie »untersucht« und dabei beschädigt. Für die Eltern war das ein furchtbarer Schrecken und ein kaum wieder gut

---

Weiterentwicklung sozialer Kompetenzen und sublimierter Fähigkeiten, wie beispielsweise das Streben nach Wissen.

zu machender Verlust. Der Junge war sehr betroffen, verstand die elterliche Aufregung gar nicht. Allmählich kristallisierte sich dann heraus, dass er nur hatte nachschauen wollen, wie die großen Bilder zuhause auf der Leinwand auf einmal in so einem kleinen »Kasten« Unterschlupf finden konnten.

Zum Sich-Selbst-Darstellen und -Erproben gesellt sich zunehmend das Sich-Messen und Sich-Vergleichen, was die Interessen und Ziele ebenso wie die Spiele der Kinder entsprechend ziel- und wettbewerbsorientierter werden lässt. Vielen Kindern dieser Altersphase scheint nichts wichtiger, als der Hinweis auf die eigene Überlegenheit und das Übertrumpfen der anderen, sei es mittels körperlicher Gewandtheit und Demonstration von Kraft, mittels Ausstattung, Wissen oder besonderer Talente.

Solcherart »cooles« Gebaren, Angeberei und Rivalisieren verdeckt oft die verborgenen großen narzisstischen Herausforderungen. Denn insgesamt ist die Latenz eine sehr krisen- und konfliktanfällige Zeit, und viele Probleme haben hier ihre Wurzeln. Kinder dieser Altersstufe reagieren besonders (kritik-)empfindlich, wenn sie sich nicht gesehen, herabgesetzt, kleingemacht oder ungerecht behandelt fühlen, was schnell passiert. Die Konfrontationen mit der Alltagswirklichkeit und ein damit einhergehendes Abschleifen grandioser Selbstvorstellungen, insbesondere das Scheitern und Verlierenkönnen, müssen psychisch abgefedert werden, was in der Regel nicht ohne Blessuren und tiefgreifende Erschütterungen im Selbstwertgefühl und Selbstbild vonstattengeht. Der wichtigste »Proviant« für diese Periode scheint daher die Fähigkeit, »einstecken« zu können. Erikson hat das im Blick, wenn er das zentrale Entwicklungsthema dieser Phase als Konflikt zwischen Leistung und Minderwertigkeit (1973) beschreibt.

Angesichts dieser psychischen Herausforderungen wundert es nicht, dass Latenzkinder oft schlecht gelaunt sind, nicht selten gepaart mit einer ausgesprochenen (selbstverteidigenden) Neigung zur Aggression (Abwertung, Angriff, Häme) auch im Spiel. Aggressiver Habitus dient aber auch der Inszenierung von Potenz auf der Suche nach Anerkennung und Unterstützung in der Gleichaltrigengruppe. Gleichermaßen problematisch ist eine generalisierte resignative Verarbeitung, die z. B. oft bei Mobbingopfern vorkommt[41] und die Kreativitätsentwicklung einschränkt. Wenn dagegen alles gut geht, landet das Kind über eine realitätsgerechtere Abstimmung seines Ambitionsniveaus und Ich-Ideals bei einer realitätsangemesseneren Selbstverortung in der Welt.

4.7 Adoleszenz – Abschied von der Kindheit

Zentrales Entwicklungsthema ist nun der Abschied von der Kindheit und die Suche nach Identität (Erikson, 1973), nach Individualität, nach Kontinuität und nach sozialer Verortung. Peter Blos (2015) spricht von einer zweiten Runde von Ablösung und Individuation. Meist begleiten heftige Stimmungsschwankungen diesen Umbau körperlicher und seelischer Prozesse, sozialer Beziehungen und Präferenzen. Die Adoleszenz kann somit als eine Phase extremer Labilisierung und narzisstischer Herausforderungen bezeichnet werden und wird von Triebstürmen, regressiven Schüben und tendenzieller Ich-Verarmung begleitet, die den Jugendlichen geradezu zum Handeln prädisponieren. Hinzu kommt, dass die innere Realität oft für ihn realer ist als äußere Realität, was alles miteinander eine zeitweise Rückkehr zur »Handlungssprache« (Schambeck, 2010) als phasenspezifische Kommunikationsform nahelegt.

Unter der Perspektive einer Entwicklungslinie des Spiels wird auch das Spiel als vorübergehend, als eine Aktivität von Kindern aufgefasst und manchmal sehr abrupt beiseitegelegt, weil es dem adoleszenten Selbstverständnis zuwiderläuft: »Kinderkram«. »Der Heranwachsende«, schreibt Freud 1908, »hört auf zu spielen… anstatt zu spielen phantasiert er jetzt. Er baut Luftschlösser, schafft das, was man Tagträume nennt« (Freud, 1908/2000, S. 172). Tagträume begleiten seine realen Erlebnisse und werden in mehr oder weniger bewusster Fantasietätigkeit ausgelebt. Angesichts der Transformation in Tagträume könnte man von einer Art Spiel ohne

---

41 Mobbing ist einer der häufigsten Anmeldegründe, wenn in dieser Lebensphase Hilfe über Beratung und Psychotherapie gesucht wird.

Spielzeug sprechen: Es ist als nehme der heranwachsende Mensch das Spielen nach innen, in seinen Imaginationsraum, wo er seinen Wünschen und Impulsen, die das kleinere Kind noch an greifbarem Spielzeug auslebte, nun in seiner Fantasie Gestalt gibt.

Nach realem Vermeiden oder Scheitern spielt jemand z. B. in der Fantasie durch, was er dem Lehrer oder Chef sagen wollte, aber nicht konnte. Jetzt, in der Vorstellungswelt, schafft er all das »spielend«, was vorher nicht geklappt hatte. Das ist wichtig zur Wiedergutmachung und zum Wiederaufrichten des angegriffenen Selbstgefühls. Es kann aber auch eine imaginative »Übung« sein, die alternative Möglichkeiten für die Zukunft in den Blick nimmt.

Denn tatsächlich ist das Spielen keineswegs erledigt. Überraschend ist z. B., dass Kuscheltiere zur emotionalen Stabilisierung, als Trostspender und Beruhigungshilfe während wichtiger Übergangsphasen oder angesichts belastender Ausnahmesituationen insbesondere bei weiblichen Jugendlichen ein Comeback feiern (Fooken, 2012, S. 125). Offensichtlich haben sie aber weniger den Charakter von Übergangsobjekten, als vielmehr von »Maskottchen«, im Sinne von Glücksversprechen. Ergänzende Überlegungen werden auch notwendig, wenn man Computerspiele mit einbezieht. Vor allem Jugendliche und ältere Latenzkinder nutzen seit dem ausgehenden 20. Jh. intensiv und weit verbreitet digitale Medien zum Spielen. Diese neuen Spiele haben unterschiedlichste Aspekte herkömmlichen Spielens in sich aufgenommen (▶ Kap. 9). Zusammen mit den Videoclips und den Sexseiten wird vor allem der Tagtraum in digitalisierter Form gelebt. PC-Spiele dienen auch der imagefördernden und identitätsstützenden Selbstattribuierung in der Peergroup. Dabei eröffnet das digitale Spiel nicht nur ein neues, weites Feld für adoleszente Ablösung und Entwicklung. Die Computerisierung hat auch herkömmliche Hierarchien und Generationsgrenzen tendenziell aufgelöst. Außerdem revolutioniert die digitale Entwicklung sowohl das Spielen als auch die Gesellschaft insgesamt mit einer rasanten Geschwindigkeit.

Tab. 4.1: Das Spiel in verschiedenen Lebensphasen (in Anlehnung an Streeck-Fischer, 1999, S. 582).

Lebensphasen	Phasen des Spiels als Spiegel der Libidoentwicklung	Phasen des Spiels als Spiegel der kognitiven Entwicklung	Entwicklungslinie des Spiels	Ontogenese des Spiels
Erikson 1950	Peller 1955	Piaget 1954	A. Freud 1965	Plaut 1979
Säuglingszeit	Narzisstisches Spiel allein/Funktionslust: Spiel mit dem Körper, seinen Funktionen und Produkten in enger Anlehnung an eindeutige körperliche und soziale Bedürfnisse.	Übungsspiele im präsymbolischen sensomotorischen Spielraum.	Berührungs-, Funktions- und selbstbezogene Bewegungsspiele oralzentriert, zufällig und reflexhaft am eigenen Körper und dem der Bezugspersonen wandeln sich zu wachsenden Ichfähigkeiten und ermöglichen ziel- und ichbewusstes Probehandeln.	Spiel zum Erkennen.
Frühe Kindheit	Präödipales Spiel unter dem Eindruck von Bindung und Trennungs- und Verlustängsten: Guck-Guck-Spiel, Versteckspiele. Frühes Spielmaterial wird als Verlängerung des eigenen Körpers erfahren und oft – passiv in aktiv – zur Bemutterung eingesetzt.	Explorative Spiele: Das Denken entwickelt sich am spielerischen Tun; Beginn der Symbolfunktion: »Märchenalter«.	Guck-guck-da-da-Spiele, Geben-Nehmen-Spiele, Zeigen-Versteck-Spiele (Funktionslust). Spiele mit Übergangsobjekten signalisieren Aufbruch in die Ablösung). Über spielerische Nachahmung entsteht Konversation.	Spiel zum Differenzieren.
Vorschulalter	Ödipales Spiel: Allein werden verschiedene Rollen durchge-		Spieltiere als symbolische Objekte,	Symbol-Spiel.

Tab. 4.1: Das Spiel in verschiedenen Lebensphasen (in Anlehnung an Streeck-Fischer, 1999, S. 582). – Fortsetzung

Lebensphasen	Phasen des Spiels als Spiegel der Libidoentwicklung	Phasen des Spiels als Spiegel der kognitiven Entwicklung	Entwicklungslinie des Spiels	Ontogenese des Spiels
	Peller 1955	Piaget 1954	A. Freud 1965	Plaut 1979
Erikson 1950	spielt: Puppenspiele und Fantasiespiel. Blindheit für Alter und Generationsunterschied. Spielgegenstände imitieren oft Erwachsenenleben. Postödipaler Wandel zu sozialem Spiel mit festgelegten Regeln und Rollen (gegenseitige Verständigung).	Intentionalität und Sichausrichten-können-aufandere; Symbolspiel.	Spielmaterialien für das Fantasieren sowie für Ich-Fähigkeiten: kreatives Umgehen mit praktischen Dingen, (Sand, Ton, Knete, Umgang mit Werkzeugen) mündet in immer anspruchsvollere Informations- und Konstruktionsspiele	
Schulalter	Regelspiele und Gruppenspiele mit Beziehungen zu Gleichaltrigen erfordern Kenntnisse und eine selbstkritische Haltung (Versagens-, Marginalisierungs- und Über-Ich-Ängste).	Informations- und Regelspiele leiten über zum reflexiven Denken und Handeln.	Freude am Erfolg der Tätigkeit Arbeitshaltung.	Regelspiel.
Adoleszenz	Sport und Spiele mit festen Regeln.		Spielen transformiert in Imaginationen.	Spielerischer Umgang mit Grenzen.

4.8 Zusammenfassung, weiterführende Literatur und Fragen

Zusammenfassung

> **Zusammenfassung**
>
> Die Bandbreite der Spielentwicklung ist groß. Das Spiel zeigt sich als hochflexibles und elastisches Verhaltenssystem, das sich aus dem aktiven Dialog des Kindes mit seinem Körper und aus dem verbalen und nichtverbalen Dialog mit seinen Bezugspersonen entwickelt. Feinfühlige Abstimmung, gute Bindung und elterliches Zutrauen in das Kind, seine Kompetenzen und seine emotionale Welt scheinen neben dem Spielfundus und dem inneren Spielraum der Eltern wichtige Bedingungen für eine gute Ausrüstung und Motivation, sich und das Leben spielend zu erforschen und in die eigene Hand zu nehmen. Sensomotorisches Spiel (Such-, Bewegungs- und Dialogspiele i. S. von Übungs- und Funktionsspielen), Als-ob-Spiel (Symbol- und Fiktionsspiel), Konstruktionsspiel, Informationsspiel, Rollenspiel (Sozialspiel) oder Regelspiel sind universelle und basale kindliche Kommunikationsformen, innerhalb derer – immer angelehnt an die altersangemessenen Entwicklungsaufgaben – Fähigkeiten auf körperlicher, geistiger und psychischer Ebene spielerisch herausgearbeitet, ausprobiert, gelernt und akkulturiert werden können. Erst das Wissen um die normal erwartbare Spielentwicklung macht eine angemessene Einschätzung von Spiel und Spielfähigkeit bei einem Kind möglich. Auch Begegnung und Behandlungstechnik sollten sich immer am jeweiligen Alters- und Entwicklungsniveau des Kindes orientieren, vor allem am Grad seiner Symbolisierungsfähigkeit und an der Qualität der Fantasietätigkeit, um auf dem Niveau der erworbenen Spielfähigkeit ansetzen zu können.

4 Spiel und Entwicklung

Vertiefende Literatur

Allen, J., Fonagy, P. & Bateman, A. (2016). *Mentalisierung in der Psychotherapeutischen Praxis*. Stuttgart: Klett-Cotta.
Freud, A. (1968). *Wege und Irrwege in der Kinderentwicklung*. Stuttgart: Ernst Klett.
Herzog, J. (1994). Spielmethoden in Kinderanalysen. In F. Pedrina, M. Mögel & E. B. Garstick, *Spielräume. Begegnungen zwischen Kinder- und Erwachsenenanalyse* (S. 15–35). Tübingen: ed discord.
Mogel, H. (2008). *Psychologie des Kinderspiels* (3. Aufl.). Berlin, Heidelberg: Springer.
Piaget, J. (1975). *Nachahmung, Spiel und Traum. Die Entwicklung der Symbolfunktion beim Kinde*. In J. Piaget, Gesamelte Werke Band 5. Stuttgart: Klett-Cotta. (Originalarbeit erschienen 1969)

Weiterführende Fragen

- Wovon hängt es ab, ob ein Kind spielen kann?
- Was meint Fantasiefähigkeit?
- Wie entwickelt sich Symbolisierungsfähigkeit? Ab welchem Alter können Kinder symbolisieren?
- Ist Sport auch ein Spiel?
- Wann entsteht Als-ob-Fähigkeit? Warum ist sie ein wichtiger Marker für die Spielfähigkeit?
- Wie muss ein Kind »ausgestattet« sein, um Rollenspiele spielen zu können?
- Wie und wann entwickeln sich Regelspiele?
- Wie ändert sich das Spielverhalten in der Adoleszenz?

5 Wie das Spiel zum psychotherapeutischen Medium wurde

Es ist interessant, wie viele Menschen sich schon zum Anfang des 20. Jahrhunderts zeitgleich europaweit und unabhängig voneinander sowie aus unterschiedlichsten Interessenlagen heraus mit dem kindlichen Spiel beschäftigten. Hier soll sehr verkürzt der lange Weg nachgezeichnet werden, den es historisch brauchte, bis das psychotherapeutische Spielen zu dem komplexen Angebot wurde, das es heute ist.

5.1 Wunscherfüllung und Realitätsbewältigung

Unter dem direkten Einfluss und Zuspruch von S. Freud kam es immer mehr zu einer Hinwendung zum Kindlichen und zur kindlichen Erlebenswelt, die getragen wurde von der Bereitschaft anzuerkennen, dass eine Behandlung von Kindern grundsätzlich möglich war, dass sie aber »anders« sein musste als die Behandlung Erwachsener.[42]

> »Fast jedes Stück der Technik mit Erwachsenen, das beim Kind nicht brauchbar ist, musste durch ein anderes gleichwertiges Stück ersetzt werden.« (A. Freud zitiert nach Hamann, 1993, S. 38).

---

42 Zu den Unterschieden in den Behandlungen von Kindern und Erwachsenen vgl. Freud A., 1968, S. 33–59).

5 Wie das Spiel zum psychotherapeutischen Medium wurde

Die Auseinandersetzung mit dem Spiel und sein psychotherapeutischer Einsatz ist untrennbar verwoben mit dieser schnell fortschreitenden Entwicklung der analytisch begründeten Kinder- und Jugendlichenpsychotherapie in Theorie und Technik.[43]

Die meisten psychoanalytischen Spieltheorien der ersten Stunde sind dem Triebparadigma verhaftet und stützen sich auf Beobachtungen und Anregungen von *Sigmund Freud* (1856–1939). Der hatte selbst keine Theorie des Spiels entwickelt, und bis heute fehlt eine solche Theorie in der Kinderpsychotherapie. Stattdessen gibt es eine Vielzahl verschiedener Meinungen, Hypothesen, Konzepte, theoretischer Ansichten, die aber an dieser Stelle nur bruchstückhaft referiert werden können.

Freud hatte sich mit dem Spiel im Zusammenhang mit anderen Themen beschäftigt. Im Zentrum seiner Überlegungen stand die wunscherfüllende Funktion des Spiels: »Die Wunscherfüllung gehorcht dem Lustprinzip, das im Spiel, vor allem im Fantasiespiel über das Realitätsprinzip siegt, weil es sich nicht um die äußere Wirklichkeit kümmern braucht« (Oerter, 1997, S. 175), denn »spielend können wir vorübergehend ungehindert sein, wer und was wir im Leben nicht sein könnten und wollten« (Erikson, 1973, S. 208). Groß und stark sein zu wollen, ist so ein typischer kindlicher Wunsch, der auf verschiedene Weise im Spiel verwirklicht werden kann, lange bevor das in der Realität möglich ist. Es ist aber nicht nur ein Vorgriff auf die Realität, der sich im Spiel verwirklicht. Es kann auch ein Gefühl von Unzulänglichkeit sein, das im Dienste der Abwehr grandios gewandet wird.

> Ein tatsächlich schwer depressiver Jugendlicher weidet sich an der Fantasievorstellung, Herr über diverse Gruselmonster zu sein, der er in seinem Computerspiel wiederholt Gestalt gibt, und kann auf diese Weise im Spiel seiner in Wirklichkeit äußerst deprimierenden Realität und ihren Zwängen vorübergehend entfliehen.

Wünsche tauchen auch im Zusammenhang mit Rekapitulation auf:

---

43 Zur Rolle des Spiels im psychotherapeutischen Prozess vgl. Berna (1973, 1996; Bolland & Sandler (1965); Bally (1969); Ekstein (1976); Rambert (1977); Stork (1976).

5.1 Wunscherfüllung und Realitätsbewältigung

»Man sieht, dass die Kinder alles im Spiel wiederholen, was ihnen im Leben großen Eindruck gemacht hat, dass sie dabei die Stärke des Eindrucks abreagieren und sich sozusagen zu Herren der Situation machen« (Freud, 1920/2000, S. 226). Motiviert durch die Beobachtung, dass Kinder oftmals unangenehme Situationen wie z. b. einen Arztbesuch wiederholt nachspielen, hatte Wälder (1933) für das Spiel aus dem freudschen Gedankengut den *Wiederholungszwang* herausgearbeitet. Er beschrieb das wiederholte Ausspielen einer Problemsituation, das offensichtlich nicht dem Lustprinzip folgt, aber im Dienst von Bewältigung steht. Der Wiederholungszwang – so die These – dränge das Kind zum immer wiederkehrenden Ausspielen unangenehmer Erfahrungen, was wiederum auf die Dauer eine Verarbeitung eben dieser Erfahrungen durch Gewöhnung, Kontrolle und durch die Wendung von passiv in aktiv ermögliche. Tatsächlich scheint jede Wiederholung im Rahmen der spielerisch-symbolischen Verarbeitung starker Eindrücke die angestrebte Beherrschung auch zu verbessern. Auf diese Weise kann Spielen sukzessiv zur kognitiv-emotionalen Bewältigung bis dahin unbegreiflicher oder belastender Erlebnisse führen. Überhaupt ermöglicht es Kindern eine bessere Verarbeitung ihrer Lebenseindrücke. C. G. Jung (1875–1961)[44], neben S. Freud und A. Adler einer der Wegbereiter der Psychoanalyse, erfuhr die heilende Wirkung des Spielens in einer Krisensituation eher zufällig an sich selbst.

Regelmäßig wählte C. G. Jung den Weg zum Zürichsee, um dort am Ufer Steine aufzunehmen und damit zu »bauen«. Dieses »Spielen« löste eine Flut von Fantasien aus seinem Unbewussten, die ihm neue Möglichkeiten im Rahmen seiner Selbstanalyse erschlossen.

Auch Winnicott stellte der Ausdrucksfunktion des Spiels eine Bewältigungsfunktion zur Seite, als er beschrieb, wie Kinder sich im Spiel (kompensierend) eine subjektive Welt erschaffen, die ihnen helfe, sich der objektiven Realität überhaupt nähern zu können, sie auszuhalten, anzunehmen und zu verinnerlichen (Winnicott, 2015). Vor allem heute kann es für Kinder eine Art kreativer »Oase« sein, in diesem Sinne selbst-

---

44 Ein komprimierter Überblick zur Analytischen Psychologie C. G. Jungs findet sich in (Burchartz, Hopf & Lutz, 2016, S. 133–192). Jungs 1911/12 veröffentlichtes Buch »Wandlungen und Symbole der Libido« markiert den Bruch mit S. Freud (Jung, 2011).

initiiert und nach eigenen Vorstellungen zu spielen (vgl. Hüther & Quarch, 2016). Piaget ging noch einen Schritt weiter. Spätestens mit der Entwicklung von Symbolspiel, wenn das Kind beginne, Gegenstände umzudeuten und Fiktionen aufzubauen, handle es sich um Gegenreaktionen auf den Sozialisationsdruck und den Zwang der Wirklichkeit. Auf diesem Hintergrund begriff er das Spielhandeln als

> »Abwehr dagegen, dass die Welt der Erwachsenen und die allgemeine Wirklichkeit das Spiel stören, um sich an einer Wirklichkeit, die man für sich selbst hat, zu erfreuen« (Piaget, 1945/1975, S. 216).

5.2 Katharsis-Hypothese

Im Zusammenhang mit der Wunscherfüllung spielt auch die Katharsis-Hypothese eine wichtige Rolle. Im Altertum war es vor allem diese »seelenreinigende Wirkung«, die dem Spiel zugeschrieben wurde: Bewältigung von Problemen durch Abreaktion im Spiel. Vor allem im Falle aggressiver Impulse und starker Ängste ging man von einer »erleichternden Entladung« und entspannenden Wirkung (Menninger, 1960) aus. Damit verband sich die Hoffnung, dass über die Möglichkeit zum aggressiven Ausagieren das Aggressionspotential selbst zunehmend abgebaut würde, eine Mutmaßung, die sich aber nicht bestätigt hat.

Auch in der aktuellen OPD-KJ-2 werden »Abreaktion, Erholung, Einübung wichtiger Leistungen und Rekapitulation« als bedeutendste Funktionen des Spiels für die Entwicklung von Kindern angeführt (Arbeitskreis, 2016, S. 45 f). Für Kinder hat Kathartisches tatsächlich einen besonderen Reiz, wenn sie sich z. B. am Boxsack die Seele aus dem Leib boxen, beim Fußball oder im Bälle-Bad »Dampf ablassen«. Während das Abreagieren im kindlichen Alltag ein willkommenes Ventil darstellt, wird ihm eine psychotherapeutische Wirkung abgesprochen (Freud, 1968, S. 33). Katharsis schaffe zwar aktuell Entlastung, ermögliche aber der Selbstwahrnehmung, vor allem einer Konfrontation mit dem zugrundeliegenden Spannungsgeschehen, auf Kosten der Entwicklung von Ich-Kompetenz, aus dem Weg zu gehen. Dabei sei es gerade die fortschreitende Entwicklung des Ich, die zunehmend eine rationale Auseinandersetzung mit der Realität möglich mache: Indem das Ich des Kindes immer angemessenere regulatorische Fähigkeiten hervorbringe, erübrige sich irreale Wunscherfüllung zunehmend (Freud A., 1968, S. 34). Natürlich findet abreagierendes Spiel Eingang in die therapeutische Begegnung und braucht Akzeptanz, aber es braucht auch Transformation, um psychotherapeutisch nutzbar zu werden. Das kann im oben aufgeführten Boxbeispiel geschehen, indem über dem präsymbolischen motorischen Ausagieren ein Fantasieraum aufgespannt wird, sodass sich ein Fiktionsspiel entwickeln kann, in dem imaginierend der Gegner eine Gestalt und ein Gesicht bekommt und der Kampf eine Szene, Bühne, Requisiten und Regeln:

> Der kleine Patient begibt sich z. B. in die Rolle als »roter Bomber«, der Boxsack wird personifiziert und mittels Zubehör (Papier mit einem Namen oder einem Gesicht) ausgestattet als Gegner; dazu wird mithilfe von Requisiten eine entsprechende Kampfarena gebaut (Karree aus Kreidestrichen; »Ecke« angedeutet durch einen Hocker und Glöckchen für die Rundenpause usw.), in dem nun der vom Kinderpsychotherapeuten als Reporter begleitete Kampf stattfindet: Im Ring, mit Runden, mit Pausen, vor allem mit entsprechender Dramaturgie, sodass sich im spielerischen Miteinander ein Narrativ entfalten kann.

5.3   Spiel als Vorübung für das Leben

Vor allem Karl Groos verwies auf die Vorbereitungsfunktion des Spiels (1899): In seinem Spiel übe das Kind die motorischen, sensorischen, psychischen und sozialen Funktionen, die ihm im späteren Leben als »Ernstfunktionen« zugutekämen. So werden Kinder während ihres Spiels wie nebenbei mit den Selbstverständlichkeiten, Regeln und Rollen ihrer Lebenswelt konfrontiert und gleichsam darin eingewoben. Sie erleben, dass »das Spiel aus ist«, wenn sie »es zu weit treiben«, oder dass ein Regelspiel zusammenbricht, wenn sie die Regeln eliminieren. Auf diese Weise lernen Kinder, sich in ihrer Alltagswelt zurechtzufinden. Immer wieder wird das zukunftsweisende Bedürfnis der meisten Kinder beschrieben, wenigstens im Spiel groß und erwachsen (der Bestimmer) zu sein, Bedeutung und Einfluss zu haben (König zu sein), oder über Besitz zu verfügen (den Schatz, einen Zauberstab oder andere Potenz sein Eigen zu nennen). In der spielerischen Fantasie »verkleidet« in Erwachsenenrollen wird daher oft vorwegnehmend Zukunft gespielt, um irgendwann eine Zukunft zu haben. Wenigstens für den Moment in der Vorahnung späterer Möglichkeiten scheint das Kleinsein überwindbar und können die in der Rollenidentifikation erfahrenen Gefühle von Größe, Stärke und Kompetenz Zuversicht und Trost spenden. In diesen Spielen imitieren die Kinder meist, was ihnen vom Leben der Erwachsenen bekannt geworden ist oder was sie hineininterpretieren (Vater-Mutter-Kind-Spiele, Kaufladen, Arztspiele u. v. m.). Oft ahmen sie im Spiel aber auch mediale Eindrücke, oder die Lebensweise ihrer Wunsch- und Traumwelt nach.

Dabei wird nicht nur »übernommen«. Spielen ist – wie eine improvisierte Inszenierung – immer auch der Ort, wo über Assoziationen, Variationen und Grenzübertretungen Neuartiges in die Welt kommen kann. Neben dem Kreativitätsaspekt geht es mithin im kindlichen Spiel immer auch um Umgestaltung und differenzierende Weiterentwicklung im Sinne von Sublimierung[45]: Ungestraft und ohne ein Zuviel an Angst und Schuldgefühlen schafft sich das Kind spielerisch die Möglichkeit, seinen Affekten, Wünschen und Fantasien »freien Lauf« zu lassen, sie spielerisch veräußert zu erleben und den Umgang damit probierend, variierend und revidierend progressionsorientiert durchzuspielen: »Aus Spiel bist du jetzt der Räuber, und ich mach' dich platt!« Das Kind fühlt sich »in echt« als Polizist, begründet darüber sein Handeln, macht aber gleichzeitig klar,

---

45 *Sublimierung oder Sublimieren* (von lateinisch sublimis, *hoch in der Luft befindlich, in die Höhe*) bedeutet ganz allgemein, dass etwas in einem Differenzierungsprozess in einen verfeinerten Zustand transformiert wird. Starke, unerwünschte Affekte und Impulse werden in sozial anerkannte, verträgliche Handlungsweisen umgewandelt. Für die Entwicklung der Sublimierungsfähigkeit ist der Erwerb der Fähigkeit zur Symbolbildung eine entscheidende Voraussetzung (vgl. Quindeau, 2008).

dass es sich nicht um Realität handelt. Es profitiert von den spezifischen Möglichkeiten der Imagination und Symbolisierung, wenn es in seinen Als-ob-Spielen starke positive wie negative Gefühle in Szene setzt. Da kann auch schon mal die Puppe in die Ecke geschmissen, die Stofftiere gequält oder als Bankräuber die Pistole zum Einsatz gebracht und »geballert« werden.

Es liegt auf der Hand, dass ausbleibende Spieleinfälle, Langeweile, Umwege, Fehlschläge und Enttäuschungen ebenso zu einem Spielprozess gehören und ausgehalten werden müssen wie Begeisterungsstürme infolge erfolgreichen Gelingens. Beides ist konstitutiv für das Spiel. Nur, dass es viel leichter ist »etwas zu wissen« als »keine Ahnung zu haben« oder »etwas zu schaffen«, als es »nicht hinzukriegen«.

5.4 Pioniere des Kinderspiels in den psychodynamischen Verfahren

Es ist in erster Linie Verdienst der frühen Kinderanalyse, sich näher damit beschäftigt zu haben, in welcher Weise Erlebnisse der Angst, des Misserfolgs, der Unterlegenheit, der Scham, Schuld, Wut oder Rache Einfluss auf die Rollenwahl und das Spielverhalten haben und wie sich die Fantasie an den realen Gegenständen (Spielsachen) entzündet. Quasi als eigener Regisseur gestaltet das Kind Rollenspiele mit realen oder vorgestellten Partnern und in Inszenierungen so, dass es sein Erleben ausdrücken und seine Bedürfnisse befriedigen kann. Es waren viele »Pioniere«, die sich zeitgleich der psychotherapeutischen Sache der Kinder und damit der Integration des kindlichen Spiels und Spielens in die psychotherapeutische Arbeit annahmen. Infolge des begrenzten Platzes können hier nur einige wenige von denen Erwähnung finden, deren Beitrag sich erfolgreich übermittelt hat.

Eine der ersten war offensichtlich *Hermine Hug-Hellmuth* (1920/1994), die 1924 eine dem Traum oder der freien Assoziation gleichgestellte Verwendung des spontanen kreativen Spiels in das Setting ihrer »heilerziehlichen Analyse«[46] einbrachte. Dabei war ihr sowohl der Gegenwartsbezug wichtig, der das kindliche Spiel motiviere, wie die Sehnsucht des Kindes »groß« zu sein, weshalb sie konsequenterweise das kindliche Spiel als ein Stück Nachahmung der Erwachsenen oder der älteren Jugendlichen begriff.

5.4.1 Melanie Klein – die deutende Spieltherapie

Melanie Klein (1882–1960) gab der Kinderanalyse ihren klaren Rahmen und erarbeitete die Bedeutung von Fantasietätigkeit und der Fähigkeit zur Symbolbildung für die psychoanalytische Praxis. Ausgehend von Freuds Überlegungen sah auch sie das kindliche Spiel als eine Ausdrucksweise an, die wir aus dem Traum kennen (Klein, 1932/1997) und näherte sich dem Spiel in ähnlicher Weise, wie es Sigmund Freud für die Analyse des Traumgeschehens beschrieben hat. In ihrer konsequent aufdeckenden bzw. »deutenden Spieltherapie« vertrat sie eine weitgehende Kongruenz von Kinder- und Erwachsenenanalyse (Klein, 1932/1997) und ersetzte die Einfallstechnik konsequent durch ihre Spieltechnik.

> »Von 1923 an stellte Klein dem Kind in der Analyse ausgewählte Spielsachen zur Verfügung, die speziell für jedes Kind in einer Schachtel aufbewahrt wurden (hölzerne Frauen und Männer, Autos, Tiere, Bäume, Bleistifte, Buntstifte, Leim, Kugeln und Bälle etc.). Ihr Spielzimmer war nur mit dem Notwendigsten ausgestattet« (Burchartz, Hopf & Lutz, 2016, S. 41).

Spiel und Spielzeug waren aus ihrer Perspektive vieldeutig und konnten nur im Zusammenhang mit der Übertragungsauswertung verstanden werden. Das freie Spiel war ihr in erster Linie ein »Fenster« zum Unbewussten, das es zu nutzen galt, um darüber frühe kindliche Ängste, Konflikte und unbewusste Fantasien, die für sie Korrelate von Triebregungen waren[47], zu verstehen und mittels Deutung in ihrem Einfluss aufzudecken

---

46 Pädagogik und Psychoanalyse wurden damals noch nicht getrennt betrachtet. Ausführlicheres zu Hug-Hellmuth bei Hamann (1993, S. 30–37).
47 Dies folgt der triebtheoretischen psychoanalytischen Auffassung der Persönlichkeitsentwicklung, die kindliche Entwicklung als einen dynamischen, multideterminierten Prozess versteht, der den Ausdruck der Triebe und deren Mo-

und einzudämmen. Das könne aber nur gelingen, wenn das Spiel ausschließlich dem kindlichen Begehren folgt, und der projektive Fluss von Seiten des Kindes im Rahmen der Übertragung ebenso wie der Spielhandlung keinesfalls gestört werde. Es war ein Plädoyer für das spontane selbstgewählte freie Spiel und seine einseitige ungestörte Inszenierung durch das Kind. Durch innerlich »teilnehmendes« Beobachten des Spiels unter Einbezug von Übertragung und Gegenübertragung sollte es möglich werden, die kindlichen Konflikte zu erschließen und schließlich zu deuten. Deutungen wurden dem Kind verbal angeboten und entlang der Reaktionen des Kindes evaluiert. Nur wenn die Deutung den Habitus bzw. das Spiel des Kindes veränderte und bisher nicht gewagte Handlungen darin auftauchten, galt die Deutung als zutreffend, weil vom Kind angenommen.

5.4.2 Anna Freud – Behebung von Entwicklungshemmungen im Spiel

Auch ihre große Kontrahentin *Anna Freud* (1895–1982) entwickelte wesentliche Grundeinsichten zum Spiel mit Kindern. Auch sie betrachtete das Spiel in der Nachfolge ihres Vaters aus der Perspektive des Triebparadigmas und primär als Ersatz für den Ausfall der freien Assoziation (Freud A., 1929/1966). Aber sie legte auch viel Wert auf die Analyse der Ich-Strukturen und der Abwehrkonstellationen, wie sie sich in der Begegnung und im Spiel zeigten, und scheute sich nicht, auch im Bewussten zu arbeiten. Ausgangspunkt für sie als Pädagogin war vor allem das Kind in seiner Entwicklung. Ausführlich beschäftigte sie sich mit den daraus resultierenden Unterschieden zwischen Erwachsenen- und Kinderanalyse, vor allem mit dem Widerstreben von Kindern, in den Behandlungsprozess einzusteigen. Neben dem Verbalen wurde das Kind ergänzend ermuntert zu spielen, zu malen, zu dramatisieren und zu agieren. Das Spiel wurde auch von ihr als eine Mitteilungsform von innerem Erleben gesehen, und es wurde im Dienste des Selbstausdrucks eingesetzt. Gleichzeitig wurde es

---

dulation durch Ich- und Über-Ich-Instanzen beinhaltet, mithin die ständige Verhandlung zwischen Lust- und Realitätsansprüchen.

in Anlehnung an Erikson zum Ort der Darstellung lebensbestimmender Modellszenen (Erikson, 1973/1957). Anna Freud beteiligte sich selbst am Spiel des Kindes, übernahm die ihr zugeteilte Rolle und funktionierte, wo notwendig, im Sinne eines Hilfs-Ich. Neben der Bewusstmachung von neurotischen Konflikten und der konsequenten Aufdeckung der Abwehr, ging es ihr immer auch um die Behebung von Entwicklungshemmungen und -störungen, um »development help«, wie sie es nannte, auch im Spiel.[48] Anne Hurry spricht in diesem Zusammenhang von einer »Entwicklungsarbeit zur Korrektur der Vergangenheit« (2002, S. 83). Für Anna Freud war es ein Anliegen, eine Beziehung im Hier und Jetzt der Begegnung derart auszugestalten, dass das Kind auf dem Fundament der neuen korrigierenden Beziehungserfahrung und getragen von seiner spielerischen Fantasie wieder neue Ideen und Raum für Zuversicht gewinnen, und einen neuen Anfang wagen konnte. In diesem Zusammenhang widmete sie sich auch der sublimierenden Funktion, und beschrieb, wie das Spiel durch seine Aufforderung zum Triebverzicht das Finden von Ersatz- oder Alternativbefriedigung befördere. Gleichzeitig begünstige Spielen regressives Tun, beispielsweise als Regression im Dienste des Ich. Später veröffentlichte Anna Freud eine »Entwicklungslinie Spiel« (Freud A., 1968, S. 81–85).

5.4.3 Der zweite Weltkrieg – ein Rückschlag für das freie Spielen

Der Aufbruch in die Psychotherapie von Kindern über die Etablierung des Spiels brach 1933 unvermittelt mit der Machtergreifung der Nationalsozialisten und der Vertreibung der meist jüdischen Kinderpsychotherapeuten ab. Jedoch ist festzuhalten, dass damals bereits die zentralen Themen der psychoanalytisch fundierten Behandlung bei Kindern und Jugendlichen im Fokus der Erprobung und Diskussion standen. So war weitgehend Konsens, dass bei Kindern nicht nur schwere Traumen, sondern überhaupt

---

48 In dem von Bittner und Heller (Freud, Bittner & Heller, 1986) herausgegebenen Buch *Eine Kinderanalyse bei Anna Freud* werden die Erinnerungen von Peter Hellers Analyse bei ihr detailliert und authentisch festgehalten.

wichtige Bereiche des Erlebens vorsprachlich, im Szenischen, im Bewegungs- oder im Körpergedächtnis konserviert, und von der Symbolisierung ausgeschlossen sind; dass Kinder daher über ihre Befindlichkeiten und ihre Bedrängnis eben nicht reden können und deswegen einen anderen Zugang benötigen. Das Interesse richtete sich vor allem auf die kreativen Hervorbringungen der kindlichen Seele und ihre multimodale und multimediale Entfaltung. Mit »Alles ist Sprache« hat *Françoise Dolto* (Dolto, 1985) aus Frankreich Mut gemacht zur »Übersetzung« und Nutzung aller Äußerungen im therapeutischen Prozess. Sie hat damit nicht nur der Wertschätzung des Kindes als Subjekt, sondern einer *systematischen Auswertung der Begegnungssituation* den Weg bereitet. Insbesondere das (spontane) Spiel als ideales therapeutisches Agens für das Kindesalter war etabliert, und seine Rolle im psychotherapeutischen Prozess wurde immer differenzierter ausgearbeitet.

5.5 Entwicklungen der Arbeit mit dem Kinderspiel nach dem Krieg

Nach dem Krieg konnte an die kinderanalytischen Traditionen der Vorkriegszeit zunächst nicht angeknüpft werden. Pragmatische Lösungen hatten das freie kreative Spiel verdrängt. Überdies entwickelten auch die neuen Schulen der Psychotherapie (Verhaltenstherapie und Humanistische Verfahren) ihre Ansätze zum therapeutischen Spiel (Petzold, 1983) auf dem Fundament ihrer konzeptionellen Überzeugungen. Das geschah überall im Schatten der Behandlung Erwachsener.[49] Infolge ihrer Schulen gebundenen Entwicklung auf der Basis ganz unterschiedlicher Paradigmen sowie der damit einhergehenden verschiedenartigen therapeutischen Grundorientierungen unterscheiden sich die »Spieltherapien« heute grundlegend sowohl in ihrem Verständnis als auch hinsichtlich ihrer

---

49 Einzig beim *Psychodrama* Morenos stand das Spiel mit Kindern in den Gärten Wiens 1911 am Anfang der Verfahrensentwicklung.

5 Wie das Spiel zum psychotherapeutischen Medium wurde

Handhabung des Spiels, insbesondere aber hinsichtlich ihres Gültigkeitsanspruchs, ihrer Reichweite und damit verbundenen Einsetzbarkeit, dem hier aus Platzgründen aber nicht weiter nachgegangen werden kann.[50] Im Hinblick auf die psychodynamische Perspektive brauchte es bis in die 1970er Jahre, bis man zu jenem psychoanalytisch begründeten Selbstverständnis in der Arbeit mit Kindern und zur Arbeit im und mit dem freien Spiel zurückfand.

5.5.1 Winnicott – der intermediäre Raum

Donald W. Winnicott (1896–1971) näherte sich der Spielentwicklung aus der Perspektive der Objektbeziehungstheorie. Er interessierte sich vor allem »für die Art und Weise, in der Kinder ihr Spiel dazu gebrauchen, die Entwicklung des eigenen Selbst zu reflektieren und voranzutreiben« (Hopkins, 2008, S. 28). Grundlegend waren dabei seine Überlegungen zu den Übergangsphänomenen und -objekten (Winnicott, 1971/2015).[51] Er postulierte, dass das Spiel in dem Moment entsteht, in welchem das Kind beginnt, sich von der Mutter zu lösen. Zwischen Mutter und Kind entstehe ein potentieller Raum, der sogenannte »intermediäre Raum«, der dem Kind im Falle »förderlicher Umwelt« zunehmend Ausdrucks- und Kommunikationsmöglichkeiten ermögliche und damit die Voraussetzung schaffe für einen freien symbolischen Umgang mit der inneren und der äußeren Welt. Dieses Konzept ist ungemein wichtig im vorliegenden Zusammenhang, weil wir das, was in der Psychotherapie geschieht (Spiel, Gestaltung, Symbol und Erzählung), ebenfalls als einen intermediären Raum begreifen, in dem das Wünschen ebenso wie die Realität zu einer Balance finden können. So gesehen hat das kindliche Spiel immer eine Verbindung in die innere Welt, umgreift aber gleichzeitig auch die äußere Welt, wenn es dort Objekte und Phänomene aufgreift, die nun praktisch

---

50 Von Gontard und Lehmkuhl haben 2003 die tiefenpsychologischen Spieltherapien, die personenzentrierte Spieltherapie und verhaltenstherapeutische Ansätze neben familientherapeutischen Ansätzen und Spieltherapien aus anderen Therapieschulen aufgelistet. Zu den verschiedenen Spieltherapien vgl. (von Gontard & Lehmkuhl, 2003).

51 Näheres siehe Winnicott (1969).

wie symbolisch Verwendung finden für die Gestaltung der Befindlichkeiten und Vorstellungen der inneren Welt in der symbolisch-spielerischen Inszenierung.

Neben dem Übergangsraum spricht Winnicott von einem Begegnungsraum zwischen Psychotherapeut und Kind, den er »resting place« nennt. Er spannt sich auf zwischen beiden, soweit das auf beiden Seiten möglich und zugelassen wird. So bildet sich ein Spielraum für den sich spontan entwickelnden Spielprozess und begründet und initiiert gleichzeitig einen Kommunikationsprozess, nicht nur zwischen Behandler und Kind, sondern auch zwischen dem Selbst und dem beobachtenden Ich von beiden. Winnicott war überzeugt, dass Psychotherapien allein durch Spielen, d. h. auch ohne Deutungsarbeit tiefgehende Wirkung haben können. Sind Konflikte aber zu tief ins Unbewusste verdrängt, könne ihnen spontan im Spiel nicht mehr zu einer Lösung verholfen werden. Das Spiel verliere in solchen Fällen seinen spielerischen Charakter. Mit dem »Schnörkelspiel« oder »Squiggle« erfand Winnicott ein Spiel, das bis heute vergleichbar der freien Assoziation im Spielprozess genutzt wird und sich vor allem auch für die Erstbegegnung empfiehlt.[52]

5.5.2 Zulliger – die nicht deutende Spieltherapie

Wie Winnicott begreift auch *Hans Zulliger* (1893–1965) das Spiel als »Sprache des Kindes« (Zulliger, 2023 [1952]). Beide teilen den Respekt vor dem Kind und dem Kindlichen. Spiel an sich war für ihn bereits ein Therapeutikum, dem er – in Nachfolge der Katharsis-Hypothese – »reinigende Kräfte« zuschrieb. Heilen könne das Spiel aber nur, wenn es dem Psychotherapeuten gelinge, eine gemeinsame Verständigungsebene mit dem Kind herzustellen, die im Sinne komplexer Realitätserfassung sowohl primärprozesshaftes wie sekundärprozesshaftes Denken umschließe und sich an den symbolischen Möglichkeiten des Kindes orientiere. Die resultierende gleichgestimmte Resonanz bewirke im Kind, dass es sich auf einer »Wellenlänge« mit dem Behandler erlebe, wahrgenommen und anerkannt in seiner eigenen subjektiven Existenz. Vor diesem Hintergrund entwi-

---

52 Zur Anwendung und Auswertung des Schnörkelspiels vgl. Günter (2003)

ckelte Zulliger in den 1950er Jahren in der Schweiz seine »nicht deutende Spieltherapie« (Steger-Hain, 1992)[53]. Erst auf einer Basis derart gegenseitigen respektvollen Verstehens und Akzeptierens, könne das Miteinander fortschreiten zu einer gemeinsamen Sache und ein Miteinanderspielen möglich werden, das die kreativen Möglichkeiten des Kindes aufgreift und erweitert (Schäfer, 1979, S. 242). Auf Deutungen wird in diesem Ansatz nicht – wie man denken könnte – gänzlich verzichtet. Sie werden dem Kind aber eingebunden in einen Spielvorschlag angeboten. Der Behandler schlüpft in die Rolle von Spielfiguren, und indem er als diese spricht und spielt, »deutet« er auf analoger Ebene. Das setzt voraus, dass sich der Psychotherapeut gänzlich in das Spiel des Kindes einlassen, einfühlen und affektiv und real mitgehen muss. Das Miteinander orientiert sich bei diesem Ansatz aber nicht nur konsequent am Spielbegehren des Kindes. Idealerweise wird es auch auf der Ebene entfaltet, von der vermutet wird, dass das Kind dort seine eigenen Lösungskonstruktionen finden kann. Indem Konflikte bis zur echten Konfliktlösung im affektbesetzten Spiel nach Vorgabe des Kindes (gemeinsam) ausagiert werden, bietet das Spiel dieser Art natürlich auch die Möglichkeit zur Triebabfuhr. *Jacques Berna*, Schweizer wie Zulliger, reflektierte in seinem Buch »Kinder beim Analytiker« (1973) rückblickend kritisch diese aktive Spieltechnik, die auch seine war. Er beschreibt, wie er sich für die Kinder im Spiel zum Clown machte, um ihnen zu begegnen und um sie zu gewinnen. Er registrierte, dass er tatsächlich schnelle, aber eben nicht nachhaltige Therapieerfolge erzielte, woraufhin er seine Technik in Richtung zu mehr analytischer Haltung, insbesondere Zurückhaltung umstellte (Berna, 1973).

5.5.3 Axline – die personenzentrierte Spieltherapie

Virginia Axline (1911–1988) war als Psychologin und Psychotherapeutin 1947 eine Mitbegründerin der »non-direktiven Spieltherapie«, aus der in Deutschland erst die »klientenzentrierte« und dann die »personenzentrierte Spieltherapie« hervorging (vgl. Schmidtchen, 1991). Auch sie unterstützte »das vorbehaltlose Annehmen des Kindes« (Axline, 2002/1947).

---

53 Zu »heilend« und »nicht-deutend« bei Zulliger siehe Schäfer (1979).

5.5 Entwicklungen der Arbeit mit dem Kinderspiel nach dem Krieg

Einerseits versuchte sie die Ideen von Carl Rogers (Rogers, 1942/1972) zu nutzen, der seine »Gesprächspsychotherapie« auf dem Fundament der humanistischen Psychologie aufgebaut hatte und dessen Schülerin sie war. Aus dieser Quelle erwuchs die Forderung einer »gleichbleibenden Gewährungshaltung«, die auf jeden Spieleingriff, eben »auf alles Dirigistische« verzichtet, damit sich die inneren (Selbst-)Kräfte entwickeln können und die Kinder »Herr im eigenen Haus bleiben«. Gleichzeitig war Virginia Axline der Psychoanalyse zugeneigt und plädierte von Anfang an dafür, ein eigenes Spielzimmer vorzuhalten, das alle benötigten Spielmaterialien bereitstellte. In ihrem vielbeachteten Buch »Dibs« stellte sie 1964 ihre Spieltherapie an einem Beispiel vor. Ihr Vorgehen, das sie entlang von acht Regeln konkretisierte (Axline, 1964/2004)[54], kann als eine Mischung aus Deutung und komparsenhaftem Mitspiel charakterisiert werden. Übertragung und Gegenübertragung ebenso wie unbewusste Zusammenhänge wurden von ihr dabei nicht berücksichtigt. Eher stellt sich die Psychotherapeutin den Kindern in diesem Ansatz wie eine Spielsache zur Verfügung und verbalisiert begleitend, was das Kind nur agiert, weil es noch kein Bewusstsein, kein Bild und kein Wort dafür hat.

5.5.4 Piagets Konzept des Symbolspiels

Wieder einen völlig anderen Zugang zum kindlichen Spiel öffnete *Jean Piaget* (1896–1980) mit seiner kognitiven Entwicklungstheorie. Auch er schreibt dem kindlichen Spiel – um mit Zulliger zu sprechen – »heilende Kraft« zu. Spielen hat ihm zufolge vor allem Erkenntnisfunktion: Das Kind unterwerfe sich die Welt in einem Prozess aktiver Aneignung und gestalte sie gleichwohl kreativ nach seinen eigenen Vorstellungen im Spiel um. In der Folge nehme es die Welt in immer neuer Art und Weise in sich auf und

---

54 Gemeint sind: Die Aufnahme einer freundlichen warmen Beziehung; bedingungslose Annahme des Kindes; Ermöglichung eines freien Ausdrucks von Gefühlen; Reflexion der beim Kind erlebten Emotionen; Respekt vor den Kind eigenen Problemlösungswegen; Führung des Therapieverlaufs durch das Kind; keine Beschleunigung des Prozesses durch den Therapeuten; Grenzen sollen nur gesetzt werden zur Verankerung des Erlebten in der Realität und zum Schutz des Kindes.

organisiere alle seine Erkenntnisse entsprechend der ihm möglichen informationsverarbeitenden Prozesse, der sogenannten Schemata (Assimilation). Diese Schemata wiederum passe das Kind in seinem konkreten Handeln fortwährend seiner Lebenswelt an (Akkommodation). Auf diese Weise vollziehe sich Entwicklung als aktives Wechselspiel zwischen Assimilation und Akkommodation. Kindliches Spielen sei am Anfang unter dieser Perspektive eher assimilierend, Funktionen einübend; später passe es sich zunehmend an Dinge und Personen an. Mit seiner Spieltheorie, insbesondere seinem Konzept des Symbolspiels (Piaget, 1945/1975) hat Piaget darauf hingewiesen, dass das kindliche Spiel nicht nur einen defensiven Charakter hat, wie es die frühe psychoanalytische Spieltheorie nahelege. Das Spiel als »willentliche Illusion« (Groos, 1899/2016) sei vielmehr gleichermaßen auf die Befriedigung des Ich ausgerichtet.

5.5.5 Spiel, Ichentwicklung und Struktur

Wurde im kindlichen Spiel bis dahin und vor allem unter dem Eindruck psychoanalytischer Perspektive eine Mitteilungsform der inneren Welt des Kindes und seines Unbewussten gesehen, ein Ort der Darstellung lebensbestimmender Modellszenen aus der Vergangenheit, dann hat die »intersubjektive Wende« das klassische Denken in intrapsychischen Begriffen um ein *Denken-in-Beziehungen* (Altmeyer, 2016) ergänzt.

Unter dem Eindruck zunehmend »frühgestörter« Kinder und entsprechenden Symptomwandels rückte eine weitere Möglichkeit in den Fokus der Aufmerksamkeit:

»Die Art, wie das Kind spielt, gibt [...] nicht nur Auskunft über seine zentralen »inneren« und »äußeren« Konflikte, über Fantasien und Triebwünsche, sondern lässt auch wesentliche Hinweise über das erreichte Entwicklungs- und Integrationsniveau erkennen« (Streeck-Fischer, 1999, S. 581).

Nun lag es nahe, das Spielen zusätzlich zu einer »Rundumsicht auf das Kind« (Kernberg, 1995) zu nutzen. Ausgehend davon, dass es sich beim Spielen um eine Fähigkeit handelt, die sich im Laufe des Lebens entwickelt und altersmäßig umstrukturiert, wurde es nun auch zunehmend als *diagnostisches Instrument* einsetzbar. Aus dem Spiel eines Kindes konnte man beispielsweise Hinweise zum erreichten Entwicklungs- und Integrations-

5.5 Entwicklungen der Arbeit mit dem Kinderspiel nach dem Krieg

niveau ebenso wie zur Unterscheidung von psychischen Störungsbildern ableiten. Um das zu bewerkstelligen, wurden verschiedene Marker der Beurteilung herangezogen: die Fantasietätigkeit, die Fähigkeit zur Differenzierung zwischen Realität/Fantasie; die körperliche Handlung; die Fähigkeit zur Impulssteuerung; die Als-ob-Fähigkeit; die Fähigkeit, Narrative zu entwickeln; die Art und Qualität der Objektbeziehungen. Alle diese Indikatoren ermöglichten in ihrer Gesamtheit auf dem Hintergrund der jeweiligen Spielentwicklung bzw. des Spiel-Entwicklungsalters eine entsprechende Einschätzung (▶ Tab. 5.1).

Paulina Kernberg (1935–2006) stellte die zentralen Merkmale im Spiel autistischer, narzisstischer, psychotischer, depressiver, verhaltensgestörter und traumatisierter Kinder zusammen, ohne aber das jeweilige Entwicklungsalter zu berücksichtigen (Kernberg, 1995).

Annette Streeck-Fischer beschrieb das Spiel als Kommunikation zwischen zwei Personen und differenzierte verschiedene Formen des Spiels (das Spiel als Entwicklung, das heilsame Spiel, das Spiel, das außer Kontrolle gerät und das posttraumatische Spiel) sowie Störungen der Spielfähigkeit. Außerdem entwickelte sie Ansätze zur strukturellen Diagnostik des Spiels und ihrer Einbettung in die OPD-Diagnostik (1997, 1999).

Auch *Barbara Diepold* (1942–2000) hat sich in den 1990er Jahren mit dem Spiel ich-strukturell gestörter Kinder auseinandergesetzt. Unter anderem ist sie der Frage nach der Differenzierung und dem Zusammenspiel von triebmotiviertem und narzisstischem Spielverhalten nachgegangen (Diepold B., 1997; Diepold P., 2005).

James Herzog hat sich 1994 ebenfalls differenzierend mit dem symbolischen Spiel, dem motorischen Spiel und dem interaktiven Spiel beschäftigt, die er als Variablen einer »Kapazität zum Spielen« betrachtete. Spielen sei eine »Sprache des Handelns«, mit dem Ziel, etwas darzustellen, zu kommunizieren und auszuprobieren, sowohl innerhalb des sich entfaltenden Selbst wie auch zwischen dem Selbst und den anderen (Herzog, 1994, S. 15 ff). Das Spielrepertoire eines Kindes fuße in seiner persönlichen Ausstattung und Erfahrung ebenso wie in der Resonanzfähigkeit seiner Umwelt. Traumatisierungen und zufällige Lebensereignisse befördern eine Überarbeitung des Fundus ebenso wie der Qualität der Spiele.[55] Spielsze-

---

55 Hier knüpft er bei Erikson an und beschreibt an einem beeindruckenden Bei-

Tab. 5.1: Spiel nach dem Integrationsniveau (vgl. auch Streeck-Fischer, 1999, S. 586)

Strukturniveau	desintegriert	gering integriert	mäßig integriert	gut integriert
kognitive Ebene: Verhältnis Fantasie/Realität	Realitätsverlust; fantasielos flach	Fantasiearm/monoton; zeitweiliger Realitätsverlust: massives Projizieren und häufige Spaltungen	potenziell gute Fantasietätigkeit, die durch reale Gegebenheiten störbar ist	gut entwickelte Fantasietätigkeit mit angemessenem Verhältnis zur Realität
Als-ob-Fähigkeit	Verlust der Als-ob-Fähigkeit	Als-ob-Ebene instabil	Als-ob-Ebene nicht sicher	sichere Als-ob-Ebene
regulative Ebene: Können eigene Affekte erlebt, ertragen und gesteuert werden?	wahnhaftes Niveau, agitiert, ruhelos, massive Störungen der Steuerung oder Erstarrung	grenzüberschreitendes Verhalten, mangelnde Steuerung oder fehlende Spontanität	situative Einbrüche: zeitweilige Impulsdurchbrüche	repräsentationales Niveau: ruhiges, intensives, engagiertes Spiel
emotionale Ebene: Können Gefühle erlebt, dargestellt und ausgehalten werden?	kann eigene Gefühle nicht erleben und sich in die der anderen nicht hineinversetzen, chaotische Zustandsaffekte	Desaffektualisierung oder Induktion des unerträglichen Affekts im anderen, Verzicht auf Emotionsausdruck: Mimikreduktion	Intakte Fremdwahrnehmung von Gefühlen bei anderen und introspektives Chaos der Selbstwahrnehmung	gute Affektdifferenzierung und Empathie
Bindungsebene	desorganisiert	unsicher-ambivalent	unsicher-vermeidend	sicheres Bindungsmuster

Tab. 5.1: Spiel nach dem Integrationsniveau (vgl. auch Streeck-Fischer, 1999, S. 586) – Fortsetzung

Strukturniveau	desintegriert	gering integriert	mäßig integriert	gut integriert
Spieldauer/Sequenz	gebrochene, sinnlose, kurze Sequenzen	wechselnde, brüchige Sequenzen, unruhiges, getriebenes Spiel	herabgesetzte Spieldauer	längere vertiefte, in sich stimmige Spielsequenzen
Spiel-Inhalt	steriles und verwirrendes Agieren, einfache funktionale Handlungsabläufe	polarisierte Spielsequenzen, aneinandergereihte destruktive Szenen, Spielabrisse	(kompensatorisch) grandiose, orale, symbiotische Themen	Konfliktinhalte, die Entwicklungs- und Beziehungsthemen zum Inhalt haben, triadische Szenen
Spiel-Qualität	rigides Spiel; chaotisch, verwirrend; Konfusion von Selbst und Objekten, Gut-Böse-Konfusion	primitiv, Selbst-/Objektbilder verfolgend/bedürfnisbefriedigend, omnipotente Kontrolle	Übereinstimmungssuche mit symbiotischen Objekten, Objektverlustängste	abgegrenzte Selbst-Objektbilder mit differenzierten Wahrnehmungen

narien könnten daher immer auch eng mit realen Sorgen und Vergegenwärtigung von Schmerz und Abwehr verknüpft sein.

5.5.6 Ko-narratives Spielen

Thomas Stadler hat die Auffassung vom Spiel als einseitige Inszenierung des Kindes – Ferro folgend – dialogisch erweitert zu einer Ko-Produktion von Analytiker und Patient im spielerischen Prozess (Ferro, 2009).

»Die sich entwickelnden Rollenspiele werden als sich erweiternde Narrative betrachtet, die es dem Patienten erlauben, seine Problematik im Übertragungs- und Gegenübertragungsgeschehen darzustellen und zu bearbeiten. Die entscheidenden Interventionen werden als sich im analytischen Feld entwickelnde »Notwendigkeiten« begriffen, die von der Intuition des Analytikers getragen werden und von seinem Unbewussten kontaminiert sind« (Stadler, 2013, S. 103).

Dieser Ansatz fordert vom Kinderpsychotherapeuten ein hohes Maß an spielerischer Dialogfähigkeit und ihrer Kontrolle im therapeutischen Prozess, weshalb eine die Lehranalyse ergänzende Selbsterfahrung im Spiel unverzichtbar wird[56].

---

spiel (Herzog, 1994, S. 15 ff), wie ein bestehendes Trauma die Spielmethode bestimmt.
56 Zu dem Thema einer ergänzenden Selbsterfahrung im Spiel siehe auch (Tibud, 2016).

5.6 Zusammenfassung, weiterführende Literatur und Fragen

Zusammenfassung

> **Zusammenfassung**
>
> Psychodynamisch imponiert das Kinderspiel vor allem als Wunscherfüllung und Ersatzbefriedigung, als Bewältigungsmöglichkeit, als Botschaft aus der inneren Welt und bietet mittlerweile unter Einbezug ichstruktureller Gegebenheiten eine Rundumsicht auf das Kind und seine Entwicklung.
>
> Nach dem Aufbruch in die Psychotherapie von Kindern vor über 100 Jahren besteht heute Einigkeit, dass das Spiel in der frühen und mittleren Kindheit als das zentrale Ausdrucksmittel von Kindern angesehen werden kann, und daher das zentrale Medium und unverzichtbar für die psychotherapeutische Arbeit mit Kindern ist. Ob Spielen nun Elemente der Lebensgeschichte aufnimmt, die Beziehung zu anderen Menschen und Ereignissen der aktuellen Lebenswelt reflektiert oder Ausdruck kindlicher Ängste, Konflikte und Fantasien ist, ob es als Fenster zur inneren Welt innerseelische, auch unbewusste Konflikte thematisiert, oder die Beziehung zum Psychotherapeuten aufgreift – das Spiel hat sich verfahrensunabhängig als ideales therapeutisches Agens für das Kindesalter bewährt (Holder, 2002).
>
> »Das kindliche Spiel ist in seiner symbolischen Aussage dem Wort des Erwachsenen gleichzusetzen. Es zu verstehen, verlangt ein Erfassen auf der intuitiven Ebene, ein denkendes Nachvollziehen und eine behutsame, dem Alter und der Problematik des Kindes gemäße Deutung« (Burchartz, Hopf & Lutz, 2016, S. 172), lässt sich das Fazit auf den Punkt bringen.
>
> Die historisch entwickelten Spieltherapieformen unterscheiden sich unter anderem hinsichtlich:

- der Deutungstechnik (Verfahren, die allein durch Spielen und ohne Deutungsarbeit tiefgehende Wirkung haben können, bis hin zu der konsequent deutenden Schule Melanie Kleins)
- der Strukturiertheit des Vorgehens (das Spiel folgt ausschließlich kindlichem Begehren bei Verzicht auf jeden Spieleingriff, bis zur Möglichkeit der geleiteten Spieltherapie)
- der Rolle des Behandlers im Spielprozess (vom Beobachter zum Mitspieler)
- der Bereitstellung eines Spielzimmers (minimalistische Ausstattung bis opulente Welt-Repräsentation)
- und hinsichtlich der Zieldimensionen:
  - Durch innerlich teilnehmendes Beobachten des Spiels unter Einbezug von Übertragung und Gegenübertragung sollte es möglich werden, die kindlichen Konflikte zu erschließen und schließlich zu deuten;
  - oder es sollte um konsequente Arbeit am Ich, insbesondere an der Abwehr gehen;
  - oder es ist eine Behebung von Entwicklungshemmungen und -störungen intendiert;
  - oder es geht zunächst darum, ein Vis-à-Vis zu finden, eine Beziehung im Hier und Jetzt der Begegnung auszubilden, von der aus das Kind einen neuen Anfang wagen kann – und vielem mehr.

Gemeinsam ist allen Spielansätzen, dass der psychische Mechanismus der Projektion genutzt wird, der bewirkt, dass Kinder ihre Gefühle, Erlebnisse, Wünsche und Bewertungen auf Spielfiguren übertragen, unter Zuhilfenahme ihrer Fantasie in Szenen arrangieren und dass auf der symbolischen oder strukturellen Ebene, und mal mehr und mal weniger interaktionell gearbeitet wird.

Vertiefende Literatur

Burchartz, A., Hopf, H. & Lutz, C. (2016). *Psychodynamische Therapien mit Kindern, Jugendlichen und jungen Erwachsenen. Geschichte, Theorie, Praxis.* Stuttgart: Kohlhammer.

Bovensiepen, G. (2007). *Theoretische Grundlagen der psychoanalytischen Theorie bei Kindern und Jugendlichen.* In H. Hopf & E. Windaus (Hrsg.) *Lehrbuch der Psychotherapie, Bd. 5: Psychoanalytische und tiefenpsychologisch fundierte Kinder- und Jugendlichenpsychotherapie* (195–211). München: CIP-Medien.
Hamann, P. (1993). *Kinderanalyse. Zur Theorie und Technik.* Frankfurt/M: Fischer.
Holder, A. (2002). *Psychoanalyse bei Kindern und Jugendlichen. Geschichte, Anwendungen, Kontroversen.* Stuttgart: Kohlhammer.

Weiterführende Fragen

- Beschreiben Sie die Rolle der Deutungen bei den verschiedenen Protagonisten des psychotherapeutischen Spielens.
- Welche Unterschiede in der Spieltherapie gibt es in Bezug auf die Aktivität des Behandlers?
- Welche theoretischen Grundlagen liegen dem zugrunde?
- Was ist unter »intermediärer Raum« nach Winnicott zu verstehen?

6 Das Spiel, das Spielerische und die Spielenden

In den vorhergehenden Kapiteln wurde die schnell voranschreitende Entwicklung der psychodynamischen Kinder- und Jugendlichenpsychotherapie von der klassischen Neurose als unbewusstes Konfliktgeschehen, ergänzt um die Pathologie der Objektbeziehungen und um die Theorie der Ich-Störungen, stichpunktartig angedeutet. Diese Entwicklung ließ auch das Verständnis und den Umgang mit den spezifischen kindlichen Ausdrucksformen nicht unberührt. Insbesondere die Etablierung des Spiels machte psychotherapeutisch Variationen erforderlich. Sie betreffen vor allem das Setting und die Handhabung des Spiels im psychotherapeutischen Prozess. Mittlerweile hat sich ein *intersubjektiv ausgerichtetes Spielkonzept* durchgesetzt.

Wenn Kinder in Psychotherapie kommen, ist für das Prozedere entscheidend, was sie mitbringen: Ob ihnen Bezogenheit im Sinne eines Vis-à-Vis und Spielen überhaupt möglich ist, welche Spiel-Art sie spontan im Rahmen der psychotherapeutischen Begegnung aufgreifen, welchen Grad an Spielfähigkeit sie erreicht haben und welche inhaltlichen Spielaspekte sie im Einzelnen in der Begegnung szenisch-spielerisch wieder auflegen (oder vermeiden).

Zunehmend gibt es spielgestörte oder spielunfähige Kinder, Kinder, die nicht spielen wollen oder können. Diesen Kindern scheint die »kreative Objektverwendung« im Sinne Winnicotts verloren gegangen zu sein. Ihr Spiel lässt nicht den Raum entstehen, in dem das unter »Flow« beschriebene Vertieft-Sein in das Spiel entstehen kann.

Grundsätzlich ist davon auszugehen, dass Kinder ihre Befindlichkeiten und ihr Erleben im Außen über nichtsprachliche Elemente wie Motorik, Handlung, Ton, Mimik, Gestik entfalten, oder über Bilder, Fantasien, Symbole, Szenen und Inszenierungen ebenso wie im Spiel zur Sprache bringen. Damit sich ein solcher Möglichkeitsraum entfalten kann, muss der Spielprozess im psychodynamischen Verständnis grundsätzlich offen und radikal individualisiert sein. Freies Spiel aber ist immer unberechenbar. Es gibt keine Regeln, und der Psychotherapeut hat es nicht in der Hand, welche Inhalte der Patient anbietet, welches Spiel er wählt und welche konkrete Gestaltung sein Thema in der jeweiligen Stunde annimmt. Das Vorgehen legitimiert sich im Einzelfall über die intersubjektiven Gegebenheiten und über den psychodynamisch-psychotherapeutischen Zweck.

Psychotherapie im hier verstandenen Sinne hat immer mit zwei Menschen zu tun, die sich begegnen.

»Entsteht zwischen zwei Personen ein Spielraum, so kreieren sie zusammen ein Drittes, das es in dieser Art vorher bei keinem der beiden Protagonisten je schon gab« (Bürgin, 2013, S. 23).

Spielfähigkeit beinhaltet mithin Triangulierung. Manchmal entfalten sich aber keine derartigen Spiel-, oder nur sehr zerbrechliche Spiel- oder Übergangsräume. Die Gründe können sich auf beiden Seiten finden und vielfältig sein. Ist das Spielerische durch innere oder äußere Gründe beeinträchtigt, und vermag der eine oder der andere der beiden Protagonisten nicht zu spielen, dann kann keine psychodynamische Behandlung im klassischen Sinne stattfinden, sondern es muss ein Verfahren zur Anwendung kommen, in dem das Spielerische erst einmal evoziert und Spielfähigkeit (wieder) hergestellt wird (Bürgin, 2013, S. 20f).

Normalerweise ist dem kindlichen Spiel der Appell an ein Gegenüber inhärent, das aufnehmen, halten und begrenzen kann, damit überhaupt eine dyadische Beziehung und ein Spiel möglich wird. Konkret heißt das, zunächst einmal Bedingungen zu entwickeln, sie immer wieder zu prüfen und gegebenenfalls zu sichern, die Vertrauen aufbauen, Intimität schützen, Beziehung ermöglichen und den spielerischen Prozess öffnen und in Gang halten, vor allem auch in seiner Tiefendimension. Die verbal und nonverbal zu gestaltende Beziehung zwischen dem Psychotherapeuten und dem kleinen oder auch schon größeren Kind stellt dann »das Dritte« dar, einen Möglichkeitsraum, in dem sich die therapeutische Begegnung vollzieht, in der und mit der Heilung möglich werden soll (Winnicott, 1971/2015).

Damit sich dem Patienten der Spielraum öffnet, den er für seine Konfliktbewältigung und seine Persönlichkeitsreifung braucht, muss zuallererst auf der Realitätsebene ein Schauplatz geschaffen werden, auf dem wie auf einer Art Bühne das Spiel stattfinden kann. Zu diesem Rahmen gehören das entsprechende Setting (geschützter Raum, feste Zeiten, regelmäßige, vom Auf und Ab der Symptomatik unabhängige Termine u.a.), entsprechende Absprachen (Schweigeverpflichtung, Regelmäßigkeit u.a.) und ein Verhalten, das die Beziehung zwischen Kind und Behandler als psychotherapeutisch definiert (Grundregel und Arbeitsbündnis). Zu den Rahmenbedingungen gehört auch das vorne beschriebene Spielzimmer, dessen Beschaffenheit und Atmosphäre im Verein mit den angebotenen Spielutensilien Spiellust und eine Entfaltung des Spielerischen möglichst fördern soll.

»Dieser feste und sichere Rahmen, den Therapeuten zu garantieren haben, hält die Turbulenzen der therapeutischen Spielinteraktionen zusammen und garantiert dem Kind Sicherheit und Schutz« (Diepold, 2005, S. 14).

Als therapeutischer Rahmen sollte er vom Spielgeschehen unberührt bleiben!

Eingebettet in diese therapeutische Rahmung wird innerhalb des Spielraumes auf der Ebene des Spiels mit dem Patienten interagiert. Diese beiden Ebenen dürfen niemals verwechselt werden! In der Regel finden Kinder für sich und ihre spezifische Problemlage genau die Ausdrucksebene und die Spiele, mit deren Hilfe sie in Interaktion mit dem Behandler und seinen spielerischen Eingaben ihre Therapie vorantreiben. So können sie wagen, ihre Defizite, Ängste, Traumatisierungen und/oder Konflikte zu thematisieren.

Die psychodynamische Variante sieht vor, dass sich der Kinderpsychotherapeut seinem Patienten außer mit seiner Professionalität mit seiner Ich-Selbst-Organisation, mit seinen Gefühlen und seinem biographischen So-Geworden-Sein in einem bestimmten Raum für eine bestimmte Zeit empathisch und mit Interesse spielerisch zur Verfügung stellt. Diese Zugewandtheit und akzeptierende »sammelnde« Aufmerksamkeit, die sich wach und sensitiv auf alles einstellt, was das Kind über seine Haltung, seinen Handlungsdialog und mit seiner Spielsymbolik zum Ausdruck bringt, richtet sich vor allem auf die Spiel-Welt des Kindes. Der Behandler ist dann nicht nur bereit, das Kind und sein Spiel in seiner inneren Welt aufzunehmen, sondern auch unter Führung des Kindes als Mitspieler zu agieren und dabei eventuell auch gemäß den Anliegen des Kindes etwas mit sich machen, sich als Spiel- und Entwicklungs-Objekt verwenden und »brauchen« zu lassen. Das setzt seitens des Psychotherapeuten eine ausreichend stabile Selbst-Regulation voraus. Denn gleichzeitig mit seiner potenziellen spielerischen Verstrickung muss er für die Einhaltung des Rahmens Sorge tragen und in seiner psychotherapeutischen Position abstinent und reflektierend bleiben. Er muss sich beispielsweise darum kümmern, dass die Stunde rechtzeitig beendet wird, damit wieder die Ebenen gewechselt und Patient und Psychotherapeut sich als reale Personen verabschieden können. Auf diese Weise wird durch Gewährleistung des Rahmens ebenso wie durch Empathie Schutz geschaffen, was den Patienten ermöglicht, ihre Abwehr zunehmend zu lockern.

Barbara Diepold schilderte in einem Fallbeispiel, wie es aussehen kann, wenn sich eine Psychotherapeutin »wie eine Spielsache zur Verfügung« stellt und sich auf der Grundlage allseitiger Rollenübernahmebereitschaft als Objekt »gebrauchen« lässt. Mit ihren Interventionen blieb sie bei einem noch averbal strukturierten narzisstischen Jungen ausschließlich auf der analogen Ebene des Spiels.

> »Obgleich die Spiele nicht gedeutet wurden, waren sie doch wirksam, weil in besonderer Weise der Zugang zu den frühen sensomotorischen Modellen, die durch reale Erlebnisse geformt sind, über die konkretistische Handlungssprache des Spiels erreicht werden kann« (Diepold, 2005, S. 15).

Nachvollziehbar beschreibt sie den inneren Kampf mit ihren quälenden Gegenübertragungsgefühlen und wie schwer, aber auch wie notwendig es ist, die Balance zu halten zwischen notwendiger Offenheit für und sich Einlassen auf das Beziehungs- und Spielgeschehen einerseits und der Aufrechterhaltung der psychotherapeutischen Position und Haltung andererseits.

Peter, narzisstisch hoch bedürftig, agierte fortwährend und gnadenlos seine Größenfantasien. Nachdrücklich schildert Barbara Diepold die Abwesenheit von Mitgefühl und die archaische Wucht seiner noch undifferenzierten Affekte:

»Während Peter sich selbst als Gott und mich als ein Nichts definierte, externalisierte er den nicht integrierten Teil seines Selbst, seine absolute Nichtigkeit. Er übertrug diesen Anteil auf mich und gebrauchte mich als einen äußeren Vertreter eines inneren Zustandes. An mir konnte er sich diesen unerträglichen Selbstaspekt ansehen und erleben« (Diepold, 2005, S. 10).

Mit allen Mitteln versuchte Peter der Beste zu sein, mogelte, prahlte, hielt die Psychotherapeutin in hämischer Totalkontrolle, um sein lädiertes Selbst zu retten. Angelehnt an die therapeutische Erfahrung differenzierten seine Nöte, und es zeichnete sich eine Entwicklungslinie ab: Peter musste schließlich nicht mehr »allmächtiger Gott« sein, wurde Superman, dann der beste Fußballer der Welt, brauchte nicht mehr bloß zu agieren, sondern konnte seine Wünsche formulieren und machte sich schließlich Gedanken, wie er (real) stärker werden könnte.

Bei vielen schwer gestörten oder deprivierten Patienten fehlt vor allem zu Beginn ihrer Behandlung ein Spielraum. Sie brauchen die Möglichkeit zu *projektiven Identifizierungen*, bei der sie Teile ihres Selbst im Psychotherapeuten deponieren und Druck auf ihn ausüben, damit er sich genauso verhält und erlebt, wie die projektive Fantasie es von ihm verlangt. Der Psychotherapeut verarbeitet diese Projektion auf der Grundlage seiner Empathie für den Patienten. Auf diese Weise kann der Patient den durch den Kinderpsychotherapeuten modifizierten Selbstaspekt schließlich (wieder) in sich hineinnehmen.

Sven lebt bei kompetenten Pflegeeltern, die ihn dazu veranlasst haben, das bis dahin regressiv besetzte eheliche Bett zu verlassen und endlich im eigenen Zimmer zu schlafen, wogegen er sich heftig auflehnt.

Zusammen mit seinem Psychotherapeuten will er aus Decken und Schaumstoffelementen eine Höhle bauen, wobei ihm der Psychotherapeut ausdrücklich nicht helfen soll (»alleine machen«). »Wir müssen beide hineinpassen!«, sagt er, den Psychotherapeuten kumpelhaft einbindend. Schließlich liegen Sven und sein Behandler gemütlich nebeneinander in der absolut dunklen Höhle. Nach einer Weile gemeinsamen Schweigens sagt Sven mit überraschender Heftigkeit: »Weißt du eigentlich, warum Papa und Mama mich nicht mehr bei sich schlafen lassen?« Er fügt seine Selbsterklärung hinzu: »Ich glaub', die wollen mich nicht mehr dabeihaben!« Der Kinderpsychotherapeut hilft:

»Manchmal wollen Erwachsene ganz alleine kuscheln, ohne Kinder«. Sven ist verblüfft, hakt nach: »Du auch?« Zunächst beschämt, dann aber verallgemeinernd sagt der Psychotherapeut: »Ja, das machen *alle* Erwachsene gerne«.

Einige Wochen später kommt Sven in heftiger innerer Anspannung aber schweigend in die Stunde, wie ein »quadratisches kleines Kraftpaket«. Die »Ladung« füllt die Begegnung atmosphärisch. Der Behandler tastet sich vorsichtig vor und mutmaßt schließlich, ermutigt durch die innere Beschäftigung mit der ödipalen Entwicklung des Jungen: »Du hast dich verliebt?« – »Schlimmer, ein Mädchen hat sich *in mich* verliebt!« schießt es aus ihm heraus, wobei er spürbar verlebendigt und herausfordernd sagt: »Kann es sein, dass Du neugierig bist?«

In einer der folgenden Stunden baut er nun aus den Schaumstoffteilen eine Bank, auf der er zusammen mit dem Psychotherapeuten Platz nimmt, und es entwickelt sich ein dichter dialogischer Austausch über seine neue Kinderliebe.

Aus der in der dunklen Höhle verborgenen regressiven »Liebe« konnte, angelehnt an das akzeptierende Verstehen des Psychotherapeuten, mit dessen Unterstützung ein offener Raum werden, in dem Verliebtheit seinen selbstverständlichen Ort finden und Austausch möglich werden kann. (Beispiel von Hermann Hohendahl).

Projektive Identifizierungen sind oft schwer zu ertragen, weil die dadurch ausgelösten Affekte real erlebt, und meist nicht als spielerische Konstruktion verstanden werden. Die Als-ob-Grenze droht verloren zu gehen. Man kann sie daher als ein »Negativ des Spiels« (Ogden, 1997) oder ein »Negativ von Beziehung« verstehen.

Beim Spiel im therapeutischen Raum ist es gleichgültig, ob ein Kind im Monopoly-Spiel Gewinner sein will, mit Waffen jeden wegsticht oder spielerisch-sportlich brilliert. Entscheidend ist, dass sich dem Kind ein Raum bietet, in dem es ungestört von moralischen Einlassungen und deutenden Interventionen seine narzisstischen (oder anderen affektiven) Spiele selbstverständlich entfalten kann, ohne in Frage gestellt zu werden. Im Spiel auftauchende Emotionen werden dann vorsichtig aufgegriffen, im Kontext ihres Auftretens bestätigt, sei es mimisch, gestisch oder mit ermunternden Worten als legitim anerkannt, und auf diese Weise über

Verstehen ein »Erlaubnisraum« aufgespannt, der die Entfaltung des jeweiligen Spiels und der darin aufgehobenen Gefühle und Affekte befördert.

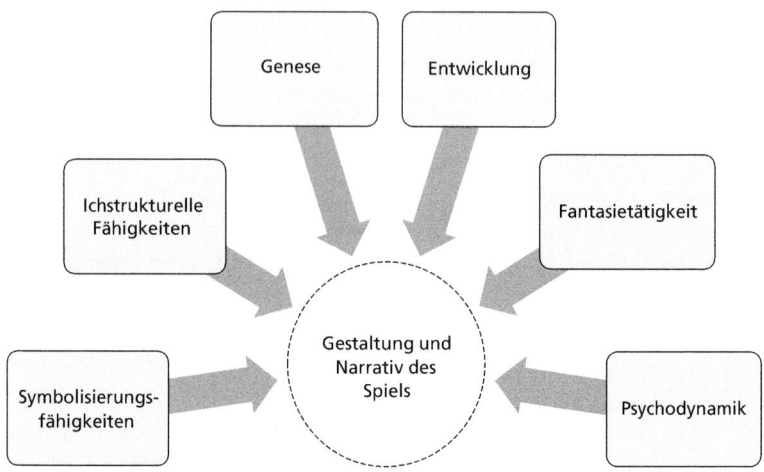

Abb. 6.1: Gestaltung und Narrativ des Spiels

Spielen in der Psychotherapie ist demnach nie richtig oder falsch. Es geht immer um Passung zwischen Kind und Psychotherapeut, und damit um einen dialektischen Prozess fortwährender Abstimmung unter »Führung« des Kindes. Spielform und Narrativ sind vielfach determiniert.

6.1 Zusammenfassung, weiterführende Literatur und Fragen

Zusammenfassung

> **Zusammenfassung**
>
> Zwei lebendige Menschen, Kind und Psychotherapeut, sind fortwährend in feiner gegenseitiger Abstimmung an der Gestaltung der psychotherapeutischen Situation und der gemeinsamen Szene bzw. dem Spiel beteiligt. Das Verstehen der jeweiligen Inszenierung öffnet die Bedeutung dessen, was sich zwischen beiden ereignet und sichert den Fortgang des Prozesses. In jedem Einzelfall muss der Umgang mit dem Spiel mit viel Empathie und Feingefühl den aktuellen Bedürfnissen und Entwicklungsgegebenheiten des betreffenden Kindes und der gegebenen Situation angepasst werden, damit Kinderpsychotherapeut und Kind eine neue gemeinsame Geschichte hervorbringen können (Ferro, 2003). Hier entscheidet sich auch, ob – indikationsbasiert – mitgespielt oder teilnehmend beobachtet wird, ob jeglicher Spieleingriff vermieden, Interventionen ausschließlich auf der Spielebene erfolgen oder verbal gedeutet werden. »Ein Kind, welches das Glück hat, auf ein spielfreudiges Gegenüber zu stoßen, das über emotionale Einfühlung und Anteilnahme sowie intuitive, kommunikative Responsivität auf verschiedenen Entwicklungsniveaus verfügt, wird sein Spielvermögen schrittweise ausbauen und dieses als Resilienzfaktor gebrauchen können« (Bürgin, 2013, S. 12). Indem es den Spielraum nutzen kann, begegnet es sich selbst und offenbart sich dem Anderen.

Vertiefende Literatur

Bürgin, D. (2013). Das Spiel, das Spielerische und die Spielenden. *AKJP, 157*, 8–27.
Diepold, P. (Hrsg.) (2005). *Spielräume. Erinnern und Entwerfen. Aufsätze zur analytischen Kinder- und Jugendlichenpsychotherapie.* Göttingen: Universitätsverlag.

Weiterführende Fragen

- Was unterscheidet das Spiel im Lebensalltag des Kindes vom Spiel in der psychotherapeutischen Behandlung?
- Wie unterscheidet sich die Behandlung von strukturell geschädigten (frühgestörten) Patienten vom psychodynamischen Umgang mit dem Spiel?
- Wovon hängt es ab, ob das psychotherapeutische Spiel verbal gedeutet, mitgespielt oder nur beobachtet wird?
- Was ist damit gemeint, dass ein Kind projektive Identifizierungen braucht?
- Warum ist der psychotherapeutische Umgang mit projektiven Identifizierungen so schwierig?
- Sind projektive Identifizierungen auf die psychotherapeutische Situation beschränkt, oder finden sie sich auch im Alltag von Kindern und ihren Bezugspersonen?

7 Kinderspiele

In diesem Kapitel wird exemplarisch ein Blick auf Spiele geworfen, die von Kindern im Alltag ebenso wie in der Psychotherapie häufig gewählt werden (empfehlenswerte Spielmaterialien ▶ Anhang). Es gibt jedoch weder einen festen Kanon psychotherapeutisch relevanter Spiele noch interpretative Vorgaben oder Regeln für einen angemessenen Umgang damit. Im Kinderalltag genauso wie in der psychotherapeutischen Begegnung können Spiele »je nach Altersstufe zahllose Formen der Aktivität annehmen, je nachdem, ob Kinder Lust in der körperlichen Bewegung oder im Spiel mit Worten und Klängen suchen, ob sie mit den Händen Eindrücke von der Umgebung gestalten oder im dramatischen Spiel eine eigene Welt neu schaffen« (Ebensperger-Schmidt, 1997, S. 85). Spiele gestalten sich äußerst vielfältig und sind keinesfalls linear und eindeutig. Angeborene schöpferische und gestaltende Kräfte und frühkindliche interaktive Erfahrungen bilden den Ausgangspunkt für die unzähligen Spielvarianten und ihre ständigen Wiederholungen, die zum Motor der geistigen, seelischen und sozialen Entwicklung von Kindern werden. Spielend entsteht auch zwischen Behandler und Kind ein gemeinsam geteilter Erlebnis- und Erfahrungshintergrund, der im Vergangenen fußt und Weiterentwicklung mehr oder weniger erlaubt.

Die Spiele der Kinder unterliegen überdies einer kontinuierlichen Veränderung im Entwicklungsverlauf (▶ Kap. 4): Sie werden alters- und entwicklungsgemäß komplexer, vermischen und verfeinern sich und sprechen unterschiedliche Fähigkeiten, Emotionen und Themen an. Auch die Spielmaterialien variieren in Größe, Beschaffenheit und Umgang. Die psychologische Diagnostik macht sich diese Aussagekraft des Spielens zunutze, indem sie anhand von Spielszenen, manchmal auch mit Hilfe unterschiedlicher Spieltests (Sandspiel, Scenokasten, Plämokasten) den Stand der Ich-Entwicklung, der zentralen Konflikte oder das Niveau der Objektbeziehungen einzuschätzen versucht.

Indem Spiele zunehmend differenzieren, »verhäuslichen« sie meist auch, vom Fußballspiel auf dem Feld über Tipp-Kick drinnen auf dem Tisch, zum virtuellen Fifa-Computer-Spiel. Gleichzeitig sind sie immer weniger sinnlich-körperlich (laufen, sich bücken, schwitzen und atemlos seine Grenzen erfahren). Sobald die Symbolisierungsfähigkeit es erlaubt, wird innerem Erleben Ausdruck gegeben, werden Ich-Tätigkeiten und damit verbundene Fantasien in Szene gesetzt oder soziale Erfahrungen spielerisch reflektiert. Vor diesem Hintergrund treffen wir in den Begegnungen mit Kindern und Jugendlichen, im Alltag ebenso wie in der Psychotherapie, auf sensomotorische, körper- und bewegungsbezogene Spiele, auf Beziehungsspiele, auf Identitätsspiele, Machtspiele, Versteckspiele, Regelspiele und aggressive (Gewalt-) Spiele, die in ihrer Art und Formgebung überdies rasch verändernden Modeströmungen und Marktinteressen unterworfen sind.

7.1 Spiel mit Bewegung, Ton und Rhythmus

Schon im Bauch der Mutter nimmt das Ungeborene Töne wahr und kennt den ruhigen Dreivierteltakt des Herzschlages sowie den gleichmäßigen Rhythmus der Atmung. Später, nach dem anfänglichen nur Zuhören, beginnt das Baby bald mit der eigenen Stimme zu spielen, singt mit den bedeutungsvollen Anderen, klatscht unterstützend in die Händchen und zeigt über seine Bewegungen, dass es den Klang aufgenommen hat. Später macht es eigenwirksam mit Lust und Laune Krach. Dabei kann das Krachmachen mit Stimme, Gegenständen oder einem Instrument ganz unterschiedliche Motive haben. Es kann im Dienst von Aggression aber auch von Regression stehen und ist traditionell ein probates Mittel[57] gegen

---

57 Auch kurz vor der Fastenzeit hauen unkenntlich gemachte Narren noch mal »richtig auf den Putz«.

7.1 Spiel mit Bewegung, Ton und Rhythmus

Angst. Krach kann dem Selbstausdruck ebenso wie der Katharsis dienen, oder auch der Kontrolle, indem jede Äußerung vom Psychotherapeuten »übertönt« oder vorbeugend der Raum besetzt wird, damit der Andere nicht »tönen« kann. Wie ein Junge, der über Stunden – für das psychotherapeutische Anliegen unerreichbar – singt. Manche Kinder setzen ihr Spiel dagegen eher narzisstisch getönt im Sinne einer Performance ein. Mit Klatschen oder mit Schaukel, Hängematte, Hula-Hoop-Reifen, Trampolin oder Springseil kann auch im psychotherapeutischen Setting diese sensomotorische Verbindung von Ton, Rhythmus und Bewegung angesprochen werden. Einfache Instrumente können »tonangebend«, »im Einklang«, oder auch »disharmonisch« sein und auf Befindlichkeit hinweisen, denn auch Töne sind (vorsprachlicher) Ausdruck. Beispielsweise können, wie bei Oskars »Blechtrommel« (Grass, 1993), Regression, Trauer oder Aggression anklingen. Manchmal kann die produzierte Klangwelt zum Mitschwingen bewegen und einen heilsamen Raum eröffnen, manchmal steht sie im Dienst der Aggression oder Abwehr und provoziert eher Aversion.

> Ein 12-jähriger aus einer Trennungsfamilie kommt als Mobbingopfer und weil er »immer so alleine« ist zur Psychotherapie. Die chronisch schwer magersüchtige und sozial sehr unruhige Mutter ebenso wie der in die Welt ausgerichtete Vater sind kaum verfügbar. In der Gleichaltrigengruppe hat der Junge schon in der Grundschule keinen Fuß fassen können. In der psychotherapeutischen Begegnung baut er sich wiederholt aus den vorhandenen Kissen und Wohnelementen das »Nest«, das er bitter entbehren musste und legt sich hinein. Die Psychotherapeutin muss ihn dann mit einer Decke zudecken. Zusätzlich muss sie mit Hilfe der Klangschalen und einiger anderer Instrumente noch einen Klangteppich über ihn legen, manchmal ergänzt von Geschichten, die sie ihm vorlesen soll, während er gänzlich zur Ruhe kommt.

Fahrzeuge gehören zu unserer Lebenswelt und ermöglichen Bewegung, Dynamik und Autonomie. Sie faszinieren insbesondere die Jungen. Wie kleine Forscher, die dynamische Bewegung entdecken und den Dingen auf den Grund gehen wollen, beginnen Kinder früh ihre Spielfahrzeuge zu untersuchen. Sie interessieren sich für die Räder, für die Türen, ob sie sich öffnen und schließen lassen, für den Innenraum, für Transportmöglichkeiten. Indem sie ihre Autos bewegen, stellen sich innere Bilder ein, Landschaften, oder z. B. eine Rennstrecke im Sand der Wüste und öffnen das Tun zur Fantasie hin. Autos können das Selbst beherbergen, Dinge aufnehmen und transportieren sowie Trennungen überbrücken (Besuch). Schnell sind sie ein Trigger für Gefühle von unendlicher Freiheit, von Grenzenlosigkeit und zeitlosem Raum. Zunächst sind es Flugzeuge und später Raumschiffe (Star Wars), die die Grenzen in ferne Räume und Galaxien hinausschieben und neue träumerische Perspektiven möglich werden lassen.

Kontrastierend zu diesen Bild- und Empfindungswelten werden Autos aber auch ordentlich in Reih und Glied aufgestellt, laufen Züge auf vorgegebenen Schienen oder wird das Parkhaus realistisch-umsichtig und akkurat »beparkt«. Die Ordnungssysteme bezeugen die Auseinandersetzung der Kinder mit Regeln und Grenzen und ermöglichen Sicherheit und Bewältigung. Denn Fahrzeuge können auch jemanden überfahren, »crashen« oder selbst aus der Bahn geworfen werden, wenn man sich nicht kümmert und sie nicht regulierend »beherrscht«. So können neben dynamischen Wünschen regulative ebenso wie aggressive Themen in Szene gesetzt werden. Auto-, Rad- oder Bahnfahren können aber auch Autonomiewünsche mit Entwicklungsschritten wie Wegfahren und Wiederkommen koppeln und symbolisch darstellen. Sobald ein Kind ein Fahrzeug bekommt, das es selber fahren kann, kann es sich »auf den Weg«[58] machen. Nun praktiziert es das Verlassen und das in die Welt hineingehen, indem es unermüdlich Trennung und Wiederkehr spielt, so als wollte es den Dämon »Ablösungsangst« bezwingen.[59] Des Weiteren können Kinder mit ihren Fahrzeugen Konkurrenz thematisieren, indem sie Rennen veranstalten. Schnelligkeit gepaart mit Geschick sind dann entscheidende Kriterien und

---

58 Sehr schön beschrieben bei Michael Ende: Jim Knopf und Lukas der Lokführer. Das Findelkind Jim Knopf fährt mit Emma, der alten Lok, unterstützt durch das Hilfs-Ich »Lukas der Lokomotivführer« in die weite Welt hinaus, um seine Wurzeln zu finden. Dafür muss er seine Adoptivmutter und sein geliebtes Lummerland verlassen (Ende, 1960). Ähnlich auch bei Saint-Exupéry: Der kleine Prinz muss im Dienste seiner Weiterentwicklung seinen Planeten und seine geliebte Rose verlassen (Saint-Exupéry, 1956/1974).
59 Im Kleinformat sind Fahrzeuge für das Sandspiel oder das Rollenspiel mit dem Plämokasten unverzichtbar.

helfen, dafür zu sorgen, dass der Gegner aus der Bahn geworfen wird und erst später ins Ziel kommt. Der Wettstreit kann aber auch darin bestehen zu vergleichen, wer das imposanteste Fahrzeug vorzuweisen hat.

7.2 Versteckspiele

Beim Versteckspielen handelt es sich um ein kulturübergreifendes, seit Generationen praktiziertes und bei Kindern sehr beliebtes Kinderspiel:

>»Verschwinden und Wiederkommen, Suchen und Finden bzw. Gesucht- und Gefunden-Werden sind von frühester Lebenszeit an zentrale zwischenmenschliche und psychisch prägende Erfahrungen. Dabei geht es vornehmlich um die Bewältigung von (Folgen der) Trennungserfahrung. Von daher könnte man das Versteckspielen als ›Spiel des (Objekt-/Beziehungser-)Lebens‹ bezeichnen,« (Fascher 1997, S. 670).

Versteckspiele dienen der Herstellung einer symbolischen Form von Abwesenheit (i. S. von Verlassenheit) und letztlich ihrer Akzeptanz ebenso wie ihrer seelischen Bewältigung: Verängstigt durch die Abwesenheit der Bindungsperson überwindet das Kind seine Angst und erlangt die Herrschaft über seine Lage.

Im Sand kann das im Rahmen des schon von Pippi Langstrumpf propagierten »Sachensuchens« sein (Lindgren, 1987)[60]. Zunächst ist meist der Psychotherapeut der Suchende. Durch sein Mitspielen kann er an der Stelle des Kindes seine affektive Gestimmtheit ausspielen gleichwohl wie seine Zuversicht, erfolgreich zu finden. Für Kinder gibt es kaum Spannenderes als Verstecken und Wiederfinden. Das können verschiedenste Schätze, Geheimnisse, kann aber auch »Unnützes« sein, das es zu entdecken gilt, um

---

60 Kinder sind »Sachensucher«, immer auf der Suche nach verschiedensten Schätzen, Geheimnissen und vielem mehr. Auch »Fundstücken« einen neuen Sinn und Gebrauch zu geben, regt die Phantasie an und öffnet den Möglichkeitsraum.

ihm einen neuen Sinn samt Gebrauchsmöglichkeit zu geben. Das regt die Fantasie an und öffnet den Möglichkeitsraum.

Manchmal hat sich ein Kind schon versteckt, wenn es im Wartezimmer abgeholt wird. Das Versteckspiel bietet ihm eine »sinnlich-symbolische Interaktionsform« (Lorenzer, 1992, S. 155 ff), sein vorübergehendes Verlassen-Sein in der Übergangssituation zum Ausdruck zu bringen. Meist legt die Art der Inszenierung nahe, dass es in dem Spiel weniger um das Unentdecktbleiben geht als vielmehr um das Gefundenwerden (Fascher, 1997, S. 663). Dafür spricht eine oft mangelnde Sorgfalt des sich Versteckens, die Wiederholung derselben Verstecksituation und die Erfahrung, dass die meisten Kinder nach einer kurzen Phase stillen Verstecktseins ihrerseits Geräusche machen, die ihr Gefundenwerden beschleunigen. Über die Wendung von passiv in aktiv, macht sich das Kind zum Herren des Spielverlaufs. Unbeeindruckt versucht der Behandler auf eine das Kind Willkommen heißende und Sicherheit gebende Weise, es zu finden.[61] Stärker deprivierte Kinder kommen dem (ersehnten) Gefundenwerden oft zuvor. Sie verstecken sich gar nicht oder unterbrechen die Prozedur des Suchens, vermutlich um eine erneute (unerträgliche) Enttäuschung zu vermeiden, nicht gesucht oder nicht gefunden zu werden.

Manchmal geht es beim Verstecken aber auch um Abwehr. Nach dem Motto »aus den Augen aus dem Sinn« dient das Verstecken dann dazu, »etwas rauszuhalten« oder gänzlich aus der Welt zu schaffen.

So bei einem Grundschüler, dessen Vater in seiner Gegenwart während eines Streits unter Nachbarn einem Herzanfall erlag. Der Junge kam gerne in die Behandlung, beschied die Behandlerin aber schon im Erstkontakt fast drohend, dass er über den Vater und das Geschehen nicht reden werde, was er auch durchhielt. In fast jedem Sandspiel aber, das er eine Zeit lang bevorzugte, ergab es sich irgendwann, dass ein Skelett oder eine Mumie vergraben, aber nicht ausgegraben werden durfte. Zufällig »stolperten« wir beim anschließenden Spielen dann immer wieder über die »Leichen«, was innerhalb des Spiels auf analoger Ebene thematisiert werden konnte.

---

61 Wie im Songtext von Rolf Zuckowski »Wie schön, dass Du geboren bist«.

7.2 Versteckspiele

»Er will etwas zum Ausdruck bringen, was er eigentlich nicht sagen will, aber dringend mitteilen muss«, zitiert Kitchener (2016, S. 88) den englischen Lyriker Ted Hughes, um solcherart innere Zwiespältigkeit zu beschreiben. Sie hat ihren sehr lesenswerten Artikel mit einer Aussage Winnicotts überschrieben, die das Dilemma aufgreift:

>»Eine Freude, verborgen zu sein, aber ein Unglück, wenn man nicht gefunden wird« (Winnicott, 1965/2002, S. 244).

Tatsächlich bedeutet Versteckspielen unter sprichwörtlicher Konnotation, »seine wahren Gedanken, Gefühle, Ansichten zu verbergen« (Duden, 2002). Jeder Mensch hat solch ein privates Selbst ausgebildet, das »unter Verschluss« bleibt, gleichwohl aber entdeckt werden möchte. Die Geheimnisformel aus dem Rumpelstilzchen-Märchen (Grimm, 1986 [1946], S. 383 ff) drängt sich geradezu auf und verweist auf ein differenziertes Versteckspiel der besonderen Art: auf Identität und ihre Verschleierung. Unter diesem Zwiespalt spannt sich auch psychotherapeutische Begegnung auf. Denn »ein Kind öffnet und entblößt sich, wenn es uns an seinem Spiel teilhaben lässt« (Kitchener, 2016, S. 85). Überdies ist es für Kinder besonders beschämend »vorgeführt« zu werden, wenn sie noch nicht bereit dazu sind. Für einige Patienten intensiviert daher bereits unser (gutmeinendes) Interesse ihre selbstverteidigende Abwehr und bewirkt, dass sie geheime Aspekte ihres Selbst noch mehr »vergraben«. Die Vermeidung auf Patientenseite sich zu zeigen, konfligiert zudem mit dem psychotherapeutischen Auftrag der Aufdeckung, dem sich der Behandler verpflichtet fühlt, sodass sich hier auch interaktiv eine Art Versteckspiel entwickeln kann. Man kann dieses Dilemma aufgreifen, oder »zuwarten, bis der Patient kreativ entdeckt« (Winnicott, 1965/2002, S. 248), selbstwirksam »merken« und Ressourcen entwickeln kann, um seine emotionale Erfahrungen zu verstehen.

Dass und wie ein Kind sein Versteckspiel inszeniert, lässt sich folglich für das diagnostische und therapeutische Anliegen nutzen, kann aber unterschiedliche Motive haben: Es kann in reparativer Absicht auf defizitäre, nicht bewältigte oder traumatisch wirkende Trennungserfahrungen verweisen; oder auf eine (latente) Nicht-Erreichbarkeit der bedeutungsvollen Bezugspersonen; es kann Hinweis geben auf eine labile oder unzureichende emotionale Objektkonstanz; oder es kann Abgrenzungsbedürfnisse thematisieren nach dem Motto »hoffentlich findet mich keiner, damit ich endlich mal alleine sein, meine Ruhe haben und mein Ding machen kann«. Im Spieltherapiezimmer sollten daher konkret ebenso wie symbolisch Versteckmöglichkeiten vorhanden sein.

7.3 Konstruktionsspiele

»Auch der höchste Turm fängt ganz unten an«, sagt ein chinesisches Sprichwort. Hochkonzentriert legt ein Zweieinhalbjähriger vorsichtig Bauklotz auf Bauklotz. Hat der Turm eine bestimmte Höhe erreicht, holt er lustvoll aus und bringt den Turm mit Getöse zu Fall. Begeistert registriert er, dass er die Ursache dieser gigantischen Wirkung ist, und startet ambitioniert einen erneuten Versuch. Ein Vierjähriger baut seinen Turm (phallisch) so hoch es geht. Eine Sechsjährige dagegen ist als angehendes Schulkind (und Mädchen) nicht mehr so sehr an höher, weiter, lauter interessiert, aber sie liebt Farben und Formen, legt fantasievolle Muster. Noch etwas älter spielen und bauen die Kinder raumgreifend (Beispiel Brio-Bahn). Oder Kinder bauen Berge, Schlösser, Brücken im Sand, werkeln mit Baufix, Lego[62] oder Fischer-Technik oder verwandeln den Raum in eine Höhle aus Decken. Wälle und Brücken zu konstruieren oder eine Höhle zu bauen ist ein Spiel, das alle Kinder auf der Welt spielen. Ein Dach über dem Kopf zu haben, und sich in einer sicheren Behausung zu bergen, ist neben der Nahrungsaufnahme eines der wichtigsten Grundbedürfnisse, die der Mensch hat. Das Kind ist Herr im selbstgebauten Haus und nur wer oder was wichtig ist, bekommt Einlass; dort ist Rückzugsort und die Gefahr bleibt draußen (▶ Kap. 6, Höhlenbeispiel).

---

62 1958 hatte der erste *Legostein* die Kinderzimmer und vor allem die Jungenwelt erobert. 1974 nahm Lego zum ersten Mal Teile ins Programm, mit denen zusätzlich zum bisherigen Konstruktionsmaterial eine menschliche Figur gebaut werden konnte, die auf den klassischen Legostein passte.

7.3 Konstruktionsspiele

Dies alles gelingt einem schwer strukturgestörten Viertklässler, einem ehemaligen »Extremfrühchen« nicht.

Er will aus Parkettriemchen im Sand ein Haus bauen. Dabei steht er enorm unter Druck, muss sofort loslegen. Auch meine Zweifel hinsichtlich der Eignung des trockenen »Treibsands« als Baumaterial, insbesondere als tragfähiges Fundament, schlägt er in den Wind und baut auf wechselnd schiefen Ebenen, wie der Sand es eben zulässt. Dabei richtet er die nachfolgende Ausrichtung immer an der vorherigen aus. Ergebnis ist eine völlig »windschiefe« Haus-Konstruktion, die zwar stehen bleibt, aber keinem Sturm, keiner größeren Belastung standhält, womit er seiner Lebensgeschichte (nie genug Zeit zum Reifen) und seiner Anpassungsbereitschaft auf der Oberfläche bei fehlender Grundstruktur deutlich Gestalt gibt.

Konstruktionsmaterial ist nicht nur sensomotorisch mit Bewegung, Raum und Augenmaß assoziiert. In der Vorstellungswelt der Kinder werden die Spielklötze (wie Spielzeuge überhaupt) mit Einfällen und Fantasien verwebt, und über die symbolische Anreicherung entstehen neue Utensilien und Inszenierungen: Der längliche grüne Bauklotz kann dann einen der Container verkörpern, mit denen nun der große Holzlastwagen statt des Schiffes beladen wird, das die Kinder am Vortag beim Ausflug an den Rhein gesehen haben.

Erik Erikson schilderte plastisch, wie die spontane Spielkonstruktion eines Fünfjährigen in seiner Gegenübertragungswahrnehmung in Bewegung kam.

Der Junge errichtete zielgerichtet und geschickt ein hohes symmetrisches Gebäude aus Bauklötzen, das den Betrachter sofort mit einer alternativen Wahrnehmungsmöglichkeit konfrontierte: Handelte es sich um einen (statischen) Turm, oder um einen Menschen mit ausgestreckten Armen, der sich qua Weiterführung in Bewegung in einen tanzenden Derwisch verwandeln könnte?

Erikson ging der gestischen Akzentuierung und ihrem Ein-Druck suchend nach und kam bei seinen Untersuchungen zu dem Schluss, dass auch im konstruierenden

7 Kinderspiele

»Spiel wie in den Träumen schwerwiegende Unsicherheiten und ersehnte Lösungen zu mehr oder weniger durchsichtiger Darstellung gelangen« (Erikson, 1978, S. 31).

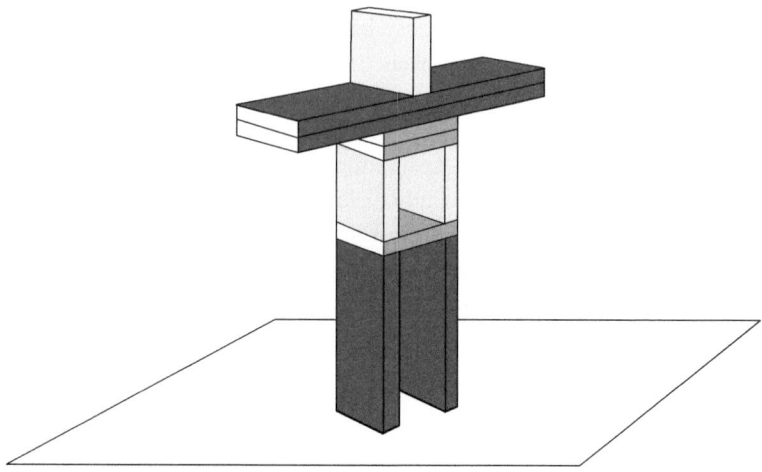

Abb. 7.1: Das Holzmännchen von E. Erikson

7.4 Fantasie- und Rollenspiele

Alfred Adler verweist auf das Schöpferische, das dem Spiel innewohnt. Ungefähr im Alter von drei Jahren gewinnen Rollenspiele an Gewicht. Zwar sind die Kinder noch nicht in der Lage, all das, was sie bewegt, direkt auszudrücken und bedienen sich eher der indirekten Sprache der Inszenierung. Dafür begeben sie sich schon früh in Rollen. Und wer möchte nicht einmal ein anderer sein und aus seiner täglichen Rolle herausschlüpfen? Mal als Riese durch die Welt schreiten, zu dem alle anderen aufschauen müssen, oder ein reißender Wolf sein und in Ruhe alle verspeisen, die einen geärgert haben? Oder einmal ausprobieren, wie man sich als kleine Maus, als scheues Reh, frech wie Oskar, stark wie ein Löwe oder schlau wie ein Fuchs fühlt?

Rollenspiele werden wie Dramen ausgestaltet. Stilisierung, Verfremdung, Übertreibung – also dramatisierende Effekte – sind wichtige Strukturprinzipien des Rollenspiels, über das alltägliche Erfahrungen, alters- und entwicklungsspezifische Themen oder persönliche Konflikte bildlich-symbolisch im Spiel ausgedrückt werden. Wenn Kinder ihre Erfahrungen im Spiel wiederholen, erleben sie sich und ihre Gefühle noch einmal, Inneres im Außen, aber als Handelnde. Indem sie bestimmen, was passiert, behalten sie die Kontrolle über das Geschehen, was ihr Gefühl bestärkt, ihre eigenen Geschicke leiten und sich aus der »peinlichen« Rolle infantiler Duldung zur Rolle des aktiven Erwachsenen aufschwingen zu können (Freud, 1920/2000). Wenigstens in ihrer Fantasie möchten Kinder über Größe, Macht und Stärke verfügen. Das erklärt nicht nur ihre häufig grandiosen Vorstellungen, sondern auch die eindeutigen Macht- und Autoritätsverhältnisse, die im Spiel das Zusammenspiel klar regeln und den manchmal harschen Befehlston hervorbringen, der keinen Widerspruch duldet.

Rollenspiele spiegeln nicht nur individuelle Vorlieben und Anliegen, sie sind immer auch Teil einer aktuellen Kinder- und Jugendkultur, die bestimmte Muster vorgibt, die von Kindern untereinander weitergegeben und gelernt werden (Ulich, 1997, S. 36) und die eingehalten werden müssen. Spielt ein Kind beispielsweise zu dominant und versucht immer wieder, das Kommando zu übernehmen und sich rigoros durchzusetzen, lassen es die anderen Kinder irgendwann kühl abblitzen, sodass es nachgeben und sich auf die sozialen Verbindlichkeiten einstellen muss, wenn das Spiel weitergehen soll. Oder das Kind wird ausgegrenzt. Vor allem im Fall von Mobbing empfiehlt es sich, diesen impliziten spielerischen Kodex immer auch mit im Blick zu haben.

Rollenspiele sind immer auf Interaktion angelegt und brauchen ein Gegenüber, das das Spiel ernst nimmt und angemessen mitmacht. Das kann eine Puppe oder eine Spielfigur sein, ein imaginärer Gefährte (Seiffke-Krenke, 1987), ein Erwachsener oder Kinder. Rollenspiele geben den Kindern die Möglichkeit, Fragen, innere und äußere Schwierigkeiten und Konflikte darzustellen und in der Fantasie oder im Spiel nach Antworten oder alternativen Möglichkeiten zu suchen. Psychotherapeuten sollten vermeiden, dabei die Regie zu übernehmen. Eher sollten sie sich an dem Spielbegehren des Kindes orientieren und entsprechend verhandeln, wer im Spiel welche Rolle auf welche Weise übernimmt. Kinder schlüpfen gern in Tierrollen. Manche versuchen z. B. ihre Angst vor Hunden zu überwinden, indem sie selbst immer wieder spielen, ein Hund zu sein und an die Leine genommen zu werden. Hier könnten entsprechende Fragen sein: »Soll ich auch ein Hund sein, oder braucht der Hund eher ein Frauchen?« – »Soll der Hund lieb sein oder beißen?« Das Rollenspiel erleichtert dem Kind schließlich das Einfühlen in die Perspektive anderer, hier des Hundes.

Rollenspiel ermöglicht dem Kind aber auch, sich Schritt für Schritt in die Welt einzuspielen. Bestimmte Ereignisse faszinieren Kinder so sehr, dass sie sie rekapitulieren, sofort und immer wieder. So verarbeiten sie Situationen, die sie erlebt haben und die sie unterschwellig weiter beschäftigen. Oder sie spielen, wie sie mit der Welt umgehen müssen oder was ihnen bevorsteht und sie ängstigt. Psychotherapeuten, die das Rollenspiel der Kinder beobachten oder in Rollen schlüpfen und am Spiel teilnehmen, erfahren viel über die Erlebniswelt, Sorgen und Nöte von Kindern. Dennoch ist Vorsicht geboten. Auch wenn Kinder in ihrem Spiel ihrer Umwelt manchmal den Spiegel vorhalten, müssen wir »generell vorsichtig sein mit der Annahme einer direkten Beziehung zwischen Spieläußerung und kindlicher Erfahrung« (Ulich, 1997, S. 37).

Kleider machen Leute und sich Verkleiden ist eine Möglichkeit und ein altes Spiel. Kinder und Jugendliche lieben Verwandlungsspiele. Sie sind der erste Schritt ins »Anders-Sein«, und ihr Reiz liegt darin, dass die Kinder mit verschiedenen Optionen spielen können. Einige Utensilien und etwas Farbe und schon schaut einem jemand ganz anderes aus dem Spiegel entgegen. Was die Schminke fürs Gesicht, sind Frisur, Perücke oder Hut für den Kopf. Um der Identifikation mit einer anderen Person oder Kreatur Ausdruck zu geben, reichen meist wenige typische Attribute. Über Verwandlung können Kinder Aspekte ihrer Persönlichkeit herausstellen oder versuchen, einer Wunschvorstellung oder idealisierten Figur nahezukommen. Manchmal wird Verkleidung aber auch wie beim Mimikry zum Schutz verwendet. Oder man kann sein »alter Ego« zum Leben erwecken und endlich mal böse statt brav sein. Tatsächlich sind es oft die eher unauffälligen und leisen Kinder, die auffallende Rollen wählen, die ihnen die Chance eröffnen, unbehelligt einmal so zu sein, wie es sonst nicht erlaubt ist, oder was sie sich sonst nicht zugestehen: beispielsweise dreckig, laut, frech und ungehorsam zu sein.

Ein stark gehemmter Viertklässler rollt wiederholt zum Stundenanfang die Decke vom Sofa auf und platziert sie schalldämmend vor den Türspalt, um dann zunehmend couragierter und lauter all die Schimpfworte von sich zu geben, die er für ganz schrecklich hält. Anschließend startet eine Art (sublimierendes) »Schimpfwortspiel«[63]: Alle Schimpfwörter werden noch mal gemeinsam im Hinblick auf ihre Originalität überarbeitet oder gemalt und wettkampfähnlich verglichen nach dem Motto: »Wer hat das beste Schimpfwort?«

7.5 Puppenspiele

Puppen sind uralt und tief in der Menschheitsgeschichte verwurzelt (vgl. Fooken, 2012). Bis heute sind sie Abbild des Menschen und ein wichtiger Begleiter der Kinder. In der Puppe erkennen sich Kinder selbst wieder. Voraussetzung ist, dass es zu einer biographischen Aneignung kommen konnte, in deren Verlauf die Puppen »beseelt« und als einzigartig besetzt worden sind. Im positiven Fall aber haben Puppen immer einen Bezug zum Selbst und zum Selbsterleben und stoßen insbesondere in den Übergangsphasen menschlicher Entwicklung die Kommunikation des Kindes mit sich selbst an (Habermas, 1999). Es sind die Fantasiekräfte, die es den Kindern ermöglichen, Puppen als lebendig und resonant erleben zu können. Sie können sprechen, lächeln oder weinen, glücklich, müde oder traurig sein, mithin Stimmungen und Befindlichkeiten der Kinder (wider) spiegeln, kontrastieren oder einfach auch nur hinnehmen. Wie alles, was

---

63 »Anregend« für Schimpfwortunerfahrene kann »Das verrückte Schimpfwörter-ABC« (Schwarz & Schober, 2007) oder »Tom und die Schimpfwortpolizei« (Militz & Pannen, 2009) sein.

7 Kinderspiele

Kinder spielen, ist auch das Puppenspiel auf diese Weise real und fiktiv zugleich. Im Vergleich zur Puppe wird dem Teddybären eher eine beruhigende und Trost spendende Funktion zugeschrieben. Puppen und Kuscheltiere werden gerne als imaginäre Gefährten und fantasierte Gesprächspartner eingesetzt. Das setzt aber voraus, dass die Kinder der Puppe nicht mehr nur körperlich-symbiotisch verbunden sind, wie dem frühen Übergangsobjekt, sondern bereits über die Fähigkeit verfügen, ihnen Bedeutung zuzuschreiben, also sie zu »puppifizieren«, um sie dann als Dialogpartner zu kreieren, als ein Gegenüber, das Einsamkeit und seelische Not teilt und hilft, dem Sog der Verzweiflung, vielleicht auch der Gefahr des psychischen Zusammenbruchs, zu entgehen. Mithin sind Puppen in ihrem So-Sein Projektionsfläche ebenso wie Kommunikationsträger für Wünsche, Bedürfnisse, Fragen und Fantasien. Besonders die desillusionierenden Erfahrungen mit sog. »Erkenntnispuppen«, wie sie eine Zeit lang euphorisch in der Aufklärungs- und Aufdeckungsarbeit eingesetzt wurden (»Anatomische Puppen«) haben noch einmal belegt, dass Puppen keine neutrale objektive Realität widerspiegeln, sondern eine hoch persönliche, subjektive innere Realität, und dass es zu Fehlkommunikationen kommen kann, wenn das nicht angemessen berücksichtigt wird.

An dem Beispiel einer vierzehnjährigen Borderline-Adoleszenten mit religiösen Wahnvorstellungen soll nachgezeichnet werden, wie sich die innere Welt im Außen des Spiels spiegelte und wandelte.

Regelmäßig schilderte sie in ihren Stunden das Spiel, das sie zuhause unentwegt spielte. Aufgewachsen in einer streng religiösen Welt, hatte sie ihr Zimmer, insbesondere ihr Bett mit unzähligen Kuscheltieren bevölkert, alle ausgestattet mit Eigennamen, Rollen und ausführlicher Biographie, die sie jeweils akribisch in einem Identitätsausweis fixiert und den Kuscheltieren umgehängt hatte. Im Spielgeschehen bot sich ein klares Netz dichotomer sozialer Beziehungen, Zuständigkeiten, Erwartungen ebenso wie eindeutige Regeln: Alle Kuscheltiere waren auf einen Pfarrer ausgerichtete »Ja-Sager«. Es gab nur richtig und falsch. Zunächst entfaltete sie den Alltag ihrer Puppen-Protagonisten in Szenen, die lange Zeit nach dem gleichen Muster abliefen: Der Pfarrer agierte unangefochten autoritativ, kannte sich in allem aus, hatte immer recht, war (fast) Gott und die anderen fügten sich einsichtig und nickten unaufhörlich und devot. Die abgespaltene Aggression machte sich über projektive Prozesse zunehmend in der Gegenübertragung der Behandlerin fast unaushaltbar breit. Dynamik kam nach unzähligen Wiederholungen ins Spiel, als die Patientin eine Gruppe von sieben aufmüpfigen Jungen einführte, die als »Nein-Sager« Fragen und Widerspruch personifizierten und in das Spielgefüge brachten. Wie bei einem Aufstand drängte sich die allmählich mögliche Negation in Gestalt der »Ruhestörer« und »Aufrührer« immer krisenhafter in die Szene, rührte die Gleichförmigkeit auf und forderte Entwicklung, weil da alles durcheinander geriet. Nun häuften sich im Spiel die Konflikte, für die sie allein mich verantwortlich machte und zunehmend angriff, in großer Angst, meine Zuneigung zu verlieren. Der Verlust der strengen Ordnung und Idealisierung brachte sie in eine emotionale Erschütterung und existentielle Krise.

7.6 Kaufladenspiele

Das Kaufladenspiel ist besonders für Kinder im Vorschulalter geeignet und Spielgegenstände, die dazu einladen, sollten in keiner Praxis fehlen. Es ist ein dialogisch angelegtes Spiel, in dem Käufer und Verkäufer (abwechselnd) Geben und Nehmen praktizieren. In »seinem« Laden ist der Verkäufer der Mächtige. Er hat Besitz, hat mit seinen Waren etwas anzubieten und hat damit Bedeutung. Er hantiert geschützt in seinem Geschäft, das er mit seinem »Schlüssel« öffnen und verschließen kann. Er bestimmt, was verkauft wird, wer einkaufen darf, wann der Laden geöffnet ist und wie »teuer« die Waren sind. Das Tauschen ist ein wichtiges Thema: Beim Bezahlen oder Abgeben der Ware ist das Kind gefordert, auf das eine zu verzichten, um etwas Anderes zu bekommen. Einen »Tauschwert« können sich Kinder noch nicht vorstellen.

Verkaufen ist ein Spiel, in dem orales und anales Erleben gleichermaßen einen Platz haben. Alltagsnah geht es um freundliche Zuwendung, um

Versorgung und Versorgt werden, um Sauberkeit und Ordnung. Unbedingt sollte es (echt klimperndes) Geld, möglichst eine Kasse und auch eine Waage geben. Zu den analen Aspekten gehört auch das Sortieren, Ordnen und Einräumen.

Ein Opa wollte seinem Enkel eine Spielzeugpistole kaufen. An der Kasse brüllte der Junge den ganzen Laden zusammen. Er war nicht zu bewegen, die gerade erworbene Pistole – nun sein Besitz – auf das Kassenlaufband zu legen und klemmte das »Geschenk« nachdrücklich unter seinen Arm. Kurzentschlossen nahm der verständnisvolle Großvater den ganzen Kerl hoch und legte ihn – Pistole untergeklemmt – aufs Band. Die Kassiererin spielte das Spiel mit und scannte den Preis »am Jungen«, so dass er von der Verzichtsleistung verschont blieb, aber erfahren konnte, dass das Band die vorübergehend freigegebene Ware auch wieder hergibt.

Mit Hilfe des Kaufladens lassen sich auch Themen abweichenden Verhaltens darstellen: So kann gemogelt, betrogen, »gelogen« oder ein räuberischer Überfall inszeniert werden. Mit Recht und Unrecht geht es dann um Überichfunktionen.

7.7 Doktorspiele

Dass Kinder gerne Arzt spielen, überrascht nicht. Auch wenn alle dort freundlich und die Räume hell und bunt möbliert sind, haftet einem Arztbesuch aus Kinderperspektive immer Einschüchterndes an. Oft erwarten Kinder beim Psychotherapeuten Ähnliches. Simmel hat als einer der ersten beleuchtet, wie Kinder nach einem Arztbesuch, einer Operation oder einem Klinikaufenthalt den Impuls haben, sich mit dem Arzt (dem »Angreifer«) zu identifizieren und selbst der Doktor zu sein. Schließlich scheint ein Arzt all das zu dürfen, was dem Kind versagt ist:

7.7 Doktorspiele

»Er erkennt keine Kleidung an, keine Scham. Er darf alles sehen, alles hören, mit Urin und Kot sich straflos beschäftigen. Er weiß alle Geheimnisse der Geschlechtsunterschiede wie des Kinderkriegens und verfügt allmächtig [...] über den Körper des Kranken« (Simmel, 1975, S. 668).

In der Regel reichen wenige Requisiten, um dieses Spiel im Nachhinein und im Dienste der Bewältigung zu unterstützen: Ein Kissen auf dem Sofa mit Küchenkrepp darauf simuliert die Untersuchungsliege. Es empfiehlt sich, für diesen Zweck eine Puppe in Kleinkindgröße zur Verfügung zu haben, die verarztet werden kann,[64] oder einen Teddy, sodass das Leidenserlebnis auf die Puppe oder den Teddy abgewälzt werden kann. Außerdem ist es hilfreich, einen Arztkoffer bereitzuhalten, den man gut selbst und möglichst realitätsnah zusammenstellen kann (▶ Anhang).[65]

Ein typisches Doktorspiel könnte so verlaufen: Der Teddy muss die Zunge herausstrecken. Seine Arme und Beine, vor allem seine Reflexe werden geprüft, sein Bauch wird abgetastet, die Lunge geklopft, Temperatur gemessen. Es wird gewickelt und viel mit Pflaster hantiert. Abschließend wird der Teddy oder das Puppenkind hingelegt und kann sich gesund schlafen.

In der Psychotherapie übernimmt oft das Kind die Arztrolle und die Behandlerin ist die Patientin: »Der Patient will ›Doktor‹ spielen, um nicht Kranker sein zu müssen«, meint Simmel dazu (1975, S. 669). Arztspiele sind meist Ich-Spiele, deshalb treten sie am stärksten in der mittleren Kindheit auf. Sie erwachsen aus der kindlichen Neugier, die insbesondere um den Körper, sein Funktionieren und das Bedürfnis kreist, ihn explorierend innen und außen kennen zu lernen und über ihn verfügen zu können. Insofern handelt es sich bei den Doktorspielen immer auch um

---

64 Am besten eignen sich größere realitätsnahe (Stoff-)Puppen, die man problemlos an- und ausziehen kann.
65 Hilfreich sind auch Bilderbücher wie das Buch »Ich mache dich gesund, sagte der Bär« von Janosch (1985/2017); oder aus der Sachbuchreihe »Wieso? Weshalb? Warum?« der Band »Wir entdecken unseren Körper« (Rübel, 2012), der für Kinder besonders reizvoll ist, weil sie Teile in den Bildern aufklappen und unter die Oberfläche schauen können. Auch im Internet gibt es unzählige Beispiele für kleine Arztspiele.

7 Kinderspiele

Informationsspiele. Der forschende Wunsch verknüpft sich vor allem mit voyeuristischen und exhibitionistischen Interessen der phallischen Phase.

Barbara Diepold schildert eine Vignette des siebenjährigen Daniel:

»Leg' dich hin. Mach' deine Bluse hoch, ich will dich abhorchen«, befiehlt er als Arzt und gibt erstmals den Blick frei auf phallisch-ödipale Triebimpulse. Ihre Hinweise auf die Vermischung von Realitäts- mit dem Fantasieraum und ihr Einfordern der Als-ob-Linie will er nicht hören: »Ich *spiele*, dass ich meine Bluse hochmache.« (Diepold, 2005, S. 24)

Es entzündet sich ein Disput, der in ein (lustvolles) Box-Spiel mündet. Daniel kann seinen Frust spielerisch umsetzen und muss nicht mehr, wie in ihren früheren Begegnungen, die Beziehung abbrechen

Je nach seiner Entwicklungsstufe und inneren und äußeren Problemlagen wird ein Kind einen anderen Aspekt des Arztseins in Szene setzen. Steht seine aggressive Lust im Vordergrund, wird es eventuell als Chirurg der »Lust des Messers« frönen. Manchmal dient ein Notarzt-Spiel dazu, eine traumatisierende Erfahrung zu verarbeiten. Ein andermal kann das Arztspiel einen Arztbesuch vorbereiten oder spielerisch dabei helfen, sich mit der Angst vor einem Eingriff und dem damit verknüpften stationären Aufenthalt auseinanderzusetzen. Ein Arztspiel kann aber auch die Funktion haben, die schwierigen Prozeduren im Umgang mit der eigenen (akuten oder chronischen) Erkrankung verstehen zu lernen.

Noch einmal anders ist es, wenn Kinder sich gegenseitig ausziehen und Doktor spielen. Sie sind nicht nur in der Regel älter, sondern zeigen im Zuge ihrer ödipalen Auseinandersetzungen neben dem Interesse am eigenen Körper auch Interesse an dem der anderen, insbesondere an dem des anderen Geschlechts.[66] Dennoch motiviert meist nicht erstrangig Sexuelles das Spiel, wie so viele Erwachsene argwöhnen. Vielmehr ist es Neugier auf das Andere, das Andersartige, das den Forschergeist anfacht und durchaus erregend erlebt werden kann. Die Spiele werden zunehmend geheim gehalten, denn in der ödipalen Zeit möchten die Kinder die Eltern bei ihren

---

66 Auch hier gibt es viele gute unterstützende Kinderbücher: Woher die kleinen Kinder kommen (Wieso?Weshalb?Warum?, 2001); Klär mich auf – 101 echte Kinderfragen rund um ein aufregendes Thema (Kuhl & v.d. Gathen, 2014); oder für die Großen: Total verknallt und keine Ahnung? (Bruckner & Rathgeber, 1995).

sexuellen Erkundungen lieber raushalten. Was als Neigung zu positiver Intimität beginnt, bereitet Schamerleben vor, aber auch später ein Geheimnis für sich behalten zu können (Sies, 1996, S. 102 f).

Der Geheimhaltungswunsch, wenn es um körperbezogene Doktorspiele geht, hat aber noch eine andere Quelle. Die Zwiespältigkeit der Erwachsenen bezüglich kindlicher Neugier, insbesondere wenn es um Körper und Sexualität geht, überrascht in unserer »aufgeklärten Zeit« führt aber dazu, dass Doktorspiele oft fehlinterpretiert werden. Die Kinder fühlen sich nicht nur – zu Recht – missverstanden und befremdet, die Art und Weise, wie Eltern die Doktorspiele ihrer Kinder aufnehmen und tolerieren können, ist auch entscheidend für das weitere Schicksal der Neugier. In einem der wenigen Artikel zum Doktorspiel weist Claudia Sies außerdem darauf hin, dass dieses Spiel »ein wichtiger Bereich (ist), sich Sexualität anzueignen« (Sies, 1996, S. 104) und eine Haltung zum eigenen Körper zu finden, sodass der Umgang mit Doktorspielen nicht selten über ihre Einbindung in die Person des Kindes oder ihre Verbannung entscheidet. Winnicott konkretisiert diesen Gedanken, wenn er feststellt:

»Gewöhnlich ist das kindliche Spiel stark von sexuellen Ideen und Symbolen erfüllt, und wenn die Sexualität stark gehemmt wird, ist die Folge eine Hemmung der Spielfähigkeit.« (Winnicott, 1984, S. 145).

7.8 Lehrer- und Schulespiele

Viele Kinder setzen die psychotherapeutische Begegnung mit einer Schulsituation gleich. Der Behandler wird wie ein Lehrer erlebt, »allwissend«. Folgerichtig erwartet ein Kind Führung und Anweisungen und schließlich eine Lösung von ihm. Stellt der Behandler Fragen, erfüllt er die ihm angetragene Rollenerwartung. Fragt er aber zu viel oder zu direkt, zerstört er die ihm zugeschriebene Allwissenheit, die das Kind ersehnt und gleichzeitig fürchtet, weil sie ihm wie eine Kastration sein Kleinsein, seine Unwissenheit und die damit verknüpfte Abhängigkeit vor Augen führt.

7 Kinderspiele

Das Interesse und Vergnügen der Kinder am Schulespielen ist groß. Welches Kind möchte nicht einmal probehalber zu einer Respektsperson werden. Anders als das Doktorspiel findet das Schulespiel in aller Öffentlichkeit statt und ist damit der Realität näher als andere Rollenspiele.

»Das Ich verlangt den glaubwürdigen Anschein einer echten Schule« (Ross, 1968, S. 606 f).

Die Kinder müssen sich also, auch wenn sie noch kleiner sind, mit überindividuellen institutionellen Gepflogenheiten auskennen und sie müssen in der Lage sein, Eigenes zurückzustellen, um mitspielen zu können.

Auch Schulespielen speist sich aus dem Eifer, groß sein zu wollen, »Köpfchen« und was »auf dem Kasten« zu haben, bei gleichzeitiger Angst davor, Fehler zu machen und es nicht zu schaffen. Folge ist, dass der progressive Wunsch von der Angst vor potenzieller Verletzung und Beschämung flankiert wird. Schule ist Muss und das Schule-Spiel spiegelt mithin Stand und Umgang mit der Anforderungsseite. Es gibt den exhibitionistischen Bedürfnissen Raum und zeigt darüber hinaus die innere Haltung und den Umgang mit den Anderen. In diesem Spiel kann ein Kind alles sein: Lehrer, Schüler, andere Kinder, Eltern, aktiv oder passiv. Welche Rolle es wählt und wie es sein Spiel anlegt, ist nicht zufällig. Es kann verschiedene Rollen ausprobieren und damit auch die Schulsituation aus unterschiedlichen Perspektiven wahrnehmen. Indem es seine Rollen auswählt, anlegt und ausstaffiert, teilt es spielend mit, was es bewegt. Neben dem vorbereitenden und übenden Spielaspekt beinhaltet das Schulespiel auch die Möglichkeit zur Kontrolle der Situation und ermöglicht Erleben von Wirkmächtigkeit.

Die gestaltet sich am besten in der Rolle des Lehrers. Sie bietet die Möglichkeit, Allwissenheit und Allmacht auszuspielen (Ross, 1968, S. 609). Der Ton lässt meist keinen Widerspruch zu, die Regeln sind scharf, ihre Nichteinhaltung wird gnadenlos sanktioniert. Das Kind in der Lehrerrolle kann die Rolle ausfüllen oder darüber hinweg huschen. So wie jemand sein Bild sorgfältig malt oder nur einige Striche achtlos hinwirft. Es kann zugewandt oder abweisend sein. Es kann von seinem Wissen abgeben, oder es zurückhalten; es kann zuhören oder rechthaberisch dozieren. Es kann helfen oder seinen Sadismus ausspielen und vom Schülerkind fordern, dass es schon alles kann. Es kann hochstapeln und schummeln. Es kann trösten oder abkanzeln. Wie auch immer, Schulespielen erlaubt Anpassung und Abweichung, Ordnung und Chaos, Regression und Progression zugleich.

Oft erfolgt das Schulspiel schon in der Vorschulzeit. Dann spiegelt es eher Vorbereitung auf die Schule, vielleicht auch Vorfreude gemischt mit Neugier und Angst vor dem Unbekannten. Dann sind vor allem Fantasie und Vorstellungskraft im Spiel. Die Kinder reimen sich viel zusammen und erwarten manchmal bang und voller Respekt ihren ersten Schultag.

Luna ist knapp 6 und kommt bald in die Schule. Unentschlossen, was sie spielen soll, erinnert sie sich an ihre Ambivalenz von heute Morgen beim Aufwachen der Psychotherapie gegenüber. Eigentlich habe sie lieber in den Kindergarten gewollt. Sie erinnert sich an ein Spiel im Kindergarten, findet darüber thematisch zu ihrer Mutter, die gegenwärtig inhaftiert ist. Wir können ihr Hin- und Hergerissen-Sein anschauen, sich wohl zu fühlen bei ihrer Pflegemutter, aber sich gleichzeitig nach der Mutter zu sehnen, der sie ziemlich abrupt entrissen wurde. Die Frage, ob man mehr als eine Person liebhaben kann, steht im Raum.»Auch Erwachsene haben Probleme!«, sagt sie. In der Gegenübertragung bin ich sehr interessiert, begleite sammelnd und verstehend ihre assoziativen Einfälle, die sich vor uns wie auf einer Bühne entfalten. Ihr fällt das Schloss ein, das nahe der Vollzugsanstalt liegt. Sie geht zum Plämokasten, wählt »ganz viele Kinder«, das Reiseauto und den Wohnwagen, plant »eine Hochzeit«. Als das »überfüllte« Auto abfahrbereit ist, hält sie kurz inne, sagt, da sei ein Krankenhaus (ich denke an den Entzug der Mutter), an dem sie jetzt aber vorbeifahren (»links liegen lassen«). Nun baut sie das Schloss auf, ganz viele Leute, und lässt nach sorgfältiger Ausgestaltung des Hochzeitsfestes Musik spielen. Erwachsene dürfen sich unterhalten, die Kinder dürfen rumrennen. Jemand ist krank geworden (fehlt, wie die Mutter). Akribisch sucht sie die kleinen Tornister, setzt sie den Kindern im Spiel auf, die sich stolz damit zeigen. Alle bewundern die Tornister. Sie outet sich auf der Realebene als gespannt auf die Schule. Ich greife die Schwellensituation plus Ambivalenz auf, die sie realistischerweise erwartet: Hochzeit als Übergang vom Alleinsein in die Familie; ihr Übergang vom Alleinsein mit der Mutter in die Pflegefamilie und nun vom Kindergarten in die

Schule; ihre Neugier und Angst. Spontan baut sie die Hochzeit ab und die Schule mit Tafel u. v. m. auf. Nun drücken die Kinder die Schulbank. Es gibt auch eine Lehrerin. Wir schauen, wie es den Kindern in der Szene wohl geht, und sie lässt ein Kind von seiner Angst erzählen, es nicht zu schaffen. Ich erinnere mich an das Bilderbuch »Garmans Sommer« von Stian Hole (2009), das den Sommer vor der Einschulung schildert, dem der Protagonist mit sehr gemischten Gefühlen entgegensieht und mische mich vorsichtig ins Spiel. Mitspielend versuche ich mitzuteilen, dass Angst an dieser Stelle ganz normal ist, sodass es gelingt ein beruhigendes Bild von Schule einzuspielen.

Schulespielen erfolgt manchmal auch als Nachbereitung, als spielerische Reflektion und Verarbeitung des tatsächlichen Schulerlebens. Manchmal werden konkrete Szenen durchgespielt oder auch geübt, still zu sitzen, auf den Lehrer zu hören, konzentriert zu arbeiten (zu malen, schön zu schreiben). Schulespielen kann auch Wunscherfüllung spiegeln, endlich einmal ohne Mühe der Beste zu sein. Es kann aber auch dem »Dummen« Statur geben oder einem »Streber«. Manchmal wiederholt sich ganz konkret im Verlauf des Schulespiels die pseudodebil anmutende Verarbeitungsneigung eines Kindes. So hat ein Kind in einer schulischen Anforderungssituation plötzlich »Sauerkraut im Kopf« und nichts geht mehr. Manchmal spiegelt sich Schwäche, Kleinsein, Sich-Ausgeliefert-Fühlen oder beschämendes Ausgelachtwerden im Schulespiel. Manchmal kann Schulespielen auch eine Wende anzeigen.

Wie im Fall eines Erstklässlers, der sich sehr auf die Schule gefreut hatte, dann aber bitter enttäuscht reagierte, als nichts nach den Vorgaben in seiner Vorstellungswelt lief, und er ständig an seine Grenzen stieß. Seine Vorfreude schlug abrupt um in Abwehr und einen heftigen Bestrafungswunsch, um seine »Niederlage« wettzumachen. Seine Beziehung zur Schule wurde immer belasteter. Schließlich wollte er einfach nichts mehr von Schule wissen und in der Folge die Schule dann auch nicht mehr von ihm. In einem massiven institutionellen Machtkampf wurde ihm Relegation angedroht. Es brauchte lange, bis er mit seinem Schule-Spielen nach langer Widerstandphase auch in der Psychotherapie seine

Beziehung zur Schule und damit zu seiner altersgemäßen Entwicklung wieder aufnahm.

7.9 Regelspiele

In den meisten Psychotherapiepraxen findet sich eine altersspezifische Auswahl von Regelspielen. Sie werden häufiger von kontaktgehemmten Kindern im Grundschulalter genutzt. Regelspiele behalten lebenslang eine hohe Bedeutung. Ein schönes Beispiel dafür findet sich bei Störmann-Gaede (2016, S. 30 f). Sie zeigt, dass Karten-, Brett- und andere Gesellschaftsspiele nicht nur auf eine lange Historie zurückblicken können, sondern auch qua definitionem auf Gesellschaft angewiesen sind.

Was Kinder gerne spielen, hängt vom individuellen Entwicklungsstand, von der persönlichen Vorliebe und den bisherigen Spielerfahrungen ab. Längst nicht alle Kinder schaffen es, sich an Regeln zu halten und sind reif genug zu rivalisieren. Kindergartenkinder können einfache Spiele oder Kartenspiele (wie z. B. Memory oder Uno). Vorschulkinder mögen »Mensch ärgere Dich nicht«, während Schulkinder im zunehmenden Alter meist alle Spiele der Spielesammlung spielen können (von Schiffe versenken zu Mühle und Schach). An dem kindlichen Vorgehen wird ablesbar, welches Regelverständnis ein Kind hat, welchen Spielraum es verwendet und ob es seine aggressiven Möglichkeiten konstruktiv nutzen kann.

Das Würfelbrettspiel »Mensch ärgere Dich nicht« z. B. ist mehr als hundert Jahre alt und wurde seit 1914 bislang 72 Millionen Mal verkauft. Der Siegeszug dieses Glücksspiels zeugt von der beispiellosen Verschränkung eines originellen Namens und eines eingängigen Prinzips – würfeln, einrücken, rausschmeißen – gewinnen oder verlieren. Leistung und Können werden durch Zufall und Glück abgemildert. Deshalb lieben es die Kinder, weil alle die gleiche Chance haben – anders als in Strategiespielen. Und es gibt einfach Tage, an denen man kein Glück hat! Während des Auf und Ab im Spiel durchleben die Kinder eine ganze Gefühlspalette von

Begeisterung, Frust und Schadenfreude. Sie wissen schließlich, dass Verlieren weh tut, aber auch, dass ein »neues Spiel, neues Glück« bringen kann. Spielt ein Kind oft genug, erfährt es, dass das Pech immer »zwischen zwei Scheiben Glück« liegt (Dische, 1977). Auch in der therapeutischen Situation sollte man ein Kind nicht absichtlich gewinnen lassen. Eher ist die haltende und tröstende Funktion angefragt, die aufdeckt, spiegelt und das Unglück affektiv stützend begleitet. Zeigt das Kind Häme, ist das kein Hinweis auf einen schlechten Charakter, sondern belegt, dass die Einfühlung in und Besorgnis um den Anderen noch deutliche Grenzen hat. Ebenso ist es beim Schummeln. Mogeln sollte nicht mit Hinweis auf die Regeln »verboten«, sondern analysiert werden. Eher selten ist es Ausdruck eines unzulänglichen Gewissens und von Deprivation. Häufiger ist es ein Indikator für die Abwehr unerträglicher Gefühle und zeigt, dass das Kind sich nur qua Manipulation sicher fühlen kann. Ein Behandler sollte Schummeln daher nicht gutheißen, aber einkalkulieren. Im Zweifelsfall können Proberunden eingeführt werden, die noch nicht zählen und die das Kind übend einweisen und sicherer machen. Oder die Regeln können explizit und zusammen mit dem Kind, aber immer nur vorübergehend dem Vermögen des Kindes angepasst werden: »Ich darf einmal, Du zweimal ziehen«, »Ich bin ja auch doppelt so groß wie Du«, oder »Ich bin ja schon Profi, ich spiele das fast täglich«.

Viele, vor allem psychoanalytische Psychotherapeuten befürchten, dass Regelspiele vom Kind ebenso wie vom Psychotherapeuten dazu genutzt werden könnten, dem schwierigen therapeutischen Prozess auszuweichen und die »Herstellung eines potentiellen Raumes, in dem der Patient sich frei äußert, das Warten auf solche Äußerungen und nicht zuletzt auch das Verstehen solcher Äußerungen« zu vermeiden (Berns & Reinholz, 2000, S. 171). Tatsächlich schützen Regelspiele vor zu direkter »unvermittelter« Kontaktaufnahme und Beziehungsgestaltung. Auch Kinder und Jugendliche können, verborgen hinter dem formalisierten verregelten Vorgehen, erst einmal die eigene Person heraushalten, denn das Spiel steht als Drittes zwischen Patient und Psychotherapeut und federt möglichen Druck, Konflikt oder Leere ab. Bleibt das Spiel im Dienst von Widerstand und Agieren, kann sich ein Gefühl von Langeweile einstellen, das vom Behandler aber wieder im Zuge der Arbeit mit der Gegenübertragung genutzt werden kann.

7.9 Regelspiele

Abwarten, Geduld üben und auch im Misserfolg Zuversicht behalten sind Herausforderungen nicht nur für Kinder. Über Regelspiele werden sie in solcherart Erwartungen und Regeln eingeführt. Klare Regeln geben Halt und helfen bei der Regulation. Aber bei den Regelspielen sind gleichzeitig immer, wie auch bei allen anderen Spielen, seelische Regungen beteiligt. Im Spielablauf geht es zwangsläufig um Kampfgeist, um Überlegen- bzw. Unterlegenheit, um Macht und Ohnmacht, um Glück und Pech, um Ent-Täuschung und vieles mehr. Ein Kind muss seine mit dem Spiel einhergehenden Emotionen ertragen und regulieren lernen. Das gelingt nicht immer und nicht sofort. Oft braucht es Beistand bei der Regulierung, sei es im Rahmen von Entwicklung (Hilfs-Ich-Funktion), oder affektiv begleitend und haltend oder konfliktaufdeckend. Im Regelspiel geht es also nicht darum, sich regelkonform zu verhalten. Vielmehr gilt auch hier, das Miteinander zu ermöglichen und den Fantasieraum zu öffnen. Ein schönes Beispiel, wie dies gelingen kann, erzählt Elke Fietzek in ihrem Beitrag »Das Königreich Monopoly« (Fietzek, 2014).

Ein achtjähriger Junge mit Trennungsangst spielt in der ersten Stunde das Kartenspiel Uno. Dabei sitzt er bei der Mutter auf dem Schoß und bildet mit ihr zusammen eine »Partei«. Eine Stunde später spielt er selbst und erweitert das Spiel damit auf drei Spieler. In der dritten Stunde kann er schließlich die Mutter aus dem Spielzimmer hinaus komplimentieren. Nun folgt für viele Stunden das Monopoly-Spiel. Elke Fietzek beschreibt, wie aus dem zunächst zwanghaft anmutenden Spiel ein gemeinsames Spiel wird: Aus den Hotels werden »Schlösser« und – wie in Königszeiten – heiraten die beiden Königskinder (er und die Therapeutin), um so die erworbenen Güter zusammenzuführen. Die Vereinigung verhindert übrigens, dass der Patient das Spiel verlieren kann. Als König diktiert er von da an seiner ihm untertänigen Königin bei jeder Sitzung eine oder mehrere Seiten seines kreativen »Lebensbuches«, das am Ende der Therapie auf mehreren hundert Seiten seine Entwicklung dokumentiert (Fietzek, 2014, S. 174 ff).

7.10 Angst- und Gruselspiele

Kinder kreieren gerne Spiele, in denen sie sich gruseln oder andere erschrecken können. Wir sprechen von Angstlust. Besonders Dunkelheit kann Kinder sehr ängstigen. Das beste Mittel gegen heftige Affekte ist sich zu konfrontieren. Über das Aufsuchen und Durchspielen des Affekts (passiv in aktiv) kann ein Kind lernen, Gefühle der Bedrohung auszuhalten. Monstervorstellungen, die die emotionsgeleitete kindliche Fantasie produziert und mittels Affektualisierung und dramatisiertem Denken aufpeppt, ebenso wie Fantasy können auf diese Weise helfen, Ängste zu bändigen und das Grauen spielerisch selbstverständlich und zur eigenen Sache zu machen. Kinder können z. B. »Schauderspaß« inszenieren: Licht aus, Tür zu, Rollo runter, richtig finster – auch im Therapieraum.

Eine Kollegin erzählt von der dreijährigen Mina, die im Säuglingsalter aufs Schwerste misshandelt und traumatisiert wurde, nun aber sicher fremduntergebracht ist. Ihr Lieblingsspiel ist das »Monsterspiel«: Nachdem Mina der Kinderpsychotherapeutin genaue Anweisungen gegeben hat, wie sie sich als Monster verhalten soll, versteckt diese sich hinter dem Sofa und kommt erst nach Aufforderung des kleinen Mädchens bedrohlich schleichend wie ein Monster wieder heraus. Die Kleine reagiert angstlust-erregt, wendet sich an das Schaukelpferd in der Nähe und sagt: »Amadeus, hab' keine Angst! Das Monster kann uns nichts tun! Ich werde es töten!« Tatsächlich wird die Behandlerin als Monster im Spiel erschossen und liegt tot auf dem Boden. Anschließend werden auf Wunsch des Kindes die Rollen gewechselt und das Mädchen spielt nun selbst das Monster. Bedrohlich kommt sie aus der Sofaecke auf die Kinderpsychotherapeutin zu, und diese muss ihren Anweisungen folgend, große Angst zeigen, oder – wie die Patientin vorher – das Schaukelpferd Amadeus trösten und ihm versichern, dass das Monster keinem etwas anhaben kann, weil sie es in jedem Fall verjagen oder töten werde. Dieses Rollenspiel wird in den Begegnungen mehrfach wiederholt. Die Patientin zeigt sich dabei affektiv erregt, zuweilen auch aufgeregt. Nach dem Spiel wirkt sie dagegen ruhig und entspannt, will oft im Sandkasten spielen oder zusammen mit der Behandlerin mit Wasserfarben malen. (Beispiel von Dagmar Schnellenbach).

Andere Kinder – insbesondere Jungen – landen (vorbeugend) »im Kampfmodus« in Psychotherapie.

Ein kleiner kompakter 6-Jähriger begrüßt seine Psychotherapeutin zum Erstgespräch erst gar nicht. Er positioniert sich ihr gegenüber, plustert sich auf, hebt die Fäuste wie ein Preisboxer und betont nachdrücklich: »Dich mach' ich Matsche! Du hast Null-Chance!«

Schnell wird hinter der martialischen Fassade die Angst des Jungen spürbar, niedergemacht zu werden, was er vorwegnimmt. Es wird spürbar, dass es darum geht, »die Grenzen zu wahren, die dem Kind einen sicheren Rahmen für die therapeutische Begegnung bieten« (Abram, 1996, S. 89). Das bedeutet, im Miteinander eine Art »Sicherheitsquartier« zu finden, damit der Selbsterhalt des Kindes nicht zu sehr bedroht wird. Man kann eine solche Szene deuten. Man kann sie aber auch in die Fantasie hinein öffnen und eventuell zu einer (gemeinsamen) sich entwickelnden Spielvorstellung finden.

7.11 Gewalt im Spiel

Für Parens (1995) gab es nicht den geringsten Zweifel, dass das Spiel mit Aggression und Gewalt vom Kleinkindalter an zum Kinderalltag gehört. Scheerer hat das noch einmal unterstrichen, als sie mit den Worten: »Aggressionen sind [...] zum Verstehen da, nicht zum Unterdrücken« daran erinnerte, dass Schubsen, Beißen und ähnliche Aktionen im Dienst von Abgrenzung und Selbstbehauptung zur »Kindersprache« gehören (2013, S. 1 ff). Nicht jedes Schimpfwort oder jede Rangelei sollte demnach gleich als ethischer Notfall gewertet werden. »Born to be wild« beschreibt Renz-Polster (2009) Aggression als lebens- und überlebenswichtig im Sinne einer grundlegenden Antriebskraft, die viele Gesichter hat: Sie ist eine »innere Ladung« und immer auch ein Ventil, das sich aktiv oder passiv, absichtlich oder unabsichtlich, direkt oder »hintenherum«, in körperlichen Aktivitäten, Worten (Schimpfworten und Beleidigungen), Bildern, Fantasien, Spielen, Tagträumen oder Denkinhalten, aber auch atmosphärisch (»stänkern«) im Dienste von Selbstverwirklichung und Selbstbehauptung äußern kann.

Während kleinere Kinder beißen, an den Haaren ziehen oder sich laut schreiend auf den Boden schmeißen, zeigen und regulieren gesunde Kindergartenkinder ihre Aggressivität schon im symbolischen Spiel. Vorschulkinder und Schulkinder lieben dann vor allem das Kasperlespiel. Kasperl ist wie sie selbst: ständig in Bewegung, vorwitzig, neugierig, mutig und aufmüpfig. Kasperl oder der Polizist mit seinem Knüppel bieten sich zur Projektion ebenso an wie zur Identifikation. Auch andere (Hand-)Puppen wie der böse Löwe oder das Krokodil übernehmen diesen aggressiven Part. Später lösen Piraten, Räuber- und Polizei-Szenarien, Indianer, Cowboys und Ritter allmählich die Welt der Tiere ab.

Das Spektrum aggressiver Spiele[67] umfasst auch die Inszenierung von Ball-, Kampf-, Wurf- und Schwerterspielen, in denen Kinder direkt von Kind zum Psychotherapeuten ihr aggressives Lebens- und Bewältigungsmuster wiederauflegen können. Meist wird sehr verbissen darum gekämpft, die Oberhand zu behalten oder Genugtuung zu finden. Viele Jungen kämpfen sich am Boxsack fast die Seele aus dem Leib, so als wäre konkrete Entladung für sie der einzig vorstellbare Weg, Verletzungs- und Enttäuschungswut, oder andere unaushaltbare Spannung aus sich heraus zu prügeln. In welcher Spielform auch immer, meist thematisieren sich Aggression, Feindseligkeit und Wut, Angriff und Verteidigung, Macht und Ohnmacht, Gut und Böse, eingelagert in »mörderische« Szenen, mit Bestrafen, Töten, Fesseln oder Schlagen. Sie erlauben, Aggression, Hass, Wut und Destruktion »aus sich heraus« zu stellen, und im wahrsten Sinne des Wortes be-greiflich zu machen, um sie bewältigen zu können. Oft kommen Täter und Opfer aus einer anderen Welt, aus fernen Zeiten (Dinos,

---

67 Entsprechende Materialien sind im Anhang aufgelistet. Sie können helfen, archaischen Gefühlen von Angst, Bedrohung, Ausgeliefertsein und Vernichtung Gestalt zu geben.

Außerirdische), oder aus fremden Galaxien, so wie in den seit 30 Jahren beliebten Star Wars-Fantasien. Wie im Märchen gibt es Herrscher und Beherrschte, und es geht um die Eroberung von Schätzen, seien es Reichtümer oder Prinzessinnen, um die Zurschaustellung von (phallischer) Potenz. Auch magische Kräfte beflügeln die Kinder in ihren Aktionen, wenn sie nach Herzenslust kämpfen, erobern, rauben und siegen, sei es im direkten Rollenspiel mit dem Psychotherapeuten, oder mit Miniaturfiguren im Sand, in Plämo-Szenarien oder am PC. Meist geht es um »gut« oder »böse«, Recht oder Unrecht, und der Andere ist sofort und immer der Widersacher. Entlang der Existenzlinie »Ich oder Du« wird dann verbissen darum gestritten, die Oberhand zu behalten.

Fatke findet in den rund 450 Geschichten, die er von drei bis zwölfjährigen Kindern gesammelt hat, in überwiegender Mehrzahl dieses auch jedem Kinderpsychotherapeuten vertraute Grundmotiv:

> »Zwei unterschiedlich starke Mächte stehen einander gegenüber, und aus der Überlegenheit der einen Macht ergibt sich eine Bedrohung und eine Gefahr für die andere« (Fatke, 1997, S. 18 f).

Dieses Bedürfnis nach omnipotenter Kontrolle des Gegenübers und die Vorstellung von Allmacht (der Gedanken) spielt insbesondere im analen Modus eine bedeutsame Rolle.[68] Man könnte auch an das Konzept des Minderwertigkeitsgefühls und seine Kompensation bei Adler denken,[69] wenn bedrohliche Dominanz derart auf Unvollkommenheit und Unterlegenheit trifft. Gleichzeitig spiegelt der bezeichnete Grundkonflikt die seelisch-soziale kindliche Situation: Auch das Kind ist primär abhängig von real Mächtigeren, ausgeliefert an sie, ihr Wissen und ihre Überlegenheit. Es kann nicht einfach aus der Situation gehen und sich eine andere Existenz suchen, es kann sich aber in eine Spielfantasie versetzen.

---

68 Empfohlene Literatur zur psychosexuellen Entwicklung: (Mertens, 1996)
69 Adler, der Gründer der Individualpsychologie, begreift das Minderwertigkeitsgefühl des Kleinkindes als Folge seiner erlebten Unvollkommenheit und Unterlegenheit als Mensch und beschreibt kompensatorische Maßnahmen wie Grandiositätsdemonstrationen als Ausdruck seines resultierenden Geltungsstrebens. Wenn die zu stark sind oder sich fixieren, kann ein neurotischer Lebensentwurf darauf aufbauen (vgl. hierzu Hölzer & Bottome, 2017).

7 Kinderspiele

Im Spiel kann die Übermacht, die bedroht, herausfordert, verletzt, betrügt und auch tötet, ein Heer, ein schwarzer Ritter, ein Riese, ein Gespenst, ein Verbrecher, ein wildes Tier, eine Hexe, eine Krankheit, ein Unglück, Tod und vieles mehr sein, das über die unterlegenen Schwächeren in bedrängter Situation hereinbricht. Dabei ist ohne Belang, ob die innere oder äußere Bedrängnis imaginiert wird, oder in Form von Gemetzel im Sandkasten stattfindet, oder im Playmobilspiel, im Puppenhaus, oder beim Tipp-Kick auf dem Fußballfeld spielerisch in Szene gesetzt wird. Gemeinsam ist allen Möglichkeiten, dass Innerseelisches als Kampf im Außen inszeniert wird.

Auch das Spiel mit den von den Erwachsenen so verabscheuten »Masters- Figuren« lässt sich auf diese klassische Struktur zurückführen.

»Die Guten sind tapfer, edel und klug. Sie treten gegen die Bösen an. Die Bösen dagegen sind eine Menge von Monstern, Drachen, fliegende Motorräder mit Laserkanonen und so weiter. Sie sind schwer bewaffnet und immer voller heimtückischer Ideen« (Hummel, 1989, S. 145).

Der Held ist ein Retter und Erlöser, ein Alleskönner, vollkommen auf sich allein gestellt und unangefochten von profaner Lebenswelt: »He-Man« hat mit Familie und banalem Lebensalltag so gar nichts am Hut! Rogge beschreibt, wie

»die Macht-Ohnmacht-Relation des kindlichen Alltags in der Verbindung von He-Man (der Gute) und Skeletor (der Böse) symbolisch dargestellt wird. [...] He-Man, das grandiose Selbst, kämpft mit Skeletor, der Personifizierung des Schlechten [...] bei diesem Kampf stirbt niemand, keiner wird verletzt. Der Kampf ist Prinzip, Ritualen unterworfen, stellt nicht äußere Wirklichkeit dar [...] Wer aus den Masters-Spielereien auf zukünftige Weltraumkriege schließt, (...) vereinfacht nicht nur, er nimmt Kinder nicht ernst, übersieht die Symbolik ihres Handelns« (Rogge, 1991, S. 194 ff).

Ähnliche Spielmittel, Spielformen und Muster lassen sich auch bei den neuen Medienspielen beobachten. Den Kindern geht es dabei nicht nur um die Spiele, sondern auch um das Eingeweihtsein in den angesagten Spiele-Trend. Das sich Auskennen wird zu einer Art »Erkennungszeichen« in der Gleichaltrigengruppe und entscheidet über das Image ebenso wie über das »Dazugehören« in den noch zerbrechlichen Spielgemeinschaften mit den Gleichaltrigen.

Neben Art und Inhalt des zugrundliegenden Konfliktgeschehens interessiert vor allem der Weg der Konfliktlösung, den ein Kind wählt (Fatke, 1997, S. 19 ff):

- Ohne Gegenwehr siegt die überlegene Macht (Unterwerfung unter den Aggressor). Das Geschehen endet in der Katastrophe.
- Der Versuch der Flucht oder Gegenwehr der unterlegenen Macht scheitert. Die Überlegenheit siegt im doppelten Triumph.
- Das Bedrohliche wird (vorübergehend) ausgeschaltet, indem sich die Unterlegenen wehren, durch Flucht entziehen, oder auf »wundersame Weise« gerettet werden, indem ihnen Hilfe, ein Zufall oder ein »Wunder« »aus der Patsche helfen«.
- Die Bedrohung kann durch eine wie auch immer geartete erfolgreiche Gegenwehr der Unterlegenen nachhaltig abgewendet werden (»Heldengeschichten«, die von Zehn- bis Zwölfjährigen bevorzugt werden).

Kinder und Jugendliche, vor allem die Jungen, suchen Action-, Gewalt-, Kriegs- und Killerspiele geradezu. Was bei den Patienten hoch im Kurs steht, ist in der klinischen Praxis und im erzieherischen Alltag aber ein »heißes Eisen«. Konnte der Protagonist in Peter Weiss' autobiographischer Erzählung »Abschied von den Eltern« (1961/2007, S. 40 ff) noch unbehelligt auf dem Dachboden seines Elternhauses mit seinen Zinnsoldaten die Frontlinien und das Kriegsgemetzel nachspielen[70], verstecke ich heute meinen Kampfpanzer mit den grauen und grünen kleinen Plastiksoldaten, Flugzeugen und Waffen fast schon schuldbewusst hinten im Regal. Dabei kann meine defensive Aktion gar nicht verhindern, dass die Kinder ihn in ihrer Faszination für Aggressions- und Gewaltspielzeug sofort entdecken und »nach vorne« holen. Diese kindliche Neigung, »sich stark zu machen mit Waffen«[71] steht bei vielen, vor allem weiblichen Erziehenden in Verruf

---

70 1961 erschienen handelt es sich um eine autobiographische Rekapitulation der eigenen unglücklichen Kindheit, ausgelöst durch den Verlust beider Eltern. Vor allem geht es um die Geschichte eines sensiblen Jungen, der beim tatkräftigen Vater wenig Resonanz findet (Weiss, 1961/2007).
71 Diese Neigung war historisch selbstverständlich. Die Bilder in den Räumen der ostfriesischen »Häuptlingssitze« zum Beispiel zeigen den Häuptling grundsätzlich mit seinen Waffen.

und verunsichert friedliebende Eltern. Möglichst in Gegenwart ihrer meist hochbesorgten bis vorwurfsvollen Eltern hinterfragen die Kinder an meinem Panzer den Toleranzraum der Erwachsenen für ihre (tabuisierte) aggressive Welt. Rückversichernd versuchen sie in Übereinstimmung zu bringen, was tatsächlich höchst widersprüchlich ist: das irritierende Doppelgesicht, das dem Aggressiven hier und heute anhaftet. Ungeachtet, dass Aggression und Gewalt allgegenwärtig und in vielfältigster Form in den menschlichen Alltag eingewebt sind und die Menschen heute permanenter Gewaltberieselung über die Medien ausgesetzt sind, sind die Gewalt- und Kriegsspiele unseres Nachwuchses unter Generalverdacht geraten. Ist es aber tatsächlich so, dass Gewaltspiele Kinder gewalttätig machen? Oder wird am und im Kinderspiel in unzulässiger Vereinfachung verfolgt, was die Erwachsenen für sich nicht lösen können?

Nach Warwitz und Rudolf schafft nicht das Spiel die Lebenswirklichkeit, sondern die inneren Gegebenheiten und realen Erfahrungen motivieren die Inszenierungen im Spiel (2013, S. 130). In diesem Sinne kann das Spiel eine Abbildfunktion oder eine angstableitende, aggressionsbewältigende oder konflikt*auf*lösende Funktion haben. Jedoch erlaubt die Forschungslage keinen systematischen Hinweis darauf, dass Kriegs- oder Friedensspiele und dazugehörendes Spielmaterial entsprechende Folgewirkungen auf das spätere Leben der Protagonisten haben (Warwitz & Rudolf, 2013, S. 146 ff). Wenn wir daher Aggression und Gewalt im Namen der Friedfertigkeit zur »tabuisierten Zone« erklären, vertun wir eine Chance, ihre potenziell destruktive Entfaltung kennen zu lernen, um ihr vorzubeugen oder sie aufhalten zu können.

In Abgrenzung zu der konstruktiven Form der Aggression beschreibt Parens auch Ärger, Feindseligkeit, Hass, Wut, Einschüchterung, Quälerei, Rachsucht im Sinne »feindseliger Destruktivität«. Narzisstische Kränkung und permanente Überforderung von Kindern kann als Angriff auf ihr Selbst verstanden werden. Kohut (1973) hat sehr eindrücklich die resultierende heftige narzisstische Wut beschrieben, die Platz greift, wenn ein geeignetes Gegenüber, ein angemessener Schutzraum und das rechte Augenmaß fehlen. Dann werden auch in der psychotherapeutischen Situation Erfahrungen extremer Unlust (Schmerz, Kummer, Verzweiflung) aktiviert, die den Selbsterhalt bedrohen, weil sie das Ich überschwemmen. Solcherart Aggressionen nehmen oft die Schädigung des anderen in Kauf (Parens,

1995, S. 19 f). Im guten Fall verflechten sich beide Aspekte der Aggression im Verlauf der Entwicklung miteinander ebenso wie mit dem Libidinösen, und diese Vermischung differenziert und mildert den Affekt und ermöglicht seine »Fassung« im Rahmen moralischer Entwicklung.

Wenn die Grundsicherung aber fehlt, die Regulationsfähigkeit nicht ausreicht oder der Als-ob-Modus nicht eingeschaltet werden kann, können Spiele entgleisen und real werden. Dann ist da plötzlich kein Spielraum mehr und das Spiel wird ernst. Hat sich missglückte und in der Wiederholung von deprivierenden oder enttäuschenden Erfahrungen festgeschriebene Aggressionsentwicklung auch noch innerlich fixiert, kann das im Rahmen von Übertragung dazu führen, dass auch der Psychotherapeut mit massiven aggressiven Aktionen »übergossen« wird, und ein Spiel notfalls eingegrenzt oder beendet werden muss. Möglicherweise gerät der Behandler im Spiel auch zwischen die Fronten des Wunsches nach einem hilfreichen Anderen auf der einen, und der Abgrenzung vom gefürchteten enttäuschenden »Angreifer« auf der anderen Seite, oder er erstarrt (projektiv) in Gefühlen totaler Hilflosigkeit. Barbara Diepold hat darauf hingewiesen, dass besonders zu Beginn der Behandlung bei schwer impulsgestörten oder traumatisierten Patienten ein Spielraum fehlt, und dass sie deshalb eine Anfangsphase brauchen, in der sie narzisstische Allmacht walten lassen, um ihre Omnipotenz zu erleben. Die brauchen sie, um einen Ausgleich zu schaffen zwischen ihrer realen Machtlosigkeit auf der einen und ihren inneren Machtwünschen und Autonomiebestrebungen auf der anderen Seite. James Herzog beschreibt diesen Prozess als »Zwang zu wechselseitigem Inszenieren« (Herzog, 1994, S. 26), über den sich Kinder in der regressiven Situation psychotherapeutischer Behandlung den Spielraum schaffen, den sie früher in ihrem Leben nicht ausreichend vorgefunden haben. Auf diese Weise kann sich über das Containment des Psychotherapeuten die Grundlage und der Raum für die (symbolische) Äußerung der Affekte entwickeln, in deren Gefolge die Befindlichkeit *unter* der affektive-aggressiven Äußerung, die tiefer liegende Verzweiflung, der Schmerz, die Wut entdeckt, gelindert und verstanden werden können.

Tatsächlich gestaltet sich die Umsetzung dieser psychotherapeutischen Ambition besonders schwierig. Oft macht sich eine Eskalation von Aggression und Gewalt breit, die schwer auszuhalten ist und Beziehung und Spiel bedrohen. Dann geht es um *Containment* und meint die Möglichkeit und das Verständnis des Behandlers, für die beim Patienten wirksamen, auch unerträglichen seelischen Mechanismen eine Beziehung anzubieten, die Aggression, Angst und Ohnmacht kennt und auszuhalten vermag, bis schließlich auch die Kinder sich selbst annehmen und ertragen lernen.[72] Schwer auszuhalten ist insbesondere das Erschrecken des Behandlers über seine eigenen starken psychischen Gegenübertragungsreaktionen, die sich spontan einstellen, um potenziellen Angriff und Beschädigung abzuwehren, die aber im Dienst der Gegenübertragung gehalten und durchgearbeitet werden müssen. Hinzu kommt eventuell eine Bedrohung des therapeutischen Rahmens auf der Realitätsebene. Denn solche Kinder geraten schon bei geringfügigen Anlässen in Panikzustände, die schnell zu Kontrollverlust führen können, wobei sie sich nicht darum kümmern, ob sie das Gegenüber gefährden, Dinge zerstören oder sich selbst verletzen. Unverzichtbare Voraussetzung für eine containende Haltung ist daher, dass ein Behandler seinen eigenen aggressiven Raum ausgemessen und differenziert hat und möglichst real nicht in »Gegenwehr« gehen muss, sondern seine Affekte wahrnehmen, halten, regulieren und sich »innerlich sichern« kann, was sich natürlich auch dem Kind mitteilt.

Wenn die Stabilität des Rahmens aber gegeben, die Ebene des Spiels gesichert oder wiederhergestellt ist, sodass die Möglichkeit des Spielraums therapeutisch genutzt werden kann, dann erfährt das betreffende Kind, dass es nicht verwerflich ist, heftige Affekte zu haben, weil sie »in echt« nichts zerstören. Sie erleben, dass sie sie aushalten, in sich bewahren und Wege finden können, sie inszenierend spielerisch auszudrücken und auf diese Weise mit ihnen fertig zu werden. Erst ein solcher sublimierender Prozess gewährleistet, dass aus der wilden Aggression eine stabil eingebaute, modulierte und lenkbare aggressive Kraft wird, die grundlegend ist für eine funktionsfähige Psyche.

Bekommt kindliche Aggression aber keinen Entfaltungs- und Spielraum und muss abgewehrt werden, kann sie sich nicht nur nicht sublimierend entwickeln, sie wird schließlich auch unbewusst, steuert aber dennoch das kindliche Verhalten in seiner ursprünglichen Kraft (Rauchfleisch, 1992, S. 8). Wie der Geist aus der Flasche kann sie jederzeit

---

72 Zu dieser Funktion des Aufnehmens und »Verwandelns« seelischer Inhalte in erträgliche und zum Begriff des Containing vgl. Bion (1992).

durchbruchsartig auftauchen oder über projektive Mechanismen die Umweltbeziehungen »vergiften«. Sowohl auf der Ebene der Beziehung wie im Spiel erscheint das verbannte Böse dann im Außen und wird projektiv in anderen bekämpft.

Offensichtlich sind es vor allem vorgeschädigte, Gewalt akzeptierende und gewaltbereite Kinder und Jugendliche, die bei passiver Grundhaltung oft geradezu die »Macht der bösen Bilder« suchen. Sie zeigen meist eine Entwicklungsgeschichte von Gewalt, die früh beginnt: Wer in seiner Kindheit nicht gelernt hat, mit Aggressivität angemessen umzugehen, neigt während des gesamten Lebens zu impulsivem und vielleicht auch gewalttätigem Verhalten, das sich dann auch im Spiel wieder auflegt oder das Spielen gänzlich unmöglich macht.

7.12 Zusammenfassung, weiterführende Literatur und Fragen

Zusammenfassung

Zusammenfassung

Spiele im Alltag und in der Psychotherapie unterscheiden sich auf der spielerischen Ebene kaum. Es sind der Rahmen, die therapeutische Haltung und der Umgang mit dem Spiel, die das Spiel zum psychotherapeutischen Spiel machen. Schaut man sich Bruegels Bild »Die Kinderspiele« an, auf der insgesamt 91 Spielszenen identifiziert wurden (Hindman, 1981), dann findet das spielerische Geschehen vorwiegend draußen und in Bewegung statt. Die soziokulturelle Veränderung hat auch den Spielbereich nicht unberührt gelassen. Immer mehr und neue Spiele führen zu einer Differenzierung, Technisierung und gleichzeitigen Verhäuslichung kindlichen Spielens unter dem Gesetz des Marktes. Unter dem Entwicklungsaspekt gibt es am kindlichen Vermögen orientierte Entwicklungslinien des kindlichen Spiels, die in ihrer Art und Formgebung historisch und kulturell variieren. Frühe Spiele werden nicht aufgegeben, sondern in differenziertere Form transformiert und bleiben erhalten im Sinne internalisierter Spielfähigkeit. Die verschiedenen hier vorgestellten Spiele weisen unterschiedliche Akzentuierungen der Spielentwicklung auf. Es handelt sich um sensomotorische, interaktionelle, symbolische und Rollenspiele sowie um Informationsspiele, Regelspiele und Konstruktionsspiele, die auf der Ebene der Spielfähigkeit die Fantasien ebenso wie die Emotionen, die Alltagserfahrungen und die Befindlichkeiten der Kinder zum Ausdruck bringen.

Vertiefende Literatur

Diepold, B. (1997). Zum Spielraum zwischen Narzissmus und Triebdynamik. *Kinderanalyse, 4*, 370–383.
Diepold, P. (2005). *Spiel-Räume. Erinnern und Entwerfen.* Göttingen: Universtiätsdrucke Göttingen
Fietzek, E. (2014): Das Königreich Monopoly. In M. Endres & C. Salamander (Hrsg.). *Latenz: Entwicklung und Behandlung* – Jahrbuch der Kinder- und Jugendlichen-Psychotherapie 3 (S. 158–182). Frankfurt/M: Brandes & Apsel.
Winnicott, D. (1993). *Reifungsprozesse und fördernde Umwelt.* Frankfurt/M: Fischer Taschenbuch. (Originalarbeit erschienen 1965).

Weiterführende Fragen

- Was ist mit »Verhäuslichung« der Spielwelt der Kinder gemeint? Wodurch ist sie bedingt und wie äußert sich das in den verschiedenen Varianten der Spiele?
- Erklären Sie die Entwicklungslinie: Daumen – Übergangsobjekt – Teddybär – Babypuppe – Kasperle – Puppenhaus – Barbie – Playmobilfigur.
- Gibt es spezifische Spiele für Jungen und ab welchem Alter entwickeln diese sich?
- Was kann ein Psychotherapeut tun, wenn ein Kind die Spielregeln ständig missachtet oder zu seinen Gunsten »umdefiniert«?

7.12 Zusammenfassung, weiterführende Literatur und Fragen

- Wie kann man in der Therapie mit dem Wunsch des Kindes umgehen, seine »Werke« im Therapieraum zu erhalten, oder sie mit nach Hause zu nehmen?
- Was können Sie tun, wenn das Spiel »zu heftig« wird und entgleist?
- Wie gehen Sie mit Spielsachen um, die in der Therapiestunde kaputtgehen oder »geklaut« werden?

8 Spiel und Spielen mit Miniaturfiguren

Im folgenden Kapitel werden Besonderheiten beim Spiel mit kleinen Figuren erörtert. Fast jedes Kind hat zu Hause eine Kiste oder Schublade mit einem Sammelsurium von Minifiguren, ohne dass es einfach erkennbar ist, was sie für das Kind bedeuten. Manchmal trifft man ältere Kinder auf Flohmärkten, die ihre Sammlung anscheinend lieblos verramschen. Dennoch zeugen »Spuren« davon (beispielsweise sorgfältig gemalte Blutspuren auf den kleinen Schwertern), dass diese handlichen Figuren die Kinder zu einer anderen Zeit zum Spielen angeregt und ihnen damals auch »etwas« bedeutet haben.

Schon vor mehr als 100 Jahren wurden Minifiguren als hilfreich für die psychotherapeutische Behandlung von Kindern erkannt, und das Spiel mit ihnen ist bis heute ein wesentlicher Bestandteil psychodynamischer Kinderpsychotherapie und Diagnostik. Exemplarisch werden das Sandspiel, der Scenokasten und der Plämokasten vorgestellt.

8.1 Anfänge der Behandlung mit Miniaturfiguren

Herbert Georg Wells (1866–1946), ein unkonventioneller Vater, hat noch vor Beginn des 20. Jahrhunderts die ersten Impulse zum Spiel mit Minifiguren auf den Weg gebracht. In tagelangem Spielen mit seinen Söhnen verwandelte er den Fußboden des Kinderzimmers in ein »Fantasieland«, und dokumentierte die sich entwickelnden Spielabläufe systematisch. Schließlich veröffentlichte er seine Ein-Sichten in seinem Buch »Floor Games« (Wells & Turner, 1911/2004), das aber in der Fachwelt kaum Resonanz fand.

Die englische Kinderpsychologin *Margret Lowenfeld* begann die »Floor Games« in eine therapeutische Methode zu »übersetzen«. Am Anfang ihres Projektes stand eine »Wunderkiste«, in der sie alle Arten von Material und Figuren sammelte. Später erweiterte sie ihr Angebot um einen Kasten mit Sand und eine Wanne mit Wasser. 1929 veröffentlichte sie ihre »World Technique« als nonverbale ganzheitliche Methode zur Erleichterung der Kommunikation mit Kindern im Alter von 1–18 Jahren (Lowenfeld, 1969). Sie richtete ihr Augenmerk vor allem auf die Wahl der Figuren, auf die räumlichen Anordnungen im Sandkasten und interessierte sich für die Geschichten zu den entstandenen Sandbildern. Auch ihre Pionierarbeit fand keine angemessene Anerkennung in der Fachwelt.

Charlotte Bertha Bühler, die die Arbeit von Margret Lowenfeld in London in den 1930er Jahren begleitet hatte, hat vor allem deren diagnostisches Anliegen weitergeführt. Ihr ging es darum, wissenschaftliche Leitlinien zu entwickeln, die es erlaubten, die Unterschiede in der »Weltkonstruktion« eines gesunden und eines psychisch gestörten Kindes identifizierbar zu machen. Indem sie, basierend auf ihren Beobachtungen an gesunden Kindern, Normen für die kindliche Entwicklung festlegte und objektivierbare Kriterien zur Beurteilung von Weltbildern entwickelte, hat sie das »Weltspiel« zum »Welt-Test« ausgearbeitet (Bühler, 1951).

Der Psychoanalytiker *Erik Homberger Erikson* (Conzen, 2010) erweiterte das Konzept um die psychosoziale Dimension. Er war im Wien der Dreißigerjahre ebenfalls auf die Bedeutung der Anwendung von Spielzeug als Zugangsmöglichkeit zur menschlichen Psyche gestoßen. 1938 im Exil in den USA machte er sich in seinem »Dramatic Productions Test« diese Erfahrung zunutze (Mitschell & Friedmann, 1997, S. 53 ff). Er bat Kinder, eine »dramatische Szene« darzustellen, und dokumentierte die verschiedenen Stadien der Szenenentwicklung.

8.2 Sandspiel

Dora Kalff und Margaret Lowenfeld trafen sich in den 1950er Jahren am Institut in Zürich. Begeistert von der »world technique«, schuf Kalff auf diesem Fundament, ergänzt um die Gedanken C. G. Jungs sowie unter Einbeziehung einer spirituellen Dimension, ihren eigenen Ansatz, den sie in Absprache mit Margaret Lowenfeld »Sandspiel« nannte (Kalff, 1969). Zunehmend benutzte sie das Sandspiel »als Fenster zum Unbewussten« eines Kindes. Mit »Beziehung in der Stille« beschrieb sie ihre Haltung. Ihr analytisches Zuhören wurde begleitet von gleichschwebender Aufmerksamkeit und sollte es ermöglichen, die tieferen Schichten der Seele zu erreichen. Ziel war die schöpferische Veränderung der Psyche im Sinne der Selbstregulierung. Deshalb waren auch Setting, Haltung und Prozess in erster Linie darauf ausgerichtet, die schöpferische Seite im Kind anzusprechen und in Bewegung zu bringen, um Zugang zum bildhaften Denken zu finden:

»Ein äußerer Raum öffnet sozusagen den Zugang zu einem inneren Raum im Zwischenraum der therapeutischen Beziehung.« (Seitz, 2016, S. 69).

Das Sandspiel kommt in vielen Kinderpsychotherapiepraxen zum Einsatz.

8.2.1 Das Sandspiel in der kinderpsychotherapeutischen Praxis

Sand und Wasser machen »Dreck« und die vielen kleine Figuren machen Arbeit beim Reinigen und Aufräumen. Viele Therapeuten schrecken wegen des permanenten Fegens zurück. Diese Anstrengung sollte aber abgewogen werden gegen den schnellen Einstieg in die psychotherapeutische Arbeit, den das Sandspiel ermöglicht. Mit etwas Routine und entsprechenden Hilfsmitteln ist der Umgang mit Sand innerhalb des Praxisraums unproblematisch.[73]

---

73 Ein Staubsauger, ein leicht zu reinigender Boden und große Küchenseihen, die man in passende Plastikschüsseln stellt, können helfen. Darin können die gebrauchten Sandsachen trocknen, brauchen dann nur noch abgefegt und wieder

8.2.2 Material

Wünschenswert sind wie im klassischen Ansatz zwei Kästen, einer für den trockenen Sand und einer für das Spiel mit Sand und Wasser. Die Sandspielkiste sollte nicht zu groß und nicht zu klein sein. Kalff empfiehlt eine Kiste mit 72 × 57 × 7 cm. Wenn der Kasten auf dem Boden steht, befördert er eher die regressive Seite des Spiels. Tisch- oder Sitzhöhe sind bequemer und befördern eher das Konstruieren. Ob es sich um eine »klassische« Zusammenstellung von Spielobjekten oder um das Plämokasten-Sortiment handelt, bleibt jedem Therapeuten überlassen. Es sollten jedenfalls Figuren aus aller Welt sein, die neben sexuellen Zuschreibungen unterschiedliche Funktionen und Rollen übernehmen, die auch kämpferische Auseinandersetzungen abbilden und Katastrophen oder traumatische Ereignisse darstellen können. Neben Gestaltungsmöglichkeiten für das tägliche Leben braucht es mithin auch Repräsentanten der dunklen, der wilden Welt, des Abgründigen und des Bösen sowie kulturelle und religiöse Symbole und Figuren. Auch eine Baustelle, möglichst mit Rohren und Absperrungen, wird gut angenommen. Die mit diesem Inventar einhergehende Triangulierung, Patient – Behandler – Sandkasten, lässt nicht nur die Frage aufkommen, was zwischen dem Behandler und dem Kind geschieht. Es stellt sich auch die Frage, was zwischen dem Kind und dem Sandkasten geschieht sowie was zwischen dem Psychotherapeuten und dem Medium Sand bzw. dem Sandkasten passiert und was zwischen beiden – Patient und Psychotherapeut – im Medium Sand stattfindet.

Ich denke an einen intelligenten Zehnjährigen mit massiven schulischen Leistungsproblemen. Gemeinsam bauten wir wiederholt nach seiner Anleitung einen Berg im Sandkasten, wobei wir oft den ganzen vorbereiteten feuchten Sand brauchten. Wichtig war die Stabilität, die der Berg durch Festklopfen gewann. Dann ging er allein weiter vor, bohrte mit seiner Faust mehrere Tunnel in den Berg. Zunächst trafen sich unsere Hände im Tunnel, später verzichtete er auf die Berührung und wir beobachteten Seite an Seite das Geschehen am Berg, das sich

einsortiert zu werden. Ein Deckel schützt den Sandkasten vor dem Zugriff von Kindern, die (noch) nicht mit dem Kasten spielen sollten.

durch seine »Tunnelbohrungen« abbildete. Erschrocken wies ich ihn auf sich abbildenden Risse hin, was er zunächst ignorierte, mit dem Erfolg, dass immer wieder alles zusammenbrach, bis ich das Geschehen im Sand, seine Verleugnung und die folgende Katastrophe mit seinen Lerndefiziten deutend in Verbindung bringen konnte.

8.2.3 Auswertung

Alles darf im Sand geschehen! Die Frage ist, wie der Sandkasten ins Spiel gebracht wird und welche Resonanz er im Kind auslöst. Zeigt das Kind eher Abwehr, Nichtbeachtung, Kritik (am Kasten, an den Figuren), oder findet es spontan und mit Freude ins Spiel? Geht es über Grenzen, ufert sein Spiel aus oder kann es sich an die Begrenzungen halten? Will es spielen, hat aber keine Einfälle oder bremsen Hemmungen oder Angst die Entfaltung seines Spielwunsches? Die Figuren ihrerseits können, je nach Übertragung, be- und entwertet, (im Sand) versteckt, geklaut, zerstört, be- und entkleidet, enthauptet, gelobt, verändert oder auch »entschärft« werden: der Drache ist dann »ein ganz liebes Tier«.

Das Arrangement der Figuren im Sandkasten ist ebenfalls im Hinblick auf die Sitzposition des Behandlers bedeutungsvoll: Wird das Krokodil mit aufgerissenem Maul genau in Richtung und nahe bei dem Psychotherapeuten positioniert? Grenzt eine hohe Mauer den Behandler von der Szene ab? Ist der Zwischenraum zwischen Behandler und Szene kontaminiert? Werden alle Figuren mit dem Rücken zum betrachtenden Psychotherapeuten positioniert? Verlangt das Kind ausdrücklich nach Figuren, die nicht in der Figurensammlung enthalten sind? Haben einzelne Figuren in der Sammlung einen Wiedererkennungswert? Alles was nebenher geschieht ist, ebenso wie das Aufräumen, Teil der Szene und der Übertragung und verdient Aufmerksamkeit.

Das Kind führt im und durch das Geschehen. Gespielt wird Orales (Kuchen backen, Kaffeetrinken, verdorbene/vergiftete Sachen kochen, Füllen und Leeren), die unterschiedlichsten Strandszenen oder Bollwerke gegen die »Flut«, oder Kanalisieren im Falle der Enuresis. Es kann sich auch Anales einmischen (Ekel, Stinkiges), oder der Sand ist anderweitig gefährlich kontaminiert und nicht mehr berührbar. Landschaften werden gebaut mit Bergen und Senken, Verstecken, Schatz- und sonstigen Höhlen. Vom Behandler wird eine einfühlende ebenso wie resonante symbolorientierte Haltung verlangt. Erwartet wird von ihm auch, warten zu können, damit Symbolisierung und Sandspiel überhaupt möglich werden, denn Spielen entwickelt sich erst, wenn sich im Kind ein Grundgefühl der Sicherheit eingestellt hat. Im guten Fall wird der Sandkasten zu einem Übergangsraum im Winnicott'schen Sinne, zu einem Container und »Ruheplatz« (Alvarez, 2014, S. 227), der Einlassung und Vertiefung erlaubt.

8.3 Sceno

Die Nervenärztin *Gerdhild von Staabs* schuf in den 1930–40er Jahren in einem Kasten eine Art »Miniaturwelt« aus Biegepüppchen, Tieren, Bäumen u. v. m., die die Kinder anregen sollte, ihre Beziehungen, Affekte und Konflikte symbolisch in szenischer Darstellung zum Ausdruck zu bringen, im Spiel zu erleben und sich in Begleitung der Therapeutin damit auseinanderzusetzen. Es war die Geburtsstunde des bis heute eingesetzten Scenokastens (v. Staabs, 1991). Sowohl Anzahl und Art der Figuren als auch die Spielfläche sind, anders als bei den Vorgängern, fest vorgegeben. Es handelt sich um eine stark reduzierte Materialmenge. Auch die fest vorgegebene Spielfläche ist deutlich kleiner (Deckel des Kastens). Der Scenokasten ist bei den psychodynamisch tätigen Kinder- und Jugendlichenpsychotherapeuten bis heute sehr verbreitet und kommt auch bei den Vertretern anderer Verfahren zum Einsatz.

8.3.1 Grundsatz

Gerdhild v. Staabs betont, dass »die Auseinandersetzungen mit den Umweltpersonen nicht nur an Symbolen« vollzogen werden sollen, vielmehr sollen »die nächsten Beziehungspersonen direkt in Gestalt lebendig wirkender Puppenfiguren in Scene gesetzt werden«. Intendiert war vor allem das *Spiel mit der häuslichen Umwelt* (v. Staabs, 1964/1978, S. 12).

Der Sceno wurde als Diagnostik- und Spielkasten kurz nach dem zweiten Weltkrieg erstmals offiziell vorgestellt. Spielzeug gab es damals nur wenig und meistens auch nur ganz einfaches aus billigen Substanzen: Holz, Pappe, Wolle, Stoffreste, Pappmaché oder Zinn waren die gängigen Materialien. Ansonsten wurde mit allem gespielt, was sich in der Natur und in den Trümmern der zerbombten Städte finden ließ. Das Spiel mit dem Scenokasten mit seinen Puppen, bunten Figuren und Bausteinen dürfte vor diesem Hintergrund für die Kinder der Nachkriegszeit ein besonderes Erlebnis gewesen sein, und der Kasten mithin einen hohen Aufforderungscharakter gehabt haben. Wie die Nachkriegskinder, ist auch der Scenokasten inzwischen »in die Jahre gekommen«, steht aber bei vielen Psychotherapeuten bis heute hoch im Kurs und fehlt meistens auch in keiner psychodynamisch orientierten Ausbildungsstätte. Anhand der vielen veröffentlichten Sceno-Fallbeispiele lässt sich Diagnostik erlernen, und mit dem Scenokasten kann auch Selbsterfahrung stattfinden. Antiquiertes wurde dabei in Kauf genommen (Lehmkuhl & Petermann, 2014, S. 28).

8.3.2 Be-Deutung

Dem Festhalten am Hergebrachten kam sicher entgegen, dass von Staabs als Entwicklerin des Scenokastens großen Wert auf eine Standardisierung legte, weshalb Neuerungen kaum Raum bekamen. Eine umfangreiche Revision wurde von Jörg Fliegner 1995 vorgeschlagen. Insgesamt 23 neue Figuren und etliche geänderte Elemente hatte er für den »Sceno-R« vorgesehen. Dieser modernisierte Kasten konnte sich aber nicht durchsetzen. Nur ganz wenige seiner Vorschläge haben in den »Zusatzkasten« zum Scenotest Einzug gehalten (Fliegner, 1995).

Schon diese minimalen Veränderungsvorschläge lösten eine heftige Diskussion über die *Bedeutungen* der einzelnen Figuren aus. Dabei hat sich der Eindruck verfestigt, als sei die Bedeutung einer Figur aus ihr selbst heraus weitgehend festgelegt. Tatsächlich ist es aus unserer Sicht nicht möglich, den spezifischen Symbolgehalt von Spielmaterialien verbindlich fest zu schreiben, oder ihnen eine allgemein gültige (soziale) Bedeutung zu geben. Damit wäre es kein Symbol, sondern ein Zeichen. Ein Symbol ist nie aus sich heraus und immer mehrfach determiniert. Entscheidend ist die Wahl und welche Bedeutung Kinder der gewählten Figur in dem jeweiligen Kontext für den Moment zuschreiben. Es handelt sich also um eine subjektive Konstruktion und die projektive Zuschreibung kann auch genau das Gegenteil dessen sein, was bei der Zusammenstellung des Spielmaterials ursprünglich beabsichtigt war, oder die meisten Menschen damit verbinden. Die Bedeutung einer eingesetzten Figur kann demnach immer nur aus der Sicht des Kindes evaluiert werden. Gerdhild von Staabs selbst wollte auch gar keinen konkreten »Bedeutungskatalog« erstellen. Eher ging es ihr darum, den einzelnen Figuren *mögliche* Bedeutungen im Sinne von Anhaltspunkten zuzuordnen (v. Staabs, 1964/1978, S. 13 ff), die sie dann selbstverständlich in die Beschreibung ihrer einzelnen Falldarstellungen hat einfließen lassen. Diese Interpretationen wurden im Laufe der Zeit – das konkrete Fallgeschehen übergreifend – generalisiert und immer wieder wiederholend zitiert, bis sich der Anschein verfestigt und verselbstständigt hatte, es handele sich um allgemeine Be-Deutungen. Dieser Quasi-Katalog allgemeingültiger Bedeutungen wiederum schien die Standardisierung des Scenokastens zu belegen und verhinderte seine zeitgemäße kritische Überarbeitung. Im Grunde ein Missverständnis projektiven Arbeitens in der Psychotherapie.

8.3.3 Material

Im Scenokasten befinden sich Menschenfiguren, Tierfiguren und zahlreiche Gegenstände in herausnehmbaren Pappschachteln sowie eine Auswahl an Holzbausteinen.

Bei den Menschenfiguren handelt es sich um wertvolle, für die damalige Zeit sehr kostbare Biegepüppchen. Während sich die relativ neutrale Mimik der Menschenfiguren nicht ändern lässt und sie brav und aufeinander abgestimmt anmuten, können mit den beweglichen Armen und Beinen verschiedene Positionen eingenommen und auch Gesten dargestellt werden, was allerdings nur beim Spiel von älteren Jugendlichen zum Tragen kommt. Kinder und jüngere Jugendliche nutzen diese Möglichkeit nur sehr selten (Fliegner, 2012, S. 16). Trotz der Magnetfüße fallen die

Figuren leicht um, wodurch ihre Praktikabilität eingeschränkt ist und hohe Ansprüche an die regulativen und feinmotorischen Fähigkeiten der Kinder gestellt werden. Die Puppen sind durch ihre Kleidung in ihrem Ausdruck und in ihrer Rolle relativ festgelegt. Rollenvariationen sind durch das Narrativ möglich oder durch Ersetzen einer Figur. Heute wirken die Puppen etwas altmodisch. Sie scheinen den Dunst der Nachkriegszeit zu atmen, obwohl die Kleidung im Laufe der Jahre etwas modernisiert wurde. Da die Figuren insbesondere zur Darstellung der Beziehungen und Konflikte innerhalb des Familienlebens dienen sollten, fehlen Menschenfiguren aus dem außerfamiliären Bereich weitgehend, sodass Berufe oder andere historische bzw. ethnische Welten nur schwer zur Darstellung gebracht werden können. Die Arztfigur ist hier eine Ausnahme, aber Hausärzte machten damals ja auch noch Hausbesuche.

Die Tierfiguren sind in ihrer Größe absichtlich nicht realistisch dimensioniert. Vielmehr soll mit der Größe ihre Bedeutsamkeit unterstrichen werden, wodurch sie vorab bereits einen festen Bewertungsansatz enthalten. Das gilt besonders für die Kuh als Sinnbild der »Großen Mutter«.

Mit Hilfe der Einrichtungsgegenstände und Zusatzmaterialien sollen Oralität, Analität, Regression und Aggression dargestellt werden können, sowie Macht oder liebevolle Zuwendung. Obwohl auch das Zusatzmaterial altmodisch anmutet, hatten Neuerungen es hier besonders schwer. Biermann hielt z. B. die Aufnahme eines Fernsehers in einen Erweiterungskasten für unnötig. Scharf lehnte er auch die Einführung eines Computers ab:

»Das Modell eines Computers in die Spielwelt des Kindes einzuführen, möchten wir [...] als ›Fortschritt in den großen Irrtum‹ bezeichnen« (Biermann, 1998, S. 197).

Manche der Gegenstände, wie z. B. das Klo, die Litfaßsäule und der Teppichklopfer, werden von den heutigen Kindern infolge ihrer überkommenen Formgebung oft nicht erkannt. Auch die spärlich vorhandenen Fantasiefiguren wie z. B. der Engel sind der Mode besonders unterworfen und damit ständig im Umbruch. Am Beispiel des Einhorns (Ergänzungskasten) lässt sich das gut ablesen: Biermann meinte noch 1998, dass das

Einhorn keinen Eingang in die Fantasiewelt der Kinder gefunden habe und es daher nicht in den Scenokasten gehöre:

> »Wenn es als Repräsentant des Phallischen gepriesen wird, fristet es sein Dasein in analytischen Büchern. Es ist deutschen Kindern auf Nachfragen weithin unbekannt. Müssen und können wir aber einem Kind das Einhorn erst erklären, um danach sein Spiel zu deuten?« (Biermann, 1998, S. 198).

Das Einhorn hat sich den Kindern inzwischen über die neuen Medien längst vertraut gemacht, aber meist nicht als phallisches Symbol! Auch hier gilt, dass die Verwendung einer Fantasiefigur immer nur im Zusammenhang mit dem einzelnen Spiel als Hervorbringung des jeweiligen Kindes in der konkreten Situation Sinn und Bedeutung erlangen kann. Biermanns kritischer Einwurf legt aber den Finger auf einen wichtigen Punkt: Die Notwendigkeit, das angebotene Spiel- und Testmaterial immer wieder daraufhin zu überprüfen, ob es noch einen Platz im Fantasieleben der heutigen Kinder hat oder in ihrem Alltag, den Bildern und Geschichten gar nicht mehr auftaucht. Dann hätte es seine Funktion als Mediator zur symbolischen Darstellung (unbewusster) Vorgänge weitgehend verloren. Andere Figürchen dagegen wären notwendig: Der seinerzeit von Biermann und Fliegner gewünschte Polizist fand nie Einzug in den Scenokasten, angeblich weil man sich nicht auf seine Uniform einigen konnte oder wollte. Es gibt auch keine Piraten, kein Gespenst, keinen Teufel und keine Hexe. Aggressionsthemen werden nur sehr spärlich und auf die Ebene der Tiere verschoben angedeutet (Krokodil, Fuchs und Ganter). Der Teppichklopfer und der Spaten (Eislöffel) sind in ihrer aggressiven Symbolik eher zurückhaltend und kein Vergleich mit den Waffen wie Pfeil und Bogen, Pistole, Gewehr oder Kanone, die heutige Kinder kennen. Auch die Sexualität ist nur dezent angedeutet, was alles sehr verständlich ist, wenn man den Scenokasten als »Kind seiner Zeit« betrachtet, eingefärbt im Geist der unmittelbaren Nachkriegsgegebenheiten, aber eben nicht mehr repräsentativ für das 21. Jahrhundert.

Im Jahr 2022 ist eine Neuauflage des Sceno erschienen (Sceno-2). Der neue Kasten ist nur noch in vier Fächer unterteilt: Bausteine, Menschenfiguren, ›Sägefiguren‹, restliche Figuren (Katze, Hund, Autos, Zug, Kleinteile). Es gibt insgesamt mehr Puppenfiguren, sie haben modernere Kleidung, freundlichere Gesichter und zum Teil eine dunkle Haut. Es ist eine Ärztin sowie eine Supermanfigur hinzugekommen, aber zusätzliche Berufe oder uniformierte Figuren fehlen weiterhin, genauso wie Waffen aller Art. Es gibt einen neuen Fernseher, ein Tablet und ein Handy. Die Tierfiguren aus dem bisherigen Ergänzungskasten (Löwe, Elefant, Einhorn) sind in vereinfachter Form enthalten (Sperrholz). Während die Litfaßsäule ersatzlos entfernt wurde, ist die überdimensionale Kuh geblieben. Das Gesamtkonzept richtet sich ansonsten weiterhin nach den Vorgaben von v. Staabs. (Lehmkuhl u. a. 2023).

8.3.4 Handhabung und Auswertung

Abb. 8.1: Scenotest eines 13-jährigen Patienten (© B. Reiffen-Züger)

Ähnlich wie bei den Vorgängern des Spiels mit Miniaturfiguren, wird das Kind dazu aufgefordert, »etwas« aufzubauen. Besonders beim Einsatz zu Testzwecken soll das Kind eine Szene aus einem Theaterstück oder Film aufstellen. Dann soll es die ganze Geschichte erzählen, die Figur auswählen, die es selber spielen möchte und ggf. noch entscheiden, wem es gut und wem es schlecht geht in seiner Geschichte. Der Behandler sollte sich möglichst zurückhalten und nicht mitspielen. Die Geschichte und das Endbild des Scenospiels sollten dokumentiert werden.

Ein 13 Jahre alter Patient lebt bei der alleinerziehenden Mutter, mit der er bis zu Beginn der Behandlung noch das Bett teilt. Er wird wegen dissozialen Verhaltens angemeldet. Die Mutter hat einen neuen Partner, der dem Patienten noch nicht vorgestellt wurde.
Der Junge baut eine Arena, in der zwei Autorennfahrer gegeneinander antreten sollen. Der ganze Kasten ist mit einer festen Mauer (Abwehr oder Schutz?) umgeben. Die Vaterfigur bekommt das Familienauto, der Großvater das Rennauto. Die Mutter versucht vergeblich, die beiden Kontrahenten zu trennen. Die beiden Männer gehen aufeinander los, bis die Autos »Schrott« sind. Der Großvater, mit dem der Patient sich identifiziert, gewinnt das Rennen (▶ Abb. 8.1).

Die (diagnostische) Auswertung von Szenen, die mit dem Material des Scenokastens erstellt wurden, sollte nach ursprünglicher Maßgabe auf verschiedenen Ebenen erfolgen. Der formale Aufbau (Verteilung auf der Fläche, Umgang mit der Begrenzung), die psychischen Instanzen (Ich-Es-Überich), die Stufen der psychosozialen Entwicklung (oral, anal, phallisch) und die Bezogenheit der Figuren (wer schaut wen an? wer steht nah zu wem?) sollten erfasst werden. Gerdhild von Staabs hat viele Beispiele mit ihren jeweils einzelfallbezogenen Deutungen veröffentlicht, aber kein explizites Auswertungsschema erstellt. Sie hat lediglich einen Beobachtungsbogen und einen Protokollbogen vorgelegt (v. Staabs, 1964/1978, S. 144f). Für die Auswertung schlug sie eine Unterscheidung von Realitätsdarstellung (bewusst–unbewusst) oder Darstellung von Wünschen oder Ängsten (bewusst–unbewusst) vor. Nur bei den unbewussten Szenen handele es sich ihrer Meinung nach um therapeutisches Material, das allerdings noch durch das Narrativ ergänzt werden sollte. Weiter legte sie besonderen Wert auf die Beobachtung des Spielverlaufs: Ob Szenen verändert und umgebaut wurden oder ob es zu Spielabbrüchen gekommen war, die als Hinweise auf Abwehr gedeutet werden konnten. Das Verhalten des Kindes in Bezug auf das Material und zum Untersucher wurde ebenfalls notiert.

Zur inhaltlichen und vor allem formalen Auswertung hat *Edeltraut Knehr* viele Anregungen gegeben (Knehr, 1982). Weiter gibt es einen Protokollbogen von Biermann, bei dem auch die sogenannten »Vulgärlösungen«[74] aufgelistet sind (Biermann, 1970). Fliegner hat im Rahmen seiner Diplomarbeit einen Auswertungsbogen zum Sceno-R zusammengestellt, der allerdings nicht veröffentlicht wurde (Fliegner, 1993). Eine ausführliche Anleitung zur Durchführung des Scenotests sowie eine Zusammenstellung von Anwendungs- und Auswertungsmöglichkeiten finden sich bei Ermert (Ermert, 1997).

Allen Auswertungsvorschlägen gemeinsam ist, dass sie aus der Zeit vor der relationalen Wende entstanden sind und damit nach dem heutigen psychodynamischen Verständnis in ihrer Betrachtung des konkreten gemeinsamen Spieles im intermediären Raum schnell zu kurz greifen.

8.3.5 Möglichkeiten und Grenzen des Spielmaterials beim Scenotest

Durch die Antiquiertheit ebenso wie durch die Auswahl der Figuren ist das Spielmaterial heute nur noch bedingt für eine psychodynamische Spieltherapie geeignet. Der Mangel entsprechender Figuren verführt dazu, Fremdes, Aggressives und Sexuelles – der Nachkriegszeit entsprechend – auszusparen. Auch fehlen zur Projektion einladende zeitgemäße Fantasiefiguren. Es ging von Staabs insbesondere um die symbolische Darstellung klar definierter unbewusster Konflikte auf der Grundlage der Freud'schen Triebtheorie und beschränkt auf das familiäre Umfeld. Für die heutige Verwendung im Rahmen einer interaktionellen psychodynamischen Psychotherapie eignen sich die Figuren aus den oben diskutierten Gründen nur noch bedingt, so dass nach einer Alternative gesucht wurde.[75]

---

74 »Vulgärlösungen« sind Szenen, wie sie von vielen gewählt werden. Sie verweisen nach Biermann auf Abwehrvorgänge und seien für die Deutung unerheblich, im Gegensatz zu den »Originallösungen«, die nur von wenigen Kindern verwendet werden.
75 Der Sceno-2 Kasten kann, ggf. zusammen mit dem Textband von v. Staabs sowie dem Heft *Sceno-2* von Lehmkuhl u. a. bei der Hogrefe Testzentrale in Göttingen bestellt werden.

8.4 Plämokasten

Der Plämokasten[76] wurde 2012 erstmals zusammengestellt. Mit seinem vielfältigen Material steht er in der beschriebenen Tradition des psychoanalytischen Spielens mit kleinen hand-lichen Miniaturfiguren, wie den Floor-Games, dem Weltspiel, dem Sandspiel und dem Scenokasten. Das Material wird im Folgenden vorgestellt sowie anhand eines Beispiels die mögliche spieltherapeutische und diagnostische Verwendung aufgezeigt.

8.4.1 Grundsätzliche Überlegungen

Das Spiel mit Figuren in dieser Größe erlaubt generell einen schnellen Einstieg ins Szenische und in den Fantasieraum, sodass das konkrete realitätsnähere Spiel der kleineren Kinder um ein mehr symbolisches Rollen-Spiel im Als-ob-Modus erweitert wird. Emotionen wie Liebe und Freundschaft, Angst, Schmerz, Ohnmacht oder Wut können im Miniaturformat leicht in wechselnden Rollen, die mit den Figuren verknüpft werden, zur Darstellung gebracht werden. Das Spiel geht schnell in die Tiefe und fast automatisch öffnet sich »ein Fenster zu den Gespenstern« (Döser, 2015). Von Staabs beschrieb bereits diese Distanzierungsmöglichkeit:

> »Unwillkürlich bewirkt dabei das *Spiel* mit *Puppenfiguren* stärkere Distanzierung vom eigenen Erleben. [...] Das Gesamtspiel mit den biegbaren Puppen in einer *Miniaturumwelt* vermag durch Anregung des Spieltriebes – selbst bei Erwachsenen – den Grad der Bewusstheit einzuschränken und damit besonders häufig ganz unmittelbar *Unbewusstes* zur Darstellung zu bringen. In der Welt des Kleinen kommen affektive Auseinandersetzungen im Spielerleben hervor, die im realen Leben häufig [...] nicht einmal in der Phantasie gewagt werden« (v. Staabs, 1964/1978, S. 12 f).

Dieses öffnende Moment gilt noch mehr für die Arbeit mit dem Plämokasten, weil das Material einen hohen Wiedererkennungswert hat und

---

76 Der Plämokasten mit dem Begleitheft kann bei der Ärztlichen Akademie für Psychotherapie von Kindern und Jugendlichen e. V. in 81241 München, Spiegelstraße 5, bestellt werden.

einen starken Aufforderungscharakter besitzt. »Böses« z. B. ist nicht nur erlaubt, sondern wird durch die Auswahl und Präsentation der Figuren als selbstverständlicher Teil angeboten.

Die »relationale Wende« in der psychodynamischen Kinderpsychotherapie erfordert ein Umdenken bei der Bereitstellung von Spielmaterial. Die Spielsachen sollen nicht nur das Kind ansprechen, sondern zum gemeinsamen co-narrativen Spiel einladen. Das heißt, dass die Spielsachen *auch den Psychotherapeuten animieren* sollen, in den gemeinsamen Spielraum einzutreten, gedanklich oder konkret, wie immer das Kind es braucht. Das Playmobilmaterial unterstützt diese Aufgabe, da auch vielen Psychotherapeuten die Playmobilfigürchen aus ihrer Kindheit oder aus dem Spiel der eigenen Kinder vertraut sind. Unter ästhetischem Gesichtspunkt lädt der Plämokasten mit seinen Kästchen zum Stöbern ein. Denn Playmobil bietet ansprechendes Spielmaterial, das in seiner Vielfalt wie eine Requisitenkammer zum *Suchen, Entdecken* und *Zusammen-Stellen* geradezu auffordert. Es wird gekramt, geschaut, ausgewählt, probiert oder verworfen, bis eine Figur so ausgestattet ist, dass sie »passt« und kreativ für die eigenen Szenarien verwendet werden kann.

Die bunten thematisch geordneten Kästchen des Plämokastens strukturieren das Angebot. Sie stellen einen Kompromiss dar zwischen Anmutung und Entdeckungsmöglichkeit, so wie es bei vielen Psychotherapeuten im »großen« Spieltherapiezimmer mit den teilweise verschlossenen und teilweise offenen Kästen und Schränken gehandhabt wird. Wenn dem Kind eine Figur »ins Auge springt«, kann diese (ggf. verändert) mit anderen Figuren »ins Benehmen gesetzt« werden, sodass sich rein intuitiv eine figürliche Darstellung innerer Bilder, Szenen und Geschichten auf der Spielfläche entfaltet.

Das Spiel mit den kleinen Figuren des Plämokastens setzt allerdings einen gewissen Entwicklungsstand voraus. Für *Kinder unter 3 Jahren* gibt es speziell angepasstes Playmobil-Spielmaterial aus der Serie 1–2–3, mit dem der Mini-Plämokasten bestückt wurde. Das reguläre Playmobilmaterial ist nicht nur wegen der verschluckbaren Kleinteile für diese Altersgruppe ungeeignet. Kinder in diesem Alter sind motorisch und haptisch noch nicht in der Lage, die kleinen Figuren für Ihr frühes Fantasiespiel in die Hand zu nehmen und mit Accessoires zu versehen. Vor allem sind sie aber für die Symbolisierungsleistung und das Rollenspiel im Als-ob-Modus

8.4 Plämokasten

Abb. 8.2: Der Plämokasten-L der Ärztlichen Akademie für Psychotherapie von Kindern und Jugendlichen e. V. (© Oliver Sold). Es gibt außerdem einen kleineren Plämokasten-S mit reduziertem Material, sowie einen Mini-Plämokasten für die unter 3-Jährigen mit Material aus der Playmobil 1–2–3 Serie.)

einfach noch zu klein. Der Plämokasten sollte deshalb erst ab 3 Jahren bis zum Beginn der Pubertät als Rollenspielmaterial verwendet werden.[77] Für ältere Kinder und Jugendliche ist er auch, allerdings auf andere Weise geeignet. Jugendliche inszenieren z. B. mit dem Material »echte« Filme, nutzen Postkarten oder Bilder als Kulissen und halten ihr Werk in selbst gedrehten Videoclips fest.[78] Wenn Kinder nicht (mehr) oder noch nicht spielen können, können gerade mit dem harmlos anmutendem Playmobilmaterial einfache Handlungen gewagt werden, die für den Aufbau der Spielfähigkeit im gemeinsamen Tun von Patienten und Psychotherapeuten einen wichtigen Einstieg darstellen. Mit dem Material des Mini-Plämokastens werden die Kleinkinder (unter 3 J.) auf der Ebene des Primärprozesshaften angesprochen: die Figuren sind haptisch und optisch sehr ansprechend. Es verwundert allerdings nicht, dass auch ältere Kinder zu diesen Figuren greifen, insbesondere wenn sie nicht altersgerecht entwickelt sind, (noch) nicht richtig spielen können, oder sich in einer regressiven Phase befinden.

8.4.2 Materialauswahl und -bedeutung

Infolge der Entwicklung der theoretischen Grundlagen und angelehnt an den Zeitgeist, ist das szenische Material des Plämokastens notwendigerweise *vielfältiger, zahlreicher und differenzierter*, als es z. B. beim Scenokasten noch der Fall ist. Die Figuren sind auch deutlich zusammengehöriger und aufeinander abgestimmter als die individuell und eher zufällig zusammengestellten Figuren der Floor-Games oder des Sandspiels. Sie können vielfältige, auch außerhalb der Familie angesiedelte »Welten« des Kindes repräsentieren, seien es andere Berufe, Ethnien, oder schwierigere Themen wie Sexualität, Aggression oder die »dunkle Seite« des Erlebens.

---

77 Bei weniger ichstrukturierten bzw. jüngeren Kindern kann eine kleinere Auswahl der herausnehmbaren Kästchen zur Verfügung gestellt oder die Kleinteile weitgehend eliminiert werden, da sie von der größeren Differenzierung noch nicht profitieren können.
78 Pate dafür stehen z. B. die YouTube Videos »Sommers Weltliteratur to go«, in denen mit Playmobilfiguren Theaterstücke und Geschichten der großen Literatur in Kurzform dargestellt werden.

8.4 Plämokasten

Anliegen der Firma Playmobil und ihres Gründers war, für Kinder eine heile und friedliche Welt zum Rollenspielen anzubieten. Getragen von dieser eher pädagogischen Ambition, waren die Playmobilfiguren als psychotherapeutisches Material zunächst nicht vorgesehen. Inzwischen sind auch weniger »friedliche« Figuren hinzugekommen. Es zeigt sich schon seit Jahren, dass es als aktuelles und multivalentes Material hervorragend auch für den Einsatz in der kinderpsychotherapeutischen Praxis geeignet ist. Günstig ist dabei auch, dass das Material stabil steht, sehr strapazierfähig ist und nur selten kaputtgeht. Es lässt sich »gebrauchen«. Die Figuren halten Sand, Wasser und auch heftige Kämpfe aus.[79]

Die Darstellung von Emotionen wurde in den letzten Jahren bei Playmobil besonders beachtet. Die Figuren hatten bis vor kurzem nur das ewig lächelnde Smiley-Gesicht. In den neueren Playmobilwelten gibt es inzwischen andere Gesichter, die mit Mund, Augen, Wimpern, Brauen, Bart, Brille und Rouge ausdrucksstärker geworden sind und auch angstmachend oder verführerisch aussehen können. Mit Hilfe der beweglichen Köpfe, Arme, Beine und Hände sind Körperstellungen und Gesten möglich, die z. B. auf Angriff oder Flucht bzw. Macht und Ohnmacht hinweisen können.

Die Materialien des Plämokastens sind so zusammengestellt, dass mit ihnen so weit wie möglich die Erinnerungen, Repräsentanzen, Affekte und Stimmungen aus der realen äußeren ebenso wie der inneren seelischen Welt von Kindern in Szene gesetzt werden können. Um das bewerkstelligen zu können, übernimmt der Plämokasten dezidiert nicht die von Playmobil vorgegebenen thematischen Welten. Leitend für die Auswahl sind vielmehr die diagnostisch-therapeutischen Grundlegungen psychodynamischer Behandlungsarbeit. Jede Figur und jedes Objekt aus den verschiedenen Themenwelten wurde sorgfältig geprüft und ausgewählt hinsichtlich ihrer »Tauglichkeit« und Verwendbarkeit in der psychothera-

---

79 Psychotherapeuten sollten allerdings defekte Materialien nicht einfach (oder gar heimlich) verschwinden lassen, sondern sie therapeutisch nutzen, denn schließlich repräsentieren sie einen Raum der Verletzung, einen Fehlerraum und sind Ausdruck realer Zerstörungsmöglichkeit und somit (auf der Ich-Ebene) ein »Lehrstück« für den Umgang mit Wut, Aggression und Zerstörungslust. Unter symbolischem Blickwinkel können z. B. Figuren mit abgebrochenen Gliedmaßen invalid sein oder Kastration verkörpern.

peutischen Arbeit mit Kindern, Jugendlichen und ihren Bezugspersonen. Herausgelöst aus ihrer ursprünglichen thematischen Zuordnung und Festlegung ergibt sich für die einzelnen Spielobjekte eine Vielzahl neuer, auch unerwarteter Möglichkeiten im Rahmen individueller Darstellung in der psychotherapeutischen Verwendung.

Z. B. können durch die Variabilität bei der Hautfarbe, der Kleidung und den Frisuren eine Vielzahl von Ethnien ins Spiel gebracht werden. Exotisches kann faszinieren und Hilfsbereitschaft akzentuieren, es können aber auch Fremdenangst und Hass auf das Andersartige und die »Ausländer« zum Ausdruck gebracht werden, Emotionen, die über das Rollenspiel einer Bearbeitung zugänglich werden.

So ist das Material immer sowohl für die Darstellung der unterschiedlichen alltäglichen Problembereiche im Hier und Jetzt offen und gleichzeitig auch auf viele verschiedene Fantasieräume und die Tiefendimension ausgerichtet. Wenn z. b. das Thema Sexualität bei Playmobil im Wesentlichen noch immer auf die traditionelle Rolle der Frau und Mutter mit Kinderwagen, Busen oder schwangerem Bauch zentriert ist, sind mit Hilfe von Attributen aus den verschiedenen Welten durchaus weitergehende sexuelle Darstellungsmöglichkeiten gegeben, zumal auch einige der Tierfiguren erkennbare Geschlechtsmerkmale bekommen haben. Insbesondere seitdem die Figuren bis auf die Unterwäsche entkleidet werden können und es Ehebetten gibt, können Primärszenen und ödipale Auseinandersetzungen dargestellt werden.

Für alle Figuren, Objekte und jegliche Accessoires gilt, dass sich der Sinn des Dargestellten und die Bedeutung der Figuren nur durch die Zuschreibungen seitens des Kindes erschließen. Auch beim Plämokasten gibt es – projektiver Logik folgend – *keinen allgemein gültigen Bedeutungskatalog.* Ihre Bedeutung bekommen die Figuren erst durch die Wahl, Ausgestaltung und das konkrete (gemeinsame) Spiel, durch ihre Rolle, Funktion und das spezifische Handling in der jeweiligen Szene.

Der Plämokasten der Ärztlichen Akademie wird alle 1–2 Jahre neu aufgelegt. Dabei wird das Material geprüft, ersetzt oder erweitert, aber keinesfalls beliebig, sondern immer so ausgewählt, dass auch bei veränderter äußerer Erscheinung die *innere symbolische Möglichkeit* erhalten bleibt. So kann beispielsweise ein Säbelzahntiger von einem Drachen ersetzt werden oder ein Engel von einer Fee. Wichtig ist, dass »das Bedrohliche« bzw. »das Schützende« repräsentiert bleiben. Infolge dieser fortlaufenden Revision bleibt das Material aktuell. Es ist übrigens problemlos möglich, das Material mit weiteren Figuren anzureichern.[80] Der Plämokasten enthält Männer, Frauen, Jugendliche und Kinder sowie Tiere, Fantasiefiguren und Kulissenmaterialien. Die Figuren ermöglichen über die Variabilität von Kleidung, Ausstattung und Accessoires ganz unterschiedliche Rollenausgestaltungen und Zuschreibungen. Wichtige Kinderspiele wie Vater-Mutter-Kind, Lehrer-Schüler, Doktorspiele, Schatzsuche und Rivalitätskämpfe können in Szene gesetzt werden, aber auch Emotionen wie Angst, Aggression, Ohnmacht, Regression usw. zur Darstellung kommen.

Die Jugendlichen-Figuren laden mit ihren altersgerechten Attributen zur Identifizierung ein und erleichtern die Darstellung der eigenen Rolle in der Peergroup oder der Familie, insbesondere des pubertätsbedingten Konfliktpotentials in der Beziehung zu den Eltern, den Gleichaltrigen oder den »Mächtigen«.

Babys, Kleinkinder und Schulkinder können bei der Gestaltung der Szenen der eigenen heutigen oder vergangenen, realen oder fantasierten Kinderzeit Ausdruck verleihen und ggf. Regression oder Fixierung andeuten.

Haus- und Hoftiere, freilebende Tiere und Zootiere sind oft treue Begleiter und Helfer der Kinder und verfügen über Fähigkeiten, die Menschen nicht haben können (z. B. Fliegen). Sie verleihen über Identifikation fantastische Kräfte. Fantasiefiguren laden in ihrer Fremdartigkeit und Realitätsferne noch stärker als die Tierfiguren dazu ein, »gewagte« Wege zu erproben: Auf dem Rücken eines Drachen davonzufliegen kann noch schöner sein als Nils Holgerssons Reise auf der Gans in der Geschichte von Selma Lagerlöf.

Kulissenmaterial wie Haus, Baustelle, Zäune, Fahrzeuge und archetypische Symbole wie Feuer, Erde, Wasser, Wald kann unterstützend atmosphärische und situative Gegebenheiten darstellen und verstärken.

---

80 Kreative Kinder (und Psychotherapeuten) können aus Knete und anderen Bastelmaterialien (siehe Anhang) Fehlendes nachbauen und so den Kasten ergänzen.

8.4.3 Handhabung und Auswertung[81]

Für das freie Spiel im Rahmen der psychotherapeutischen Behandlung genügt es, den Plämokasten zu öffnen, die Spielfläche und die beiden Materialebenen herauszunehmen und ggf. die Figuren der unteren Ebene aufzustellen. Das Kind kann einfach schauen, kramen, auswählen, die Figuren ausstatten und sie auf die Fläche (bzw. in die Sandkiste) stellen. Der Psychotherapeut »hilft« auf Verlangen des Kindes mit und begleitet es. Dabei ist auf kommentierende oder gar kritisierende Äußerungen möglichst zu verzichten. Das Kind soll sich sicher aufgehoben fühlen und spüren, dass es Regisseur seines Spieles ist, dass es in dem geschützten therapeutischen Raum alles spielen und sagen darf, was ihm gerade einfällt. Der Psychotherapeut ist also eher »Handlanger« im Dienste des kindlichen Spiels, der auch für Beleuchtung, Ton oder Kulisse sorgt und sich anbietet das Skript/Drehbuch niederzuschreiben. Denn das *Narrativ* der mit Playmobil spielenden Kinder reichert die Szenen an.

Der Plämokasten kann sowohl für die psychotherapeutische Behandlung als auch zur Diagnostik verwendet werden (zum diagnostischen Vorgehen vgl. Lehmhaus & Reiffen-Züger, 2024, S. 253 ff). Sowohl auf den Achsen Konflikt als auch auf den Achsen Struktur, Beziehung und Behandlungsvoraussetzung der OPD-KJ- 2 kann die Arbeit mit dem Plämokasten wertvolle diagnostische Hinweise liefern. Der Umgang mit dem Material und der erforderlichen Ordnung sowie dem Prozess des Einräumens ermöglicht im Übrigen wichtige Beobachtungen für die Einschätzung von Problem, Struktur und Beziehung.

Seitens der OPD-KJ-2 Arbeitsgruppe wird empfohlen, die Diagnostik bei Kindern der beiden ersten Altersstufen (3–12 J.) vorwiegend mit Hilfe von Spielmaterialien durchzuführen. Sie nennen insbesondere den Scenotest, das Geschichtenergänzungsverfahren[82] und das Kritzelspiel Squ-

---

81 Eine Kopiervorlage für den Protokollbogen finden Sie unter www.aerztliche-akademie.de

82 Das Zubehör für die Darstellung der Ausgangsszenen im *Geschichtenergänzungs-Verfahren* sind im großen Plämokasten enthalten. Siehe auch (Lehmhaus & Reiffen-Züger, 2024, S. 190 ff).

iggle[83] (OPD-KJ-2, 2016, S. 85). Der Plämokasten als Spieltest bietet sich als zusätzliche Alternative an.[84]

8.4.4 Ein Beispiel

Eine 14-jährige noch recht kindliche Jugendliche, die wegen depressiven Rückzugs vorgestellt wird, klagt ständig über Bauchweh, verweigert den Schulbesuch trotz guter Leistungen, fühlt sich schlapp und hat in wenigen Monaten mehr als 6 kg Gewicht verloren. Es gibt keinen Anhalt für eine Magersuchterkrankung. Sie lebt in einer intakten Familie. Mehrere Klinikaufenthalte haben bis dahin keine somatische Ursache gefunden.

Die Patientin spielt einen Autounfall mit versuchter Fahrerflucht: Ein Mädchen wird von einem zu schnell fahrenden Auto angefahren. Eine Frau beobachtet den Unfall. Beherzt stellt sie den flüchtenden Fahrer, der die Unfallstelle verlassen wollte, ohne sich um das Kind zu kümmern. Sie ruft den Krankenwagen und die Polizei und stellt sich als Zeugin zur Verfügung. Der Autofahrer wird von der Polizei abgeführt und kommt ins Gefängnis. Das Mädchen ist verletzt worden und kommt ins Krankenhaus. Dort wird sie von den liebevollen und besorgten Eltern besucht.

In einer versuchsweisen Perspektivenübernahme identifiziert sich die Patientin jeweils mit der entrüsteten und beherzten Zeugin, der strengen und konsequenten Polizistin, der zugewandten und helfenden Sanitäterin, der beruhigenden und heilenden Ärztin, oder der besorgten Mutter und erzählt die Geschichte jeweils aus deren Sicht, wählt für ihre Geschichte letztendlich dann aber doch das verunfallte Mädchen als Identifikationsfigur. Den »bösen« Fahrer will sie nicht spielen.

Einige Tage nach dieser Sitzung traten verstärkt somatische Symptome

---

83 vgl. Winnicott (1971) und Günter (2003)
84 In einer Begleitstudie der Universität Heidelberg wurde unter der Leitung von Prof. Dr. Martin H. Maurer in Kooperation mit der Ärztlichen Akademie für Psychotherapie von Kindern und Jugendlichen e. V. wissenschaftlich untersucht, ob der Plämokasten die Achsen Beziehung, Konflikt, Struktur und Behandlungsvoraussetzung der *OPD-KJ-2* diagnostisch abdecken kann (Juen u. a., 2024).

auf, so dass die Patientin wieder stationär aufgenommen werden musste. Erst jetzt wurde bei ihr eine chronische entzündliche Darmerkrankung diagnostiziert, die sich als gut behandelbar erwiesen hat.

Ich frage mich, ob die Patientin unbewusst schon diese Erkrankung wahrgenommen hatte?

In der weiteren psychotherapeutischen Behandlung spielten nun unterschiedlichste Aspekte eine Rolle. Ein Teil kreiste um die Akzeptanz und Integration der somatischen Erkrankung: Wer ist schuld? Warum wurde das nicht erkannt? Warum ich? Gleichzeitig kamen regressive Bedürfnisse nach Nähe, Versorgung und Rücksicht auf.

Zu fragen ist, ob dies der Schwelle zur Adoleszenz geschuldet ist, oder eine Reaktionsbildung auf die chronische Erkrankung ist, die ihr altersgemäßes aber illusionäres Gefühl der »Unverletzlichkeit« zerbrechen lässt. Sie verschiebt ihre narzisstische Desillusionierung, indem sie heftige Vorwürfe gegen den rabiaten Fahrer erhebt, der in seiner übersteigerten Dynamik dem entwicklungsverzögerten Mädchen ohne Rücksicht auf Verluste »an die Karre fährt« (und ihren weiteren Weg grundlegend behindert).

Es gelang der Jugendlichen in ihrem Plämo-Spiel den Schlüssel für Veränderung und Gesundung zu finden.

Dieses Beispiel zeigt, dass das Spiel mit den ausgesuchten Playmobilfiguren schnell »in die Tiefe« gehen kann. Durch das unbefangene freie Spiel mit dem vertrauten Material kam die Patientin wie von selbst in den »flow« und damit ans »Eingemachte«.

Der Psychotherapeut, der sich dem spielenden Kind im intermediären Raum spielerisch anschließt, kann davon leicht »angesteckt« und zu entsprechender Resonanz animiert werden. Gleichzeitig aber hat er als Behandler die wichtige Aufgabe, das Spiel und seine Folgen zu erkennen und zu »containen«. Dafür ist es erforderlich, dass er sich auch bei sich selber mit diesen durch das Spielen hervorgerufenen heftigen Affekten und Fantasien »auskennt«, die vor allem dem Primärprozess geschuldet sind. Das scheint besonders wichtig im Bereich von Aggression und Destruktion, damit das Spiel nicht durch die Resonanz des Behandlers unzulässig befeuert, transformiert oder aber beschnitten wird.

8.4 Plämokasten

Abb. 8.3: Fahrerflucht (© B. Reiffen-Züger)

Abb. 8.4: Tatzeugin (© B. Reiffen-Züger)

8 Spiel und Spielen mit Miniaturfiguren

Abb. 8.5: Verhaftet (© B. Reiffen-Züger)

Abb. 8.6: Die Patientin (© B. Reiffen-Züger)

8.5 Zusammenfassung, weiterführende Literatur und Fragen

Zusammenfassung

Zusammenfassung

Kleine Spielfiguren eignen sich hervorragend zur Darstellung der inneren und äußeren Welt. Das hatten vor von Staabs auch schon viele andere Kindertherapeuten herausgefunden und beschrieben. Ihre Spielangebote variieren in Anzahl der Figuren, Art der Darbietung und bereitgestellter Spielfläche. Von Staabs entwickelte Mitte des vorigen Jahrhunderts auf der Grundlage der Freud'schen Trieblehre, eingefärbt durch den Geist der Nachkriegszeit, einen Kasten mit relativ wenigen, festgelegten und für die damalige Zeit einzigartigen Spielmaterialien. Die von ihr betonte Standardisierung verhinderte allerdings im Zuge der Zeit notwendige Ergänzungen, Neuerungen und Anpassungen an das geänderte Spielverhalten und die Spielumwelt der Kinder.

Der Plämokasten wurde als diagnostisches und spieltherapeutisches Instrument auf psychodynamischem Fundament mit dem Ziel der Anpassung an den Spielewandel zusammengestellt. Er bietet den kleineren und größeren Patienten und ihren Psychotherapeuten modern anmutendes und gleichzeitig vertrautes Spielmaterial zur szenischen Darstellung von Erlebnissen aus Fantasie und Realität ebenso wie von Wünschen, Sorgen und Konflikten an. Die vielfältigen sorgfältig zusammengestellten kleinen Figuren laden Kind und Psychotherapeut über mögliche Eingebungen und Projektionen zum spontanen (gemeinsamen) Rollenspiel ein. Es handelt sich nicht um einen genormten Testkasten, der Plämokasten kann aber zur Diagnostik nach den Kriterien der OPD-KJ-2 verwendet werden. Das Material kann jederzeit den persönlichen Wünschen und Vorlieben oder besonderen Bedürfnissen eines bestimmten Klientels angepasst und entsprechend ergänzt werden.

Vertiefende Literatur

Ermert, C. (1997). *Scenotest Handbuch.* Bern: Hans Huber.
Fliegner, J. (2014). *Scenotest-Praxis* (5. Aufl.). Heidelberg und Kröning: Asanger.
Lehmhaus, D. & Reiffen-Züger, B. (2024 [2017]). *Psychodynamische Diagnostik in der Kinder- und Jugendlichen-Psychotherapie.* Frankfurt/M: Brandes & Apsel.
Reiffen-Züger, B. & Lehmhaus, D. (2023 [2012]). *Begleitheft Plämokasten.* München: Ärztliche Akademie e.V.
Seitz, A. (2016). Die Sandspieltherapie nach Dora M. Kalff. *Analytische Kinder- und Jugendlichenpsychotherapie, 169,* 64–86.

Weiterführende Fragen

- Erklären Sie, warum das Spiel mit den Miniaturfiguren so leicht »in die Tiefe« geht.
- Welche »Vorläufer« hat der Plämokasten? Charakterisieren Sie die Gemeinsamkeiten und die Unterschiede.
- Erklären Sie, inwiefern der Scenokasten »ein Kind seiner Zeit« ist.
- Welche psychodynamisch relevanten Bereiche sind beim Scenokasten zu kurz gekommen?
- Nenne drei Gründe, weshalb die Plämokästen L und S für Kinder unter 3 Jahren nicht geeignet sind.
- Wie können ältere Kinder und Jugendliche den Kasten nutzen?
- Ist der Plämokasten auch für die Diagnostik geeignet?

9 Spiel und Spielen im digitalen Zeitalter

In dem folgenden Kapitel wird die Frage behandelt, warum Kinder- und Jugendlichenpsychotherapeuten sich mit den digitalen Spielen und den modernen Medien auseinandersetzen sollten und wie sie das am besten tun. Kinder und vor allem Jugendliche bringen ihre Geräte mit in die Praxis oder erzählen über ihre Spielerlebnisse. Sie möchten uns teilhaben lassen und suchen ein kompetentes Gegenüber, manchmal auch einen »Mitspieler«. Sie sind uns dabei in der Regel weit voraus.

Manche Patienten leiden unter den neuen Formen dysfunktionaler Beziehungsgestaltung im Bereich der sozialen Medien. Sie brauchen unsere fachkundige Hilfe.

Besorgte Eltern befürchten, dass ihre Kinder computerspielsüchtig geworden sind und suchen bei uns Rat.

Unsere differenzierte und fachkundige Einstellung ist daher erforderlich, wobei wir nicht nur die Gefahren sehen, sondern auch Möglichkeiten und Wege eines unvoreingenommenen psychotherapeutischen Umgangs mit den neuen Medien erkennen sollten. Dies wird anhand von Beispielen verdeutlicht.

9 Spiel und Spielen im digitalen Zeitalter

9.1 Ein Marktphänomen?

Viele der bekannten Spiele und Spielarten haben ihre Bedeutung bis ins 21. Jahrhundert behalten. Sie werden weiterhin »analog«[85] gespielt, zunehmend aber auch in digitaler Form. Der Umsatz bei den digitalen Spielen steigt ständig an, wobei Deutschland nach Umsätzen zu den größten Märkten weltweit für solche Spiele gehört (BIU, 2017). Laut einer aktuellen Prognose (18. April 2017) wird dieser Markt bis 2021 weltweit ein Gesamtvolumen von rund 67 Milliarden US-Dollar erreichen (Statista, 2017). Im Jahr 2022 betrug der Umsatz mit Videogames (ohne Hardware) in Deutschland rund 6,38 Milliarden Euro. (Statista April 2023).

Die Kommerzialisierung des digitalen Spielens hat System: Die Compliance der zukünftigen Beschäftigten für die Nutzung der neuen Medien in den verschiedenen Wirtschaftszweigen und Berufen soll schon früh spielerisch gestärkt werden und die Basiskompetenzen im Umgang mit ihnen sollen schon im Kindesalter erworben werden. Die virtuelle (internetbasierte und digitalisierte) Gesellschaft wirft ihren Schatten voraus, und zwar in einem Ausmaß, welches »Big Brother« sich für »1984« nicht hat träumen lassen (Orwell, 1946/1994). Haben wir bereits unseren »Spion in der Hosentasche« (Müller, 2017) und lassen uns mit Fake News und durch Big Data unterstützt gezielt überwachen, instrumentalisieren, und manipulieren? Wollen wir daran mitwirken, unsere Kinder frühzeitig auf eine solche Zukunft vorzubereiten bzw. sie »passend« zu formen? Gleichwohl scheint eine Dämonisierung der digitalen Spiele auch keine Lösung. Eine generelle Abwehr würde die Kinder und Jugendlichen im Stich lassen, statt ihnen den vernünftigen Umgang mit diesen »Verführern« beizubringen. Zumal wir einräumen müssen, dass die Digitalisierung bereits Realität ist und dass wir Erwachsenen, was diesen Bereich angeht, von den Kindern längst überholt oder sogar abgehängt wurden. Die Nutzung der digitalen Medien ist bei den Kindern und Jugendlichen von heute ein fester Be-

---

85 Der Begriff *analog* wird hier für das herkömmliche Spiel als Gegensatz zum digitalen Spiel verwendet. Der Begriff *digital* bezeichnet die Verwendung von Hardware (Geräten) und Software (Programmen). Werden zusätzlich auch Netzwerke (Internet) verwendet, spricht man von *virtuell*.

standteil ihres Alltags, ihres Erlebens und Spielens: Es ist ein Faktum, mit dem wir uns beschäftigen müssen, wenn die generative Kluft nicht noch größer werden soll. Das gilt auch, solange wir die Bedeutung noch gar nicht richtig, geschweige denn abschließend fassen und absehen können.

9.2 Digitales Spielen – (k)ein Thema für die psychodynamische KJP-Praxis?

Warum spielen so viele Kinder und Jugendliche diese neuen digitalen Spiele? Was spielen sie da eigentlich und was macht das digitale Spielen so attraktiv? Ist es förderlich oder gefährlich für ihre Entwicklung? Sind es überhaupt Spiele im eigentlichen Sinne: frei wählbar, kreativ nutzbar, offen für Symbolisierung und eigene Fantasie? Oder sind Inhalt und Spielart so sehr vorgegeben, dass die befreiende und ggf. auch heilende Funktion des Spielens verloren geht? Können oder müssen wir die neuen Spiele in die psychodynamische Psychotherapie hineinlassen? Und wenn ja, wie könnte das gelingen? Das sind die Themen, die im Folgenden erörtert werden sollen.

Digitale Spiel- und Kommunikationsmittel werden von den heutigen Kindern und Jugendlichen ganz selbstverständlich genutzt, und zwar mit einer intuitiven Fähigkeit, die ihre Eltern, Großeltern und oft auch ihre Psychotherapeuten »alt aussehen« lassen. Daher führt digitales Spielen und Chatten oft auch zu Problemen im gemeinsamen Alltag: Die Kinder spielen zu lange, zu »gewalttätig«, zu isoliert, sie bewegen sich nicht oder nutzen »verbotene« Seiten, wo sie mit Pornographie und Horrorbildern konfrontiert oder – mit Hilfe von KI[86] erzeugten – Fakenews und rechtspolitischer Stimmungsmache indoktriniert werden. Manche Kinder und Jugendliche sind internet(spiel)süchtig[87], andere werden im Netz ge-

---

86 Künstliche Intelligenz
87 Durch die Aufnahme der neuen Kategorie »Störungen durch süchtiges Verhalten« in der ICD-11 wurde durch die Weltgesundheitsorganisation (WHO) offi-

mobbt. Auch auf diesem Weg werden Psychotherapeuten mit den neuen Medien konfrontiert und sollten sich auskennen sowie positionieren. Es ist nicht leicht, eine fachkundige und dazu ausgewogene Einstellung zu entwickeln, ohne sich in den Extremen von Pro und Contra zu verlieren. Es wird meistens unterstellt, dass eine psychotherapeutische Begegnung im imaginären Raum bei diesen Spielen nicht stattfinden könne, so dass die digitalen Medien ungeeignete Spielgeräte für die psychotherapeutischen Behandlungsstunden seien.

9.3 Real, digital, ganz egal?

Obwohl die herkömmlichen »hand-festen« analogen Spiele weiterhin einen wichtigen Platz beim täglichen Spiel der Kinder einnehmen, erobern PC, Konsole, Tablet und Smartphone zunehmend das Kinderzimmer, den Pausenhof und die Peergroup. Dabei verwischen sich die Grenzen zwischen analogen, realen, digitalen bzw. virtuellen Spielen immer mehr. Es lässt sich nicht wegdiskutieren, dass das Spiel und das Spielen in diesem noch jungen 21. Jahrhundert immer virtueller und immer fantastischer geworden ist und doch als real erlebt wird. Die neuen VR-Brillen z. B. ermöglichen ein Spielen »wie in echt«. Tendenziell wird aus dem »Als-ob« ein digital vermitteltes virtuelles auch mit Hilfe von KI »echtes« und »reales« Spielerlebnis.

Digitales Spielen ist *mobil* geworden. Das Smartphone ermöglicht jederzeit und überall Zugang zu den Spiele-Apps und den »Social Media-

ziell anerkannt, dass belohnende Verhaltensweisen, analog zu psychotropen Substanzen, abhängig machen können. Neben der bereits in der ICD-10 gelisteten Glücksspielstörung wurde die Computerspielstörung als neue Diagnose in diese Kategorie aufgenommen. Das Krankheitsbild ist charakterisiert durch Kontrollverlust, Priorisierung des Gamings vor anderen Aktivitäten, Fortsetzen des Gamings trotz negativer Konsequenzen sowie der Bedingung, dass durch die Symptomatik ein signifikanter Leidensdruck verursacht wird.

Apps«, in denen Beziehung gestaltet und *mit Beziehungen gespielt* wird. Der heimische PC bleibt für die »richtigen« Spieler aber das wichtigste Spielgerät, mit dem Hören, Sehen, Schreiben und Sprechen parallel erfolgen können, was für den Spaß an den MMORPGs (Massively Multiplayer Online Role-Playing Games) notwendig ist.

9.4 Was ist das denn für Spiel-Zeug?

Als Anfang der 1980er Jahre die ersten spielfähigen PCs auf den Markt kamen, waren sie auch für Anfänger noch relativ leicht programmierbar. Zahlreiche PC-Spiele wurden von Schülern und Studenten selbst gemacht. Copyright und Datenschutz für diese Software gab es noch nicht. Es wurde »wild darauf los programmiert«, bei einander abgeguckt, kopiert und getauscht. Es war ein kreativer Umgang mit den neuen Medien, in engen technischen und finanziellen Grenzen! Erste Jump-and-Run-, Puzzle-, Sport-, Adventure-, Space-, Action- und »Baller«-Spiele entstanden.[88] Das Spiel »Ballerburg« war eins der beliebtesten ATARI-Spiele der ersten PC-Jahre.[89]

Bei diesem einfachen Spiel gibt es für zwei Spieler jeweils eine Burg, mehrere Kanonen und einen Berg dazwischen. Die wechselnde Windstärke, die Entfernung sowie die Höhe des Berges müssen bei der Ausrichtung der Kanonen berücksichtigt werden. Wer als erster die Fahne, die Kanonen und das Gebäude des anderen zerstört und den König abgeschossen hat, gewinnt das Spiel. Geschossen wird reihum.

Es ist ein *Ballerspiel*, ähnlich wie das analoge Spielen mit Zinnsoldaten, Panzern und Holzschwertern und den entsprechenden Spielmöglichkeiten

---

[88] Sie können, technisch transformiert, bis heute unter der Kategorie »*Retrospiele*« im Internet heruntergeladen und gespielt werden.

[89] Eckhard Kruse, der Erfinder des Spieles, hat nach eigenen Angaben als Schüler einen Monat, jeweils nachmittags nach Schulschluss, für die Entwicklung dieses Spieles benötigt. Heute ist er Professor für Angewandte Informatik.

9 Spiel und Spielen im digitalen Zeitalter

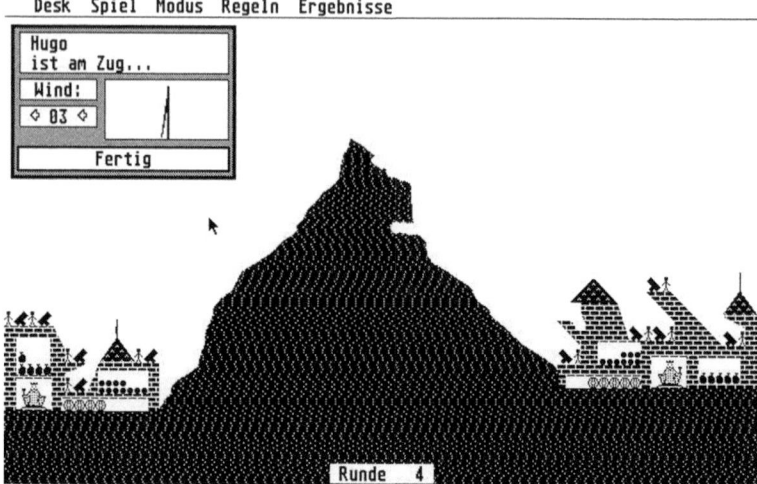

Abb. 9.1: Ballerburg (1987) (© Eckhard Kruse, mit freundlicher Genehmigung von Prof. Dr. Eckhard Kruse, www.eckhardkruse.de)

im Sandspiel. In dem nachfolgenden Beispiel aus einer Behandlungsstunde soll der für den Patienten hilfreiche relationale Aspekt dieses Spiels hervorgehoben werden.

Ein fast 12 Jahre alter Junge, der sehr unter seiner Familiensituation leidet (Vater unbekannt, Mutter als Prostituierte tätig, er Schlüsselkind) versagt in der Schule und fällt dort durch renitentes Verhalten auf. Er spielt das Ballerburgspiel gegen mich sehr geschickt. Ich spüre zwar seine Intention zum Siegen und seine Angriffslust, aber dahinter auch seine emotionale Bedürftigkeit, so als wolle er mich im Ur-Sinn von Aggression[90] »erreichen«. Mitten im Gefecht sagt er: »Ich computere dich«. Es fühlt sich wie eine Liebeserklärung an, aber eher von einem ganz kleinen Jungen. Ein Beziehungsangebot dieses früh geschädigten Kindes, das seine aggressiven Impulse der geliebten Mutter (und The-

---

90 Raymond Battegay (1979) beschreibt in seinem Buch »*Aggression, ein Mittel der Kommunikation?*« diese Aggression im Dienste der Kontaktaufnahme.

rapeutin) gegenüber hier symbolisch ausagieren kann, um sie nicht real zu verletzten (und sie dadurch ggf. zu verlieren).

9.5 Die nächsten Spiele-Generationen

In den frühen 1990er Jahren lernten die PC-Spielfiguren gehen, sprechen und Werkzeuge benutzen. Es war die Zeit der Adventure-, Renn- und Sportspiele. Diese konnten nur noch von Profis erstellt werden. Infolge dieser Professionalisierung wurde »Spieleentwickler« damals zu einem häufig formulierten Berufswunsch, insbesondere bei den Jungen.

2004 revolutionierte die Entwicklung von Web 2.0 die Spielewelt, als es die Möglichkeit als »Mitmachnetz« (Social Web) eröffnete. Während Web 1.0 (Internet der Dokumente) nur zu Informationszwecken genutzt werden konnte und nur einfache Spiele von Einzelnen ermöglichte, war Web 2.0 für Interaktion, social communitys, Blogs und Foren geöffnet. Das gemeinsame Spielen im Netz, oft mit vielen »Freunden«, wurde möglich, und intensives »Chatten« etablierte sich. Damit stellten sich neue Probleme ein (Computerspielsucht, Mobbing usw.).

Inzwischen ist das Web 3.0 (»Semantic Web«) als Erweiterung des Web 2.0 fest etabliert. Die von den Anwendern mehr oder weniger freiwillig bereitgestellten Informationen werden mit Daten aus anderen Quellen verknüpft (Big Data), wodurch gezielt, schnell und genau geworben, überwacht und gesteuert werden kann. Das eröffnet wiederum neue Problemfelder für die User. Die untereinander verknüpften Informationskanäle haben insbesondere für das digitale Spielen an Bedeutung gewonnen. Mit 3D-Technik, Virtuell Reality und Augmented Reality[91] werden die Spiele immer realitätsnäher.

---

91 Virtual Reality (VR) und Augmented Reality (AR) sind zwei unterschiedliche Technologien. VR schafft eine vollständig künstliche Umgebung, bei der der Benutzer mit Hilfe eines Headsets vollständig von der realen Welt »getrennt« wird und in eine komplette virtuelle Welt »eintaucht«. Bei AR werden dem

Gerade dieses Eintauchen in die virtuelle Realität »fesselt« die Spieler im Sinne eines Flow-Erlebens. Spielend können sie in einen Zustand geraten, in dem die Realität von Zeit und Raum quasi aufgehoben ist. Es sind Spiele »ohne Grenzen«, in gefühlter Freiheit, mit weitgehend selbst entworfenen Spielwelten und Spielfiguren (Avatare), weltweit vernetzt mit anderen Spielern. Die Spieler befinden sich wie beim analogen Rollenspiel außerhalb der Realität von Konsequenzen der Spielhandlungen wie beispielsweise von realer Bestrafung, Verlusten, Schmerzen, Verletzungen und Tod, die zwar »nur im Spiel« aber dennoch emotional intensiv erlebt werden (Bareither, 2016b). Genau das macht den Spaß der virtuellen (Rollen-) Spiele aus. Ähnlich wie bei den analogen Rollenspielen, können die gemeinsamen PC-Spiele den Möglichkeitsraum öffnen. Das gemeinsame Betrachten (oder kreieren) eines Avatars kann z. B. therapeutisch sehr aufschlussreich sein.

9.6 Wer spielt denn sowas?

Regelmäßig werden von dem Medienpädagogischen Forschungsverbund Südwest (mpfs) Studien zum Medienverhalten von Kleinkindern (mini-KIM), Kindern (KIM) und Jugendlichen (JIM) durchgeführt.[92]

Es gibt in praktisch allen Familien mit zwei- bis fünfjährigen Kindern einen Zugang zum Internet, (mindestens) ein Handy/Smartphone sowie ein Fernsehgerät. Neun von zehn Haushalte verfügen über einen Laptop/PC, in je drei Viertel der Haushalte befindet sich ein Tablet sowie ein Streaming-Abonnement (mpfs 2020). Wie der Berufsverband der Kinder- und Jugendärzte im Februar 2017 in einer Pressemitteilung berichtet, hat eine in 2016 durchgeführte Studie in Kinderarztpraxen zum Thema Me-

---

Nutzer über ein Headset digitale Elemente in seine reale Welt eingespeist, wobei nur eine erweiterte Ansicht seiner wahrgenommenen realen Welt entsteht.

92 vgl. die Updates der Studien des mpfs: JIM-Studie 2023, KIM-Studie 2022, miniKIM-Studie 2020).

dienkonsum ergeben, dass schon damals 70% der 3.000 untersuchten Kinder im Krippen- und Kita-Alter (1–6 Jahre) das Handy ihrer Eltern mehr als eine halbe Stunde am Tag zum Spielen nutzen (BVKJ, 2017)[93]. Durch die Corona-Epidemie mitbedingt, sind die neuen Medien verstärkt in Anspruch genommen worden (Naab & Langmeyer, 2022).

miniKIM-Studie von 2020 (Kinder von 2–5 Jahre)

Bei der Befragung der Haupterziehenden der miniKIM-Studie wurde angegeben, dass – bei Betrachtung aller Spielemöglichkeiten an Computer, Konsole, Tablet und Smartphone *(Digitale Spiele)* – 17% der Zwei- bis Fünfjährigen regelmäßig digitale Spiele spielen. Ein Viertel der Kinder spiele nur selten, drei Fünftel (so die Haupterziehenden), spielen nie digitale Spiele. Im Altersverlauf nimmt die Nutzung deutlich zu. So spielen 8% der Zwei- bis Dreijährigen regelmäßig digitale Spiele, also mindestens einmal in der Woche, während es bei den *Vier- bis Fünfjährigen bereits 26%* sind.

Umso wichtiger wäre die Installation von Filtersoftware- und Schutzprogramme, die medienerzieherische Maßnahmen unterstützen könnten. Doch obwohl es eine Reihe von technischen Möglichkeiten gibt, kennen 44% der Haupterzieher dieser Altersgruppe keine Filterprogramme und mehr als ein Viertel weiß nicht, wo man sich zu diesem Thema informieren kann.[94] (vgl. miniKim-Studie 2020, S. 31)

KIM-Studie von 2022 (Kinder von 6–13 Jahren)

Die meisten Kinder in Deutschland wachsen in Haushalten mit zahlreichen Medien auf. Auch wenn sie selber seltener eigene Geräte besitzen, nutzen sie Smartphone, Tablet und Co. bei anderen Familienmitgliedern mit. Ab einem Alter von 10–11 Jahren besitzt mehr als die Hälfte der Kinder bereits ein eigenes Smartphone. Insgesamt 70% der Kinder dieser Altersgruppe nutzen das Internet. Mit zunehmendem Alter steigt der

---

93 Empfehlenswerte digitale Spiele für drei- bis sechsjährige Kinder finden sich zum Beispiel unter www.bestekinderapps.de
94 www.klicksafe.de

Anteil deutlich und liegt bei den 12–13-Jährigen bei 99%. Knapp die Hälfte der Eltern (48%) gibt an, dass ihr Kind alleine ins Internet gehen darf. Vor allem bei den Sechs- bis Siebenjährigen steigt der Anteil derer, die die Medien ohne Aufsicht verwenden dürfen, an. Zwei Drittel der Eltern, deren Kinder das Internet nutzen, geben an, keinerlei technischen Möglichkeiten wie Filter oder Sicherheitseinstellungen zum Schutz vor ungeeigneten Inhalten im Netz zu verwenden. Sie wissen also oft nicht, welche ggf. schädlichen Internetseiten von ihren Kindern aufgerufen werden. Digitale Spiele werden regelmäßig von 70% der Jungen und 38% der Mädchen genutzt. Je älter die Kinder sind, umso mehr. (vgl. KIM-Studie 2022, S. 8)

JIM-Studie von 2023 (Jugendliche von 14–19 Jahren)

Im Jahr 2023 waren die Jugendlichen durchschnittlich *224 Minuten täglich online*. (Statista 2024). Dabei spielen insbesondere Messenger und Social Media eine große Rolle. WhatsApp wird von 94% regelmäßig genutzt. Instagram belegt mit 62% Platz zwei, gefolgt von TikTok mit 59% und Snapchat mit 49%. Facebook wird lediglich von 22% der Jugendlichen regelmäßig verwendet. Bei diesen Diensten wird besonders »mit der Beziehung« gespielt.[95]

Dabei sind übrigens 58% der 12- bis 19-Jährigen im letzten Monat vor der Befragung mit Fake News in Kontakt gekommen, gut die Hälfte mit beleidigenden Kommentaren. Etwa jeweils zwei von fünf Jugendlichen hatten Kontakt mit extremen politischen Ansichten, Verschwörungstheorien oder Hassbotschaften. 23% haben ungewollt pornografische Inhalte gesehen, 14% haben Anfeindungen gegen sich persönlich erleben müssen. (JIM-Studie 2023, S. 77)

Digitale Spiele werden von 86% der Jungen und 56% der Mädchen dieser Altersgruppe regelmäßig genutzt. Jungen spielen täglich im Durchschnitt *119 Minuten*, also fast doppelt so lange wie die Mädchen mit *61 Minuten*. Mit zunehmendem Alter steigt die Dauer, mit der sich Jugendliche pro Tag mit digitalen Medien beschäftigen.

---

95 Diese Beschäftigung kann als *modernes Spielen* betrachtet werden.

9.6 Wer spielt denn sowas?

Das Thema KI hat übrigens bei den Jugendlichen an Bedeutung gewonnen, 38 % der Jugendlichen gaben an, das Programm ChatGPT schon einmal selbst genutzt zu haben, weitere 36 % war die Anwendung in ihrer Funktion zumindest bekannt. Nur 15 % hatten explizit noch nichts von ChatGPT gehört. (vgl. JIM-Studie Pressemitteilung 2/2023, S. 1–2)

Die in dieser Altersgruppe beliebtesten Computer-, Konsolen- oder Onlinespiele waren im Jahr 2016 das Fußballspiel »FIFA«, das Simulationsspiel »Die SIMS«, das Open-World-Spiel »Minecraft« (Konstruktion, Simulation, Kampf, Entwicklung), das Jump'n'Run-Spiel »Super Mario«, sowie das Rennspiel »Mariokart«. »Die Präferenzen von Jungen und Mädchen unterscheiden sich hier deutlich: Während ›FIFA‹ ausschließlich von Jungen genannt wird und auch ›Minecraft‹, ›Super Mario‹ und ›Mariokart‹ für Jungen interessanter sind, ist das Simulationsspiel ›Die SIMS‹ eindeutig für Mädchen attraktiver« (mpfs, 2017, S. 57 f). Auch in der JIM-Studie von 2023 nennen die Jungen deutlich häufiger »Minecraft«, als bevorzugtes Spiel, während die Mädchen häufiger »Die SIMS« nennen.

Exemplarisch sollen hier drei der beliebtesten Spiele in kurzen Vignetten vorgestellt werden; sie können zeigen, dass das vom PC eigentlich fest Vorgegebene vom Spieler, entsprechend der eigenen Fantasie, sehr unterschiedlich verwendet wird und psychotherapeutisch genutzt werden kann. Bislang (Stand November 2023) ist das Spiel *Minecraft* das meistverkaufte Videospiel der Welt mit 300 Millionen Verkäufen. Es wurde ursprünglich vom schwedischen Studio Mojang entwickelt und ist mittlerweile im Besitz von Microsoft. *Grand Theft Auto V* kommt auf 190 Millionen verkauften Einheiten (kombinierte Verkaufszahl der EA- und Nintendo-Versionen). (Statista 2024) Die verschiedenen *Die SIMS-Versionen* wurden (nach Wikipedia) weltweit bislang 200 Millionen mal verkauft.

9.6.1 Minecraft – ein Konstruktions- und Action-Spiel

Mit Bausteinen, die an Lego erinnern, wird im Überlebensmodus[96] eine Welt gebaut, in der die gewählte Identifikationsfigur für die Entwicklung

---

[96] Es gibt inzwischen verschiedene Spielvarianten: Im *Kreativmodus* stehen alle Gegenstände von Anfang an zur Verfügung und es wird nicht gekämpft. Beim

seiner Welt sorgt. Diese Spielfigur »erntet«, vom Spieler gesteuert, Holz, Erz, Wasser, Feuer, Wolle, Nahrung etc. und entwickelt durch Kombination der gesammelten Elemente immer bessere Werkzeuge. Er verbessert seine persönliche Ausstattung (z. B. Schutzkleidung), sein Hab und Gut und sein Haus. Er muss dabei gegen böse Feinde kämpfen, in der ersten Version zunächst alleine (inzwischen ist es ein MMORPG Spiel). Auf dem PC-Schirm wirkt die Spielwelt wie ein stark verpixeltes Bild, weit von der Realität entfernt.

Ein fast 7-jähriger Junge spielt zu Hause intensiv Minecraft und will es mir zeigen. Er errichtet mit seiner Spielfigur ein Haus, das hoch oben auf einem Berg steht und »spielt mit der Angst«. Er hat großen Respekt vor den Minecraft-Monstern (Creeper), baut zur Abwehr Gräben und Mauern um sein Haus (wie beim Burgenbauen im Sandspiel) und besorgt sich Waffen. Er achtet sehr darauf, in der Nacht die Tür verschlossen zu halten. Mutig geht er dennoch immer wieder vor die Tür, so als ob er die Auseinandersetzung mit seinen »Creepern« sucht. Taucht einer auf, erschreckt er sich sehr, aber ich auch. Verbissen bekämpft er die Monster, diese Bedrohung aus einer anderen Welt, und ich fiebere und überlege mit. Mit seinem Monster-Spiel versucht er vermutlich, sich mit den eigenen Ängsten zu konfrontieren, sie zu »bändigen« und sein Selbst zu schützen.

Inzwischen wird an einer Hologramm-Variante für dieses Spiel gearbeitet. Rein virtuell auf einer Wand oder sogar mitten im Raum entsteht die Spielplattform, eine virtuelle Stadt, lediglich vom Spieler durch seine VR-Brille zu sehen und mit seinen Hand- oder Augenbewegungen zu bauen

---

Überlebensmodus und dem *Abenteuermodus* kann nicht nur gebaut, sondern auch gekämpft werden, wobei die gewählte Spielfigur immer wieder ›erwacht‹, wenn er besiegt wurde. Im *Hardcoremodus* kann die Spielfigur nicht mehr zum Leben erweckt werden. Wenn auch das Spiel zunächst ›gratis‹ war, wird sehr viel Geld u. a. damit verdient, dass die Spieler ›Tools‹ (Werkzeuge, Kleidung, Waffen etc.) kaufen können, statt sie im Rahmen der Spielmöglichkeiten mit viel Anstrengung selber ›herzustellen‹.

und zu spielen. Diese Möglichkeit wirkt etwas gespenstisch und vermittelt ein »gottähnliches« Allmachtgefühl.

9.6.2 Die SIMS – ein Simulations-, virtuelles Puppenhaus- und Rollenspiel

Bei »Die SIMS« werden Häuser gebaut und mit vielen Zusatzmaterialien eingerichtet, Haustiere und Familienmitglieder mit vielen Accessoires und Charaktereigenschaften erstellt. Die Menschen entwickeln sich im Laufe des Spieles vom Baby zum Greis, kommunizieren mit der Nachbarschaft, gehen arbeiten, tanzen, einkaufen oder zur Schule. Sie gehen aufs College, verlieben sich, heiraten und bekommen Kinder. Alles so wie in echt: Ein Puppenhaus-Rollenspiel des 21. Jahrhunderts.

Die Menschen müssen rechtzeitig essen, trinken und schlafen. Bei einer großen Familie kann das stressig werden. Der Spieler kann dabei jederzeit von einer Person oder einem Tier zu einer anderen Person oder Tier seiner Familie wechseln. So können die Perspektiven geändert und Fähigkeiten, Wünsche und Emotionen der anderen Familienmitglieder wahrgenommen und ggf. genutzt werden.

Verführt das Spiel zunächst zu einem eher konventionellen Vater-Mutter-Kind-Spiel, können auch ganz andere Themen inszeniert werden, wie die nächsten Beispiele zeigen.

Ein in den ersten Lebensjahren verwahrloster, strukturell gestörter 8-jähriger Junge, der bei einer Pflegemutter und einem Wochenendpflegevater lebt, verunstaltet mit den vorhandenen Tools den gewählten Familienhund so sehr, dass er nur noch Haut und Knochen ist. Neben dem Hund gestaltet er lediglich einen normal aussehenden Mann als seine »Familie«. Das Haus, das er für die Familie baut, ist ganz skurril. Die Wände werden nicht geschlossen, die Fenster fehlen zunächst, werden dann aber in übertriebener Art so oft in die Wand eingefügt, dass fast alles Glas ist. Das erforderliche Spielgeld »cheatet« er mit der »Mogelfunktion«, ohne sich darüber Gedanken zu machen. Ein Dach wird bewusst nicht gebaut. »Es soll reinregnen«, meint er. Bei der Innenausstattung wird alles bis auf das Bett und das Klo weggelassen. Er lacht sich dabei kaputt und meint, dass es ja nicht »in echt« sei. Wie mit einem albernen Affekt fegt er die Irritation angesichts des »Unbehausten« beiseite. Sie ist externalisiert, landet als Entsetzen in der Gegenübertragung der Behandlerin, die nicht nur Worte für das Geschehen findet, sondern auch in die Rolle der mitleidenden Nachbarin schlüpft, die ihre Hilfe anbietet.

Ein anderer 9-jähriger Junge, der Probleme mit seinen Mitschülern hat, richtet sein Haus mit Garten und Pool akribisch und sehr geschmackvoll ein. Er hat herausgefunden, dass es möglich ist, jemanden sterben zu lassen. In der Rolle der Mutter steigt er in das Schwimmbad, wechselt dann in die Rolle des pubertierenden Sohnes des Hauses, der nun die Leiter aus dem Becken entfernt, so dass die Mutter »ewig« weiterschwimmen muss und vor Erschöpfung ertrinkt. Ein symbolisches Kreuz am Beckenrand und ein weinender Vater, auf den er, so ist zu vermuten, seine eigenen Affekte und Emotionen verschoben hat, sind die Folge. Dieser tröstet sich bald mit einer neuen Frau. Hier zeigt sich »mörderische« Aggression der Mutter gegenüber und ermöglicht als Szene im Außen gemeinsame Wahrnehmung und psychotherapeutische Durcharbeitung.

9.6.3 Grand Theft Auto (GTA) – ein Action- und Autofahrspiel

GTA wurde 1997 erstmals herausgebracht und ist weltweit eins der meistgekauften Spiele. Seit 2013 ist bereits die fünfte Version auf dem Markt, eine sechste ist in Vorbereitung. Es ist zu vermuten, dass dann Virtuell Reality auch bei diesem Spiel eine wichtige Rolle spielen wird. Es handelt sich um ein Gewaltspiel, bei dem nicht nur geschossen wird, sondern auch direkt mit den Fahrzeugen Menschen überfahren und andere Fahrzeuge oder Bauwerke zerstört werden, womit Geld »verdient« werden kann. Von Version zu Version ist das Spiel »gewalttätiger« geworden. Der Spieler ist ein Verbrecher, die Polizei und das Militär sind die Gegner. Die Spielfigur kann Fahr- und Flugzeuge aller Art verwenden, indem er in Ellenbogenmanier einfach einsteigt und den bisherigen Fahrer rausschmeißt. In der Actionversion sollen verschiedene Aufträge erledigt werden, die ohne massive Gewaltanwendung nicht zu meistern sind. Es ist ein brutales Spiel, in dem gefoltert und gequält werden kann und das in einer sehr realitätsnahen Darstellung. Es ist deshalb ein Spiel, das für Kinder und Heranwachsende nicht geeignet ist (FSK 18). Offensichtlich lässt sich aber die empfohlene Altersbeschränkung nicht durchsetzen. Nach der JIM-Studie gehört dieses Spiel noch immer zu den drei beliebtesten der 17–18-Jährigen, obwohl die Neufassung *GTA 6* noch auf sich warten lässt. Besonders bei diesem Spiel – mit seiner deutlichen Altersbegrenzung von 18 Jahren – ist von einer ›heimlichen‹ Nutzung auch der jüngeren Kindern und Jugendlichen auszugehen.

Das Spiel verführt mit seiner Grafik und den vielfältigen Fahrmöglichkeiten. Die Welt von oben betrachten mit Flugzeug, Hubschrauber oder Jetpack, Wasserfahrzeuge aller Art nutzen oder Verfolgungsjagd mit schnellen Autos gegen die Polizei spielen: das trifft genau die grandiosen Träume der kleinen und großen Jungen nach den Fahrspielen ihrer Kinderzeit.

9.7 Psychodynamik der digitalen Spielwelt oder: Was passiert da eigentlich?

Wenn wir die Gefahren aber auch die Chancen sehen und uns entsprechend einlassen, erkennen wir bald, dass nicht jedes PC spielende oder »Handy daddelnde« Kind eine tickende Zeitbombe ist. Bei sicher gebundenen Kindern ist die Nutzung der neuen Medien, eingelassen in einen »normalen« Alltag, in der Regel kein Problem. Und auch bei den weniger emotional stabilen Kindern und Jugendlichen kann der PC, der Laptop, das Tablet oder ganz besonders das Smartphone ein wichtiges Hilfsmittel zur gesunden Entwicklung sein. Es kommt eben auf das Maß an und darauf, wie wir als reales Gegenüber mit Computer spielenden Kindern umgehen (Normann, 2016, S. 50 ff).

»[Es] sollte nicht auf das einzigartige Aufklärungspotential der Psychoanalyse verzichtet werden. Oder wie Sigmund Freud es formulierte: ›Vergesst mir das Unbewusste nicht!‹« (Normann, 2016, S. 64).

Im Folgenden wird versucht, einen psychodynamischen Blick auf die Nutzung der neuen Medien zu werfen.

9.7.1 Resonanz im Netz

Martin Altmeyer zeigt in seinem Buch: »Auf der Suche nach Resonanz – Wie sich das Seelenleben in der digitalen Moderne verändert« auf, dass die neue Generation als »postheroische« neue eigene Wege geht. Sie ist weniger eingeschränkt, viel liberaler als die Generation der Eltern, aber die Einzelnen müssen sich »viel mehr als früher damit beschäftigen, wer sie sind, wer sie sein wollen – und wie andere sie sehen« (Altmeyer, 2016, S. 231). Diese Suche nach Resonanz, nach Gesehen werden, nach Spiegelung sei von Geburt an beim Säugling vorhanden und lebenslang wirksam. Die digitale Revolution würde genau da für »ungeahnte Befriedigungsmomente« sorgen, wo die menschliche Basiserfahrung von Verbundenheit und sozialer Bezogenheit im Unbewussten »abgelegt« sei.

> »Die digitale Revolution [...] hat diese Quelle angezapft. Sie hat nämlich unser natürliches Resonanzbedürfnis aus dem Unbewussten gehoben, ins soziale Alltagsleben eingebaut und für ungeahnte Befriedigungsmöglichkeiten gesorgt: Mit ihren vielfältigen Spiegel- und Echoräumen ist die digitale Moderne zu einem wahren Resonanzlieferanten geworden« (Altmeyer, 2016, S. 202).

Der damit verbundene Narzissmus sei eben nicht nur Eigenliebe, sondern ein Grundbedürfnis nach Gesehen werden, nach Identitätsfindung im Spiegel des Anderen: »Ich werde gesehen, also bin ich« (Altmeyer, 2016).

9.7.2 Ein Paradigmenwechsel?

Löchel spricht von einem Paradigmenwechsel durch die digitalen Medien (2015, S. 261). Sie fragt sich, wie wir die Spuren finden können, »die digitale Medien im Subjekt hinterlassen, ohne mediendeterministisch zu denken« (S. 262). Und sie fragt weiter, wie die »unbewussten Mikropro-

9.7 Psychodynamik der digitalen Spielwelt oder: Was passiert da eigentlich?

zesse der Subjektwerdung im Rahmen einer intersubjektiven Beziehungsdynamik« nachvollzogen werden können, wenn wir uns zunächst nur auf die Einzelfallstudien stützen können, die vorrangig »die Beschädigungen, Brüche und Leiden individueller Subjekte« hervorheben? (S. 263). Weiter heißt es: »weitreichende kulturpessimistische Deutungen [...] scheinen dann eindeutig einen Verlust, einen Verfall, ein Defizit im Vergleich zu Vorangegangenem darzustellen« (S. 263). Diese Dramatisierung sei ebenso zu vermeiden, wie ein Jubel über die neuen Medien. Es brauche fundierte klinische und empirische Studien: »Wir brauchen eine gewisse Kenntnis der neuen Lebenswelten Jugendlicher und junger Erwachsener, um nicht von vornherein Phänomene zu pathologisieren, die für die ältere Generation neu und fremd sind, aber auch, um eventuelle ›neue Leiden‹ wahrzunehmen« (S. 264). Polarisierungen und Dramatisierungen seien in dem Zusammenhang als Symptom für die Komplexität und Konflikthaftigkeit der Materie zu verstehen. Es sei notwendig, »*neue Fragen* zu stellen, umzudenken, neue Konzepte zu entwickeln. Offensichtlich ist es für abgewogene Bilanzierungen noch zu früh« (S. 264). Die mediale, insbesondere die virtuelle Entwicklung stellt die psychodynamisch tätigen Forscher und Praktiker vor ganz neue Aufgaben. Unvoreingenommen und mit unserem eigenen Instrumentarium gilt es, das sich abzeichnende neue Paradigma zu verstehen und mitzugestalten. Und: Es entspricht unserer psychoanalytischen Tradition, dass erst Fragen formuliert und Erkenntnisse gesammelt und abgewogen werden müssen, bevor Antworten gefunden werden können!

9.7.3 Das Unbehagen an der Kultur

Löchel gibt zu bedenken, dass die Psychoanalyse selber in der Zeit des folgenreichen Umbruchs vom 19. ins 20. Jahrhundert entstand. Schreibmaschine, Fotografie, Telegrafie und Telefonie haben damals Einzug gehalten und Zeichen-Aufzeichnungssysteme revolutioniert. Das habe schon zu der damaligen Zeit zum Nachdenken über die Funktion von Technik und Medien im Verhältnis von Subjekt und Objekt aufgefordert (S. 265). Es ist keine neue Frage. Freud schreibt in seiner Schrift »Das Unbehagen an der Kultur«:

»Der Mensch ist sozusagen eine Art Prothesengott geworden, recht großartig, wenn er alle seine Hilfsorgane anlegt, aber sie sind nicht mit ihm verwachsen und machen ihm gelegentlich noch viel zu schaffen. Er hat übrigens ein Recht, sich damit zu trösten, dass diese Entwicklung nicht gerade mit dem Jahr 1930 A. D. abgeschlossen sein wird. Ferne Zeiten werden neue, wahrscheinlich unvorstellbar große Fortschritte auf diesem Gebiete der Kultur mit sich bringen, die Gottähnlichkeit noch weiter steigern« (Freud, 1930/2000, S. 222).

Was Freud wohl zum Smartphone, dem Avatar, der Virtuellen Realität oder zur KI, zu all diesen neuartigen »Psychoprothesen« gesagt hätte?

9.7.4 Zukunft des Erlebens

Peter Fonagy gibt in seinem Vorwort zum vor kurzem erschienen Buch von Lemma und Caparrotta: »Psychoanalyse im Cyberspace?« zu bedenken, dass nach der Beschäftigung mit dem Sexual- und Aggressionstrieb (Freud), dem Bindungstrieb (Bowlby) und der Objektbeziehung (Fairbairn, Kernberg) es nun um die Beschäftigung mit der »Kommunikation und zwischenmenschlichem Verstehen« als *dritte Triebebene* gehe (Fonagy, 2016). Provokant sagt er:

»Potentiell fühlt sich das Internet stärker ›in unsere Bedürfnisse‹ ein, als es der fürsorglichste und zugewandteste Erwachsene wohl jemals tun könnte. Dank der leistungsfähigen Datenverarbeitung von Supercomputern lassen sich *alle* menschlichen Lebewesen mit Bayes-Algorithmen[97] präzise erkennen und wiedergeben. Eben dies verpflichtet uns vielleicht mehr als alles andere zu untersuchen, wie die Beziehung zwischen Mensch und Maschine aus dem Blickwinkel subjektiven Erlebens aussieht« (Fonagy, 2016, S. 14 f.).

Er vermutet, dass die Beschäftigung damit »die vielleicht wichtigste intellektuelle Reise dieses Jahrzehnts« sei. Es gehe um Kommunikation und verknüpfte Weitergabe von Information, aber auch um das Erkennen der Gefahren. Das gilt insbesondere auch für die neuen Spiele. »Selbstverständlich müssen wir wachsam sein, aber wir wissen auch, dass Paranoia nicht die Antwort sein kann« (Fonagy, 2016, S. 15).

---

97 Bayes-Algorithmen: Ein Begriff aus der Wahrscheinlichkeitslehre, bei der es um die Vorhersagbarkeit bestimmter Ereignisse oder Eigenschaften geht. [Anmerkung d. Autorinnen].

9.7 Psychodynamik der digitalen Spielwelt oder: Was passiert da eigentlich?

Wir stehen erst am Anfang dieser intellektuellen Reise. Es gibt noch nicht viel Literatur, die sich in der Tiefe mit den neuen Medien beschäftigt. Das mag auch daran liegen, dass viele Psychoanalytiker bzw. Psychodynamiker zwar selber die neuen Medien in ihren Praxen und ihren Einrichtungen auch für die Psychotherapie nutzen, aber darüber aus Scham oder Angst vor Zurückweisung schweigen, als wäre es »Teufelszeug«. Vielleicht aber auch, weil durch Inklusion des Neuen das altvertraute Setting sich verändern könnte. Jedenfalls gebe es, »gemessen an dem Stellenwert, den die neuen Technologien in unserem privaten und beruflichen Leben haben, nur sehr wenige einschlägige Schriften« (Lemma & Caparotta, 2016, S. 19).

9.7.5 Der Computer als Übergangsraum

In dem »Kinderanalyse«-Themenheft »Computerspiele und Mediennutzung – Herausforderung für die Kinderanalyse« zieht van Loh in seinem Beitrag über die »möglichen Bedeutungen« der technischen Medien das Fazit:

> »Insgesamt scheint es aktuell schwierig bis unmöglich, die Beziehungsgestaltung, die sich im Zusammenwirken zwischen Kind bzw. Jugendlichem, Eltern, Therapeut und programmierbarer Maschine beobachten lässt, begrifflich zu vereinheitlichen und wo möglich auch zu operationalisieren bzw. manualisieren. Auch wenn dies, zumal vor dem Hintergrund der zu erwartenden Restrukturierung der Klassifikationssysteme, dringend notwendig erscheint« (van Loh, 2015, S. 258).

Anhand einiger Beispiele zeigt er auf, dass in der psychotherapeutischen Behandlung der Computer »nicht nur [...] als Übergangsobjekt aufzufassen« sei, sondern »als äußeres Übergangsobjekt in sich selbst einen Übergangsraum« aufschließt. »Dieser muss dem psychischen Binnenraum schon auch deswegen ähnlich sein, da die Struktur des vom Computerspielen aufgeschlossenen Raumes bei exzessivem Gebrauch oftmals als Raumempfindung in einer Weise in Träume Einzug hält, die über einen Tagesrest weit hinausgeht« (Loh, 2015, S. 252). Er beschreibt eine Szene eines 12 J. alten Jungen, der seine Spielkonsole mit in die Behandlung brachte und eine frühere Version des Pokémonspiel spielte (Pokémon to go kam erst im Sommer 2016 auf den Markt). Das Interesse des Psychotherapeuten an diesem Spiel half zunächst bei der Anbahnung der Behandlung, machte dann aber bald in der Gegenübertragung einem Gefühl der Langeweile Platz.

Der Junge wiederholte in diesem Spiel unverändert immer wieder den gleichen Kampf. Offensichtlich diente das Spiel der Abwehr.

»Was dort gerade auf dem von ihm gesteuerten Bildschirm geschah, war für mich zunächst als Selbstwertstabilisierung und zugleich als zwanghafte Abwehr zu verstehen, da die ritualisierte Spielsystematik wie bei einem religiösen Kanon darauf ausgerichtet zu sein schien, das von Ängsten überflutete Ich dadurch zu stabilisieren, dass es gegen einen imaginären Feind kämpfte« (Loh, 2015, S. 247).

Das war etwas, das nicht nur er, sondern auch der Psychotherapeut auf dem Bildschirm sehen konnte.

»In der Gegenübertragung verspürte ich in dieser Situation den Impuls, dem Jungen das Gerät wegzunehmen, offenbar da ich mich selbst […] auf ein Abstellgleis geschoben fühlte« (S. 248).

Die Szene mit diesem Jungen hatte allerdings eine symbolische Bedeutung, »da sie einen Kompromiss zwischen dem medienaffinen, zwanghaften Vater und der alkoholsüchtigen und daher für den Jungen unberechenbaren Mutter darstellte« (S. 253). Vermutlich ging es bei der intensiven, zwanghaften Nutzung der neuen Medien bei diesem *strukturschwachen* Jungen darum, sich einerseits als zugehörig zu fühlen (Vater), andererseits seine Wut über seine Ohnmacht (suchtkranke Mutter) zu kanalisieren. Das Wegnehmen seines »Spielgerätes« hätte »sowohl zu einer Destabilisierung geführt als auch ein weitergehendes Verständnis der Psychodynamik des Falles unmöglich gemacht« (S. 254).

Van Loh berichtet auch von anderen Fällen, wo die Kinder gemeinsam mit dem Psychotherapeuten über zwei Konsolen im Netz gegeneinander kämpfen.

»Sie trachten danach, den Therapeuten zu einem Teil des Übergangsobjektes zu machen. In anderen Worten soll der Therapeut zu jenem Übergangsraum Zugang erhalten, der im Übergangsobjekt eröffnet wird. Es ist zunächst nicht zu bestimmen, ob ein solcher Wunsch in die Richtung eines Agierens geht, oder ob dieser Wunsch, ähnlich wie die Übertragungsliebe, als »echter« Wunsch angesehen werden muss, da auch bei herkömmlichen Spielen ja gemeinsam gespielt wird, wenn auch mit physischen Gegenständen bzw. Medien.« Kinder, die solche Spiele spielen, würden »vor allem das Medium nutzen, um ihre imaginäre

9.7 Psychodynamik der digitalen Spielwelt oder: Was passiert da eigentlich?

Identität als Erwachsener zu erlangen«. Sie wollen einfach auch »groß und erwachsen« sein (Loh, 2015, S. 253).

Van Loh schließt aus seinen Erfahrungen mit drei unterschiedlich strukturierten jugendlichen Patienten, dass es unübersehbar sei,

»dass das technische Medium stets zu einer emotionalen Selbstversorgung genutzt wird, in dem ein imaginärer Anderer im sekundären Übergangsraum gehalten werden soll, dessen materieller Teil in der Konsole, dem Joystick oder der Computermaus eine Körperlichkeit erlangt, die vom sekundären in den primären Übergangsraum überleitet« (Loh, 2015, S. 256).

Er appelliert an die Psychotherapeuten, dass sie sich die Spiele und die Internetseiten genauer anschauen, denn ohne »ein irgendwie geartetes Interesse für die Inhalte – sowohl der Spiele als auch der Horrorfilme«, könnten sie unmöglich zu einem tieferen Verständnis des inneren und äußeren Geschehens bei ihren Patienten gelangen.

9.7.6 Entwicklung oder Abwehr durch die Nutzung virtueller Medien?

Lesenswert ist der Tagungsbericht des Vereins für Psychoanalytische Sozialarbeit »Screenkids – (auf)gefangen im Netz?« (Verein für Psychoanalytische Sozialarbeit, 2015) mit einzelnen Beiträgen zur Bedeutung der neuen Medien für die psychotherapeutische Arbeit mit früh gestörten jugendlichen Patienten. In ihrem Beitrag »Die Couch ein Funkloch – oder immer online?« schreibt Anna Gätjen-Rund:

»Aus der Perspektive einer Kinder- und Jugendlichen-Analytikerin wirft die Mobilität dieser Technik, ihre Omnipräsenz, eben auch im Warte- und Behandlungszimmer, Fragen nach Veränderung und Bedeutung dieser nun anwesenden Medien im psychoanalytischen Prozess auf. Die bisher auf die Dyade hin konzeptualisierte Beziehung zwischen Patient und Analytikerin erfährt eine Erweiterung. Bisher brachten Kinder sicher auch ›Drittes‹ mit, wie z. B. Kuscheltiere. Diese verwiesen aber im symbolischen Spiel auf etwas anderes Abwesendes. Wann verweist das Smartphone auf etwas Abwesendes und lässt sich im Symbolisierungsprozess einbinden, wann ist das Klingeln oder die Beantwortung einer WhatsApp-Nachricht nicht mehr ein symbolischer Dritter, der seine Bedeutung entfaltet, sondern wird zum ›realen Dritten‹, dem noch mal schnell geantwortet werden muss oder kann?« (Gätjen-Rund zitiert in Verein für Psychoanalytische Sozialarbeit, 2015, S. 122).

Hier stellt sich die Frage nach dem potenziellen Raum, der sich eröffnen soll, damit das therapeutische Miteinander, die Begegnung, stattfinden kann. Können die neuen Medien diesen Übergangsraum ermöglichen oder verhindern sie ihn?

Günter schreibt: »Warum glauben wir nicht so recht, dass die virtuelle Welt, die Welt der Medien, die in vielfacher Gestalt eine Welt moderner Spiele ist, soziale Kompetenzen erweitert und bei der Bewältigung der schwierigen Aufgabe helfen kann, innere und äußere Realität miteinander zu vermitteln?« (Günter, 2013, S. 125). Das Spiel sei zwiespältiger Natur: »Das Spiel hat, soweit es mit der Triebhaftigkeit der infantilen Sexualitäten verknüpft ist, etwas Anarchisches. Kreativität hat zu tun mit der Zerstörung festgelegter Ordnungen. Auf der anderen Seite unterliegt das Spiel [...] dem Wiederholungszwang. So hat das Spiel also zwei Seiten, eine sprengende und damit Neues schaffende einerseits, eine disziplinierende und alte Ordnung im Individuum verankernde andererseits« (Günter, 2013, S. 125). Zunächst befriedige das Spiel (also auch das virtuelle Spiel) wichtige Bedürfnisse, wobei diese Befriedigung illusionär sei, wie die Wunscherfüllung im Traum. Günter zitiert Freud: »Doch vermag die milde Narkose, in die uns die Kunst versetzt, nicht mehr als eine flüchtige Entrückung aus den Nöten des Lebens herbeizuführen und ist nicht stark genug, um reales Elend vergessen zu machen« (Freud, 1930/2000, S. 212) und er ersetzt das Wort Kunst durch »Vokabeln wie Second Life, First Person Shooter, World of Warcraft, Fantasy-Rollenspiele, Castingshows etc.« (Günter, 2013, S. 127). Er betont die *Abwehrfunktion* der virtuellen Spiele, die meist als »Regression im Dienste des Ich« verstanden werden kann. Günter zeigt in einem Beispiel, wie ein affektgestörter Junge nicht über das aggressive Spiel selber, sondern über den Kampf über die vereinbarte Spielzeit »aus sich heraus« kam. Er hatte »derartige aggressiv-destruktive Schablonen, die er in den Computerspielen vorfand, als narzisstische Panzerung« (S. 131) verwendet.

Günter nennt weitere Abwehrformen, die beim virtuellen Spiel zum Tragen kommen können: projektive Abwehr von Aggression, Destruktion und sexueller Wünsche mit Hilfe von Verschiebung auf die im Spiel handelnden Figuren; Spaltung in Gut und Böse; oder autistoider Rückzug aus der Realität (S. 128). Häufig würden die Spiele auch als Hilfsmittel genutzt, »sich der beunruhigend andrängenden sexuellen und aggressiven Triebe zu erwehren«. Zärtliche Objektbeziehungen würden ausgeblendet, der Körper würde narzisstisch besetzt. Die Spiele würden »schützende Rückzugsgebiete in die Fantasie« bereitstellen, wenn die aufkeimende Sexualität Probleme verursachen würde. Dadurch würden allerdings die Ansprüche an die eigene Attraktivität immer höhergeschraubt (S. 133). Das Netz würde zur Regulierung von Nähe und Distanz genutzt und zu einem Gefühl der Zugehörigkeit führen, die in der Realität oft nicht vorhanden sei. Dennoch könnte man sagen: »in den Spielen und in vielen Fernsehformaten und Filmen werden auf attraktive Weise wesentliche Elemente des adoleszenten Entwicklungs- und Verselbständigungsdramas in virtuellen Welten entfaltet. Dies eröffnet Möglichkeiten zur spielerischen Auseinandersetzung mit Problemen, die den Adoleszenten erheblich in Unruhe versetzen« (S. 136).

9.7.7 Psychodynamisches Computerspielen

Koch-Möhr beschreibt schon 1988 ausführlich, wie er Computerspiele in der Psychotherapie nutzt (Koch-Möhr, 1988, S. 416–425). Er verweist darauf, dass die Kinder ihm gegenüber in eine Expertenrolle kommen, wobei sie z. B. das väterliche Übertragungsobjekt (scheinbar) besiegen können. Er beschreibt auch, dass die Kinder »ihr« Computerspiel (ihren Spielraum/Möglichkeitsraum) rasch herausfinden. Kind und Psychotherapeut sitzen relativ nah nebeneinander, schauen gemeinsam auf den Bildschirm und haben beide eine Bedienungsmöglichkeit. Die Kinder geraten beim PC-Spiel schneller in einen erhöhten Erregungszustand mit körperlichen oder verbalen Äußerungen, wodurch sich die Möglichkeit bietet, »die Affektregulation des Kindes mitzuerleben und anzusprechen«. Konflikte und »Beziehungsformen werden symbolisch bearbeitet, Szenarien aus kollektiven Mythen durchlebt oder generalisiert und spezielle Reiz-Reaktions-Muster wiederholt und abgeändert« (S. 420). Außerdem werden Ichfunktionen angesprochen und eingeübt. Koch-Möhr weist explizit darauf hin, dass gerade bei der psychotherapeutischen Arbeit mit

Jugendlichen der PC in der Praxis auch eine »Kontaktbrücke« (Koch-Möhr, 2001) darstellen kann.

Es zeigt sich, dass bei jedem einzelnen Patienten, auch bei sehr engen Gestaltungsmöglichkeiten der Spiele, die eigenen Themen besonders hervortreten. Kein Kind spielt diese Spiele so wie ein anderes. Während der Psychotherapeut bei dem Spiel neben dem Kind vor dem Bildschirm sitzt und hineinschaut, kann er auf Verlangen des Kindes über ein weiteres Eingabegerät auch mitspielen, den computerunterstützten intermediären Raum unmittelbar betreten und dort dem Kind oder Jugendlichen virtuell auf Augenhöhe begegnen. Es geht auch bei diesen Spielen in erster Linie um die Beziehung zwischen dem Kind oder Jugendlichen und dem Psychotherapeuten, genauso wie bei jedem herkömmlichen Spiel in der psychodynamischen Psychotherapie. Primär geht es um unser gemeinsames Erleben. Das gilt auch für das mitgebrachte Smartphone. Es kann innerhalb der Sitzungen dazu dienen, auf die Schnelle etwas zu zeigen. Wegen des kleinen Displays erfordert dies beim gemeinsamen Betrachten eine größere körperliche Nähe, die szenisch bedeutsam ist. Es geht dabei also nicht nur um den gezeigten Inhalt!

Christoph Bareither erhielt 2016 den Deutschen Studienpries der Körber-Stiftung für seine ethnografische Untersuchung »Gewalt im Computerspiel – Facetten eines Vergnügens«. Er hat selber 1200 Stunden online MMORPG Spiele unter dem Nickname »Forscher« mitgespielt, u. a. das oben erwähnte, bei den Jugendlichen sehr beliebte GTA Spiel. Keineswegs seien die Jugendliche oder er selber durch das Spiel gewaltbereiter geworden. Verblüfft konnte er hingegen feststellen, dass es bei manchen der Spieler zu einem sehr kritischen Hinterfragen von (realer) Gewalt kam (Bareither, 2016a).

9.8 Was sagen die Eltern dazu?[98]

Wenn im Rahmen einer psychotherapeutischen Behandlung eines Kindes oder Jugendlichen auch mit den neuen Medien »gespielt« wird, führt das leicht dazu, dass Eltern dieses Spielen nicht vom häuslichen PC-Spielen oder Handy-Daddeln unterscheiden können. Sie sehen, wie oft auch schon beim normalen Spielen, keinen therapeutischen Nutzen und halten es für reine Zeitverschwendung. Das gilt übrigens nicht nur für die Eltern, sondern auch viele unserer psychotherapeutischen Kollegen sehen das so. Hier gibt es eine wichtige Aufgabe für die Kinderpsychotherapeuten: Es wird ja nicht nur gespielt, sondern es wird *gemeinsam* gespielt, der Psychotherapeut begibt sich mit dem Patienten in den Übergangsraum und begegnet ihm auf virtueller Ebene genau dort. Das konkrete Spielmaterial ist nicht nur Türöffner. Es geht auch nicht nur um konkretes Computerspielen, sondern die Begegnung mit dem Virtuellen, sei es das Bild, die Szene oder das Miteinander, ist immer eingebettet in die psychotherapeutische Beziehung, und öffnet sich damit dem Spektrum unterschiedlichster psychodynamischer Behandlungsmöglichkeiten.

Eltern ist in diesem Zusammenhang zu raten, sich selber mit ihrem Kind auf das Digitale einzulassen, zu erfahren, welches gemeinsame Flow-Erlebnis möglich ist, aber auch die Gefahr des grenzenlosen Spielens zu erleben. Es wird sie dazu animieren, sich die Spielaktivitäten ihrer Kinder genauer anzusehen, Maßnahmen zur zeitlichen Begrenzung zu ergreifen und sie vor allem mit wirksamen Mitteln vor den Gefahren überfordernder Inhalte im Netz zu schützen. Zuallererst wird es notwendig sein, das eigene Verhalten in Bezug auf die neuen Medien zu erkennen und Alternativen für die gemeinsame Freizeitgestaltung bereitzustellen. PC, Tablet und Smartphone sind keine Babysitter und natürlich auch keine Selbstläufer für eine Psychotherapiestunde.

---

98 Zur problematischen Nutzung der neuen Medien wie *Cybermobbing*, *Cybersex* und *Internet(spiel)sucht* siehe Bert te Wildt (2015) oder www.dia-net.com zum Thema Spielsucht; von Dekker, Koops & Briken (2017) zum Thema Cybersex und die Internetseiten von www.klicksafe.de, wo u. a. nützliche Hinweise für Betroffene von Cybermobbing veröffentlicht sind.

Wenn die neuen Medien in der Psychotherapie sinnvoll eingesetzt werden sollen, dann muss sich der Psychotherapeut technisch und inhaltlich mit ihnen sehr gut auskennen, mit diesen Spielen selber spielen können und ihre Möglichkeiten, Grenzen und Tücken überblicken. Darüber hinaus müssen ihm die psychodynamischen Implikationen vertraut sein. Ein solcher Psychotherapeut muss also nicht nur spielen, sondern er muss auch psychotherapeutisch-spielerische Kompetenz im Umgang mit Computerspielen vorweisen können.

9.9 Ausblick

Die technische Entwicklung wird neue virtuelle Spielerlebnisse mit sich bringen, die dem Realitätsgefühl noch näherkommen. 3-D-Spiele können bereits jetzt um eine sogenannte *4. Dimension* erweitert werden, so dass z. B. durch Wände gehen lebensecht simuliert oder sogar der Geruchssinn aktiviert wird.

Auch wurden bereits spezielle therapeutische PC-Spiele entwickelt: Es handelt sich nicht nur um Lernspiele bei Dyskalkulie und Lese-Rechtschreibschwäche oder um Funktionsspiele bei Wahrnehmungsstörungen, sondern es gibt insbesondere im Bereich der Verhaltenstherapie PC-Spiele für Kinder mit emotionalen Störungen (Brezinka, 2011) oder einer chronischen somatischen Erkrankung (Kampf gegen Krebszellen oder Viren). Für die psychodynamische Kinder- und Jugendlichenpsychotherapie sind solche Spiele allerdings (noch) nicht vorhanden.

Im Erwachsenenbereich gibt es bereits ausgefeilte Programme zur Internetbasierten Psychotherapie. In seinem Beitrag »Neue Technologien und psychoanalytisches Setting« schreibt Andrea Sabbadini: »Die entscheidende Frage ist hier, ob die gleichzeitige Anwesenheit der analytischen Dyade im selben physikalischen Raum als conditio sine qua non für den Ablauf des psychoanalytischen Prozesses gelten muss« (Sabbadini, 2016, S. 59). Er betont, dass ein anderes Setting durchaus mit »wahrer« Analyse kompatibel sein könnte. Psychodynamische Spieltherapie über das

Netz ohne unmittelbare Anwesenheit des Kinderpsychotherapeuten erschien uns zumindest bis zur Coronakrise nicht vorstellbar. Durch die Nutzung der neuen Medien haben sich gravierende Änderungen im Kontakt mit den Patienten ergeben. Kinder und Jugendliche und ihre Eltern können uns nicht nur im Netz aufspüren und uns bis ins Privatleben »verfolgen«, sondern die Kommunikation und die Beziehung mit ihnen haben sich durch Email, SMS, WhatsApp, Facebook, Skype u. a. bereits »spielerisch« verändert (vgl. Lemma & Caparotta, 2016; Knellessen, 2015).

9.10 Zusammenfassung, weiterführende Literatur und Fragen

Zusammenfassung

Zusammenfassung

Digitale Spiele nehmen einen großen Raum in der Spielwelt der Kinder und Jugendlichen ein. Kinder- und Jugendlichenpsychotherapeuten müssen sich mit diesem (ihnen selbst oft noch verschlossenen) Gebiet auseinandersetzen. Die Patienten kommen aufgrund von erheblichen und sehr unterschiedlichen Problemen mit den neuen Medien in die Praxen. Es geht dabei u. a. um Medien(spiel)sucht, Mobbing, Gewalt etc. Ob die neuen Spielgeräte selber in die psychotherapeutische Behandlung mit einbezogen werden können, ist nicht abschließend zu entscheiden. Gesicherte Forschungsergebnisse über Sinn oder Unsinn vom digitalen Spielangebot in den Kinder- und Jugendlichenpsychotherapiepraxen gibt es noch nicht. Bislang liegen nur einzelne Berichte vor. Allerdings haben insbesondere technische Neuerungen auch schon zur Zeit des Entstehens der Psychoanalyse für Unbehagen gesorgt. Wir stehen vor einem Paradigmenwechsel, dem wir uns nicht verschließen können.

Vertiefende Literatur

Altmeyer, M. (2016). *Auf der Suche nach Resonanz – Wie sich das Seelenleben in der digitalen Moderne verändert.* Göttingen: Vandenhoeck & Ruprecht.
Lemma, A. & Caparrotta, L. (Hrsg.) (2016). *Psychoanalyse im Cyberspace?* Frankfurt/M: Brandes & Apsel.
Verein für Psychoanalytische Sozialarbeit, (Hrsg.) (2015). *Screenkids – (auf)gefangen im Netz? Risiken und Chancen neuer Medien bei Kindern und Jugendlichen mit psychischen Schwierigkeiten.* Frankfurt/M: Brandes & Apsel.

Weiterführende Fragen

- Wodurch unterscheiden sich analoge (normale) Spiele von digitalen Spielen?
- Was fasziniert die Kinder und Jugendlichen an den digitalen (virtuellen) Spielen und welche Gefahren bzw. Möglichkeiten bieten sie?
- Soll ein Kinderpsychotherapeut sich mit digitalen Medien befassen, und wenn ja aus welchen Gründen?
- Ist die Verwendung von digitalen Spielen innerhalb der psychotherapeutischen Begegnung sinnvoll, oder nur als Abwehr zu deuten?
- Welche Voraussetzungen sollte ein Psychotherapeut erfüllen, wenn er mit den digitalen Spielen in seiner Praxis experimentiert?
- Wie ist die Entwicklung der digitalen Medien aus psychodynamischer Sicht zu beurteilen? Welche Gefahren und welche Möglichkeiten beinhalten sie?

Anhang und Verzeichnisse

Spielmaterial für die psychodynamisch orientierte Kinder- und Jugendlichenpsychotherapie[99]

- **Unspezifisches Material:**
  Mal- und Bastelmaterial (100%), Knete (88%), Ton (18%), Sand (62%), Wasser (24%), Pfeifenreiniger, Gummibänder, Stöckchen, Steine, Fäden, Stoffreste, Folien, Glanzpapier, Kleber.
- **Menschenähnliche Figuren:**
  Kasperlepuppen (97%), Puppen allgemein (82%), Babypuppen, Stoffpuppen, Handpuppen, Miniaturpüppchen (Playmobilfiguren): Piraten, Soldaten, Räuber, Polizisten, Feuerwehrleute, Arzt, Sanitäter, Tierärztin, verschiedene Ethnien.
- **Tiere:**
  Spielzeugtiere allgemein (100%); Kuscheltiere (94%), wilde Tiere (56%), Haus- und Hof-Tiere (53%), Flug-Tiere (38%), Wasser-Tiere (35%), Handpuppen-Tiere, Schleich-Tiere, Playmobilfiguren.
- **Fantasiefiguren:**
  – Bedrohlich anmutende Fantasiefiguren: Hexe, Zauberer, Pirat, Monster, Drachen, Skelett, Teufel, Gespenst.
  – Positiv konnotierte Fantasiefiguren: Einhorn, Fee, Engel, Zwerg, Alleskönner (Helden).
- **Kulissenmaterial:**
  Puppenhaus mit Möbeln und Puppen (74%), Puppenkleidung, Babyflasche, Windeln, Puppenwagen, Puppenbettchen, Krankenzimmer, Wärmebettchen, Messlatte, Arztkoffer. Kasperletheater (44%), Bauern-

---

99 Die Prozentangaben beziehen sich auf die Untersuchung von Berns & Reinholz (2000). Es sind lediglich Spielmaterial-Vorschläge, die keineswegs alle zur Verfügung gestellt werden sollen, und auch nach persönlichem Geschmack und Bedarf ergänzt werden können.

hof (21%), Stall, Gehege, Zäune, Bäume. Küche, Kaufladen/Post, Klassenzimmer, Ritterburg.
- **Fahrzeuge:**
Autos (79%), (Brio)Eisenbahn (24%), Fahrzeuge zum Selberfahren (18%) (Bobby-Car, Roller, Rollerblades, Kinderfahrrad)[100], Matchbox Autos u. ä.
- **Musikinstrumente** (71%):
Trommel, Flöte, Mundharmonika, Xylophon, Gong, Tamburin, Triangel, Regenmacher, Rassel, Glöckchen.
- **Bücher** allgemein (94%):
Bilderbücher (76%), Märchenbücher (71%), Wissensbücher (38%).
- **»Aggressives« Spielmaterial:**
Waffen allgemein (75%); Pistolen und Gewehre (65%), Ritter mit Ritterburg (29%), Batakas (38%), Boxhandschuhe (26%), Boxsack/-ball (24%), Schwert und Schutzschild, Dartscheibe, Armbrust, Handschellen, Pfeil und Bogen, Lasso, Schatzkiste.
- **Sport- und Bewegungsspielmaterial:**
Bälle (85%), Tischfußballspiel (62%), Kriechtunnel (41%), Tischtennis (32%), Tischbillard, Springseil, Hula-Hoop, Medizinball, (Teller-)Schaukel, Klettergerüst.
- **Regressives Material – Versteckspiel:**
Kuschelecke allgemein (85%), Decken (53%), Kissen (79%), Hängematte (41%), Matratzen (41%), Sofa (53%), Verdunkelungsmöglichkeit, Höhle.
- **Rollenspielmaterial** mit entsprechenden Kulissen allgemein (76%);
  - **Verkleidungssachen** (53%), Spiegel, Schminke, Hüte, Masken.
  - **Puppenhaus** mit Einrichtung und Puppen (74%).
  - **Kinderküche** mit Töpfen, Esswaren, Kochmütze, Schürze, Geschirr, Besteck, Tischdecke.
  - **Kasperletheater** mit Figuren.
  - **Doktorspielmaterial:** Arztkoffer, Verbände, Pflaster, Spritzen ohne Nadeln, Krankenbett, Arztkittel, Stethoskop, Spiel-Blutdruckmessgerät, Spiel-Thermometer, Reflexhämmerchen, Holzspatel, Gummi-

---

100 Fahrzeuge zum Selberfahren sind für die Psychotherapie nur bedingt geeignet, als Miniaturfiguren aber unverzichtbar.

handschuhe, Mundschutz, OP-Haube, Verbandschere, Wattebausch, Pillendöschen, Rezeptblock.
- **Kaufladen** (50%), Geld (47%), Waren (44%), Kasse, Waage, Einkaufskorb, Taschen, Tüten, leere Verpackungen, Musterpackungen (Pröbchen). »Echte Waren«: Nudeln, Bohnen, Reis, Kartoffeln, Möhren.
- **Schule:** Tafel (71%), Kreide (41%), Schulhefte, Mal- und Zeichenmaterial.
- **Post**, Stempel, Briefumschläge, Papier.

- **Miniaturfiguren:**[101]
  - **Sandspiel:** Sandspielkiste (62%); mit 20 Teilen (29%), mit bis zu 50 Teilen (12%), mit mehr als 50 Teilen (12%), Zweite Sandkiste mit feuchtem Sand, Spielsand (am besten im Sommer zu besorgen), Sieb (für die im Sand verbliebenen kleinen Teile), Sandspielgeräte wie Schaufel, Eimer, Förmchen, Gießkanne, Wasserpumpe, Sandmühle.
  - **Scenokasten** (74%).
  - Playmobil, **Plämokasten.**
- **Konstruktionsmaterial:**
  Bauklötze oder Baustellenmaterial allgemein (97%), Holzklötze (94%), Legosteine (56%), Werkzeug (47%), Werkbank (24%).
- **Gesellschaftsspiele:**
  Gesellschaftsspiele allgemein (97%); Spiele für nur eine Person (Geduld- und Geschicklichkeitsspiele) (71%), Partnerspiele.
- **Technisches Material:**
  Elektronisches Spielzeug (PC) (9%), Spielzeugtelefone (47%), Rekorder (29%), Videokamera (3%), Sofortbild- oder Digitalkamera (24%), Wanduhr, Drucker.

---

101 Spezifische Rollenspielmaterialien in »Handformat« wie z.B. Schleichfiguren oder Playmobilfiguren wurden von Berns und Reinholz nicht explizit erfasst.

Literatur

Abram, J. (1996). *The Language of Winnicott*. London: Karnac.
Allen, J. G., Fonagy, P. & Bateman, A. W. (2022). *Mentalisieren in der psychotherapeutischen Praxis*. Stuttgart: Klett-Cotta.
Altmeyer, M. (2016). *Auf der Suche nach Resonanz – Wie sich das Seelenleben in der digitalen Moderne verändert*. Göttingen: Vandenhoeck & Ruprecht.
Alvarez, A. (2014). *Das denkende Herz. Drei Ebenen psychoanalytischer Therapie mit gestörten Kindern*. Frankfurt/M: Brandes & Apsel.
Anzieu, A., Anzieu-Pemmereur, C. & Daymas, S. (2006). *Das Spiel in der Kinderpsychotherapie*. Berlin: edition discord.
Arbeitsausschuss Spiel Gut. (2012). *Vom Spielzeug und vom Spielen. Ratgeber für gutes Spielzeug*. Ulm: Selbstverlag.
Arbeitskreis. (2016). *OPD-KJ-2. 2. überarbeitete Auflage*. Bern: Hogrefe.
Argelander, H. (1970). Die szenische Funktion des Ichs und ihr Anteil an der Symptom- und Charakterbildung. *Psyche, 24*, 325–345.
Ausländer, R. (1984). *Gesammelte Werke*. Frankfurt/M: Fischer.
Axline, V. (2002). *Kinderspieltherapie im nicht-direktiven-Verfahren*. München: Reinhardt. (Originalarbeit erschienen 1947).
Axline, V. (2004). *Dibs. Ein autistisches Kind befreit sich aus seinem seelischen Gefängnis*. Droemer/Knaur. (Originalarbeit erschienen 1964).
Bareither, C. (2016b). *Gewalt im Computerspiel – Facetten eines Vergnügens*. Bielefeld: Transcript.
Bareither, C. (2016a). *Tod und Spiele*. Süddeutsche Zeitung [16.09.2016].
Berna, J. (1973). *Kinder beim Analytiker*. München: Piper Taschenbuch.
Berns, I. & Reinholz, K. (2000). Was benötigen analytische Kinder- und Jugendlichen-Psychotherapeuten in ihren Praxen, um wirksam arbeiten zu können? *Psychoanalytische Orientierungen. Hannoversche Werkstattberichte, 12*, 155–189.
Biermann, G. (1970). Diagnostische und therapeutische Möglichkeiten des Scenotestspiels: Auswertungsbogen für den Scenotest. *Archiv für Kinderheilkunde, 181*, 63–76.
Biermann, G. (1998). Das Scenospiel im Wandel der Zeiten. *Praxis der Kinderpsychologie und Kinderpsychiatrie, 3*, 186–202.

Bion, W. (1992). *Lernen durch Erfahrung.* Frankfurt/M: Suhrkamp.BIU (2017). *Jahresreport der Computer- und Videospielbranche in Deutschland 2017.* Am 27.03.2018 von https://www.game.de/wp-content/uploads/2017/¬ 09/BIU_Jahresreport_2 017_abgerufen.

Blos, P. (2015). *Adoleszenz.* Stuttgart: Klett-Cotta.

Bollas, D. (2014). *Der Schatten des Objekts* (4. Aufl.). Stuttgart: Klett-Cotta.

Bovensiepen, G. (2007). Theoretische Grundlagen der psychoanalytischen Theorie bei Kindern und Jugendlichen. In H. Hopf & E. Windaus (Hrsg.) *Lehrbuch der Psychotherapie. Bd. 5.* (S. 195–211).München: CIP-Medien,

Brezinka, V. (2011). »Schatzsuche« – ein verhaltenstherapeutisches Computerspiel. *Praxis der Kinderpsychologie und Kinderpsychiatrie,* 60, 762–776.

Bühler, C. (1951). The World Test: A projecrive Technique. *Journal of Child Psychiatry,* 2, 4–23.

Bühler, K. (1930). *Die geistige Entwicklung des Kindes.* Jena: Gustav Fischer.

Burchartz, A., Hopf, H. & Lutz, C. (2016). *Psychodynamische Therapien mit Kindern, Jugendlichen und jungen Erwachsenen. Geschichte, Theorie, Praxis.* Stuttgart: Kohlhammer.

Bürgin, D. (2000). Phantasie. In: Mertens & Waldvogel (Hrsg.), *Handbuch psychoanalytischer Grundbegriffe* (S. 565–569). Stuttgart: Kohlhammer.

Bürgin, D. (2013). Das Spiel, das Spielerische und die Spielenden. *Analytische Kinder- und Jugendlichen-Psychotherapie,* 156, 8–27.

BVKJ. (2017). *Viele kleine Kinder daddeln am Handy.* NOZ [08.02.17].

Conzen, H. (2010). *Erik Erikson. Grundpositionen seines Werkes.* Stuttgart: Kohlhammer.

Csíkszentmihályi, M. (2000). *Das flow-Erlebnis: Jenseits von Angst und Langeweile – im Tun aufgehen.* Stuttgart: Klett-Cotta.

Dekker, A., Koops, T. & Briken, P. (2017). *Sexualisierte Grenzverletzungen und Gewalt mittels digitaler Medien – Expertise.* Hamburg: UKE.

Diepold, B. (1997). Zum Spielraum zwischen Narzissmus und Triebdynamik. *Kinderanalyse,* 4, 370–383.

Diepold, P. H. (2005). *Spiel-Räume. Erinnern und Entwerfen. Aufsätze zur analytischen Kinder- und Jugendlichenpsychotherapie.* Göttingen: Universitätsdrucke Göttingen.

Dische, I. (1977). *Zwischen zwei Scheiben Glück.* München: Hanser.

Dolto, F. (1985). *Praxis der Kinderanalyse.* Stuttgart: Klett-Cotta.

Dornes, M. (2005). Theorien der Symbolbildung. *Psyche,* 59 (1), 72–81.

Döser, J. (2015). *Ein Fenster für Gespenster – Überlegungen zum Gebrauch des iPad im Sublimierungsvorgang.* In Verein für Psychoanalytische Sozialarbeit (Hrsg.), *Screenkids – (auf)gefangen im Netz?* (S. 140 ff). Frankfurt/M: Brandes & Apsel.

Drews, S. (2000). *Zum »Szenischen Verstehen« in der Psychoanalyse.* Frankfurt/M: Brandes & Apsel.

Duden (2002). *Idiomatisches Wörterbuch der deutschen Sprache, Bd. 11,* Redewendungen und sprichwörtliche Redensarten, (S. 766). Berlin: Bibliographisches Institut.

Ebensperger-Schmidt, G. (1997). Die Entwicklung des Spielens. In T. Reinelt, G. Bogyi & B. Schuch (Hrsg.), *Lehrbuch der Kinderpsychotherapie. Grundlagen und Methoden*, (S. 84–92). Basel: Reinhardt.
Ekstein, R. (1976). *Die Bedeutung des Spiels in der Kinderpsychotherapie.* In G. Biermann (Hrsg.), *Handbuch für Kinderpsychotherapie. Ergänzungsband*, (S. 162–168). München/Basel: Ernst Reinhardt.
Elkonin, D. (1980). *Psychologie des Spiels.* Köln: Pahl-Rugenstein.
Erikson, E. (1973/1957) (5. Auflage). *Kindheit und Gesellschaft.* Stuttgart: Klett. (Englische Originalarbeit erschienen 1950, erste deutschsprachige Ausgabe 1957).
Erikson, E. (1973). *Identität und Lebenszyklus.* Frankfurt/M: Suhrkamp.
Erikson, E. (1978). *Kinderspiel und politische Phantasie.* Frankfurt/M: Suhrkamp.
Ermert, C. (1997). *Scenotest Handbuch.* Bern: Huber.
Fascher, R. (1997). Überlegungen zur psychodynamischen Bedeutung des Versteckspielens in der Kinderpsychotherapie. *Prax. Kinderpsychol. Kinderpsychiat.*, 46, 660–671.
Fatke, R. (Hrsg.) (1997). *Was macht ihr für Geschichten. Ausdrucksformen des kindlichen Erlebens.* München: dtv.
Ferenczi, S. (1970). Entwicklungsstufen des Wirklichkeitssinns. In Balint, M., *Schriften zur Psychoanalyse*, Bd I. Frankfurt/M: Fischer. (Originalarbeit erschienen 1913).
Ferro, A. (2003). *Das bipersonale Feld. Konstruktivismus und Feldtheorie in der Kinderanalyse.* Gießen: Psychosozial.
Ferro, A. (2009). *Psychoanalyse als Erzählkunst und Therapieform.* Gießen: Psychosozial.
Fietzek, E. (2014). Das Königreich Monopoly. In M. Endres & C. Salamander (Hrsg.), *Latenz: Entwicklung und Behandlung – Jahrbuch der Kinder- und Jugendlichen-Psychotherapie 3* (S. 158–182). Frankfurt/M: Brandes & Apsel.
Fliegner, J. (1993). *Eine Teilstudie zur Revision des von Staabs Sceno-Tests nebst Entwicklung eines Auswertungsbogens.* Diplomarbeit an der psychologischen Fakultät Universität Bielefeld.
Fliegner, J. (1995). Sceno-R. *Praxis der Kinderpsychologie und Kinderpsychiatrie*, 6, 215–221.
Fliegner, J. (2012). *Scenotest-Praxis* (5. Aufl.). Heidelberg: Asanger.
Fonagy, P. (2016). Vorwort. In A. Lemma & L. Caparotta (Hrsg.), *Psychoanalyse im Cyberspace?* (S. 9–17). Frankfurt/M: Brandes & Apsel.
Fonagy, P., György, G., Jurist, E. & Target, M. (2004). *Affektregulierung, Mentalisierung und die Entwicklung des Selbst.* Stuttgart: Klett-Cotta.
Fooken, I. (2012). *Puppen – heimliche Menschenflüsterer. Ihre Wiederentdeckung als Spielzeug und Kulturgut.* Göttingen: Vandenhoeck & Ruprecht.
Fraiberg, S. (1998). *Die magischen Jahre. Familiäre Beziehungen in der frühen Kindheit.* Hamburg: Hoffmann & Campe.
Freud, A. (1966). *Einführung in die Technik der Kinderanalyse.* München: Ernst Reinhardt. (Originalarbeit erschienen 1929).

Freud, A. (1984). *Das Ich und die Abwehrmechanismen.* München: Fischer TB. (Originalarbeit erschienen 1936).
Freud, A. (1968). *Wege und Irrwege in der Kinderentwicklung.* Stuttgart: Ernst Klett.
Freud, S. (2000). *Der Dichter und das Phantasieren.* In S. Freud, Studienausgabe Bd. X (S. 169 ff). Frankfurt/M: Fischer. (Originalarbeit erschienen 1908).
Freud, S. (2000). *Jenseits des Lustprinzips.* In S. Freud, Studienausgabe Bd. III (S. 215 ff). Frankfurt/M: Fischer. (Originalarbeit erschienen 1920).
Freud, S. (2000). *Das Unbehagen an der Kultur.* In S. Freud, Studienausgabe Bd. IX. Frankfurt/M: Fischer. (Originalarbeit erschienen 1930).
Fürstenau, P. (1992). *Entwicklungsförderung durch Therapie.* München: Pfeiffer.
Gebhard, U. (2016). Auf dem Weg zu einem dreidimensionalen Persönlichkeitsmodell. In: H. Searls, *Die Welt der Dinge. Die Bedeutung der nichtmenschlichen Umwelt für die seelische Entwicklung* (S. 11–18). Gießen: Psychosozial.
Goffman, E. (2003). *Wir alle spielen Theater. Die Selbstdarstellung im Alltag.* München: Piper. (Originalarbeit erschienen 1959).
von Gontard, A. & Lehmkuhl, G. (2003). *Spieltherapien – Psychotherapien mit dem Medium des Spiels: I. Allgemeine Einführung, tiefenpsychologische und personenzentrierte Zugänge.* Praxis der Kinderpsychologie und Kinderpsychiatrie 52 (2003) 1, 35–48.
Grass, G. (1993). *Die Blechtrommel.* München: dtv.
Grimm, B. (1986). Aschenputtel. In B. Grimm, *Kinder- und Hausmärchen* (S. 172 ff). Zürich: Manesse. (Originalarbeit erschienen 1946).
Groos, K. (2016). *Die Spiele des Menschen.* Norderstedt: Hansebooks. (Originalarbeit erschienen 1899).
Günter, M. (2003). *Psychotherapeutische Erstinterviews mit Kindern. Winnicotts Squiggletechnik in der Praxis.* Stuttgart: Klett-Cotta.
Günter, M. (2013). Das Spiel in der virtuellen Welt – Affektabwehr, ›milde Narkose‹ oder Symbolisieurng? *AKJP* 157, 1, 123–142.
Habermas, T. (1999). *Geliebte Objekte: Symbole und Instrumente der Identitätsbildung.* Berlin: Suhrkamp Taschenbuch Wissenschaft.
Hamann, P. (1993). *Kinderanalyse. Zur Theorie und Technik.* Frankfurt/M: Fischer.
Herzog, J. (1994). Spielmethoden in Kinderanalysen. In F. Pedrina, M. Mögel & E. B. Garstick (Hrsg.), *Spielräume. Begegnungen zwischen Kinder- und Erwachsenenanalyse* (S. 15–35). Tübingen: ed discord.
Hindman, S. (1981). Pieter Bruegel's Children's Games, Folly and Chance. In *The Art Bulletin, 63, 3,* 447–475.
Hölzer, K. & Bottome, P. (2017). *Alfred Adler aus der Nähe portraitiert.* Berlin: VTA.
Hoffmann, E. (Hrsg.) (1951). *Friedrich Fröbel. Ausgewählte Schriften Bd II: Die Menschenerziehung.* Bonn/Bad Godesberg: Küpper.
Hoffmann, S. & Hochapfel, G. (1995). *Neurosenlehre, psychotherapeutische und psychosomatische Medizin.* Stuttgart, New York: Schattauer.
Holder, A. (2002). *Psychoanalyse bei Kindern und Jugendlichen. Geschichte, Anwendungen, Kontroversen.* Stuttgart: Kohlhammer.

Hole, S. (2009). *Garmans Sommer.* Berlin: Hanser.

Hopkins, J. (2008). *Bindung und das Unbewusste. Ein undogmatischer Blick in die kinderpsychoanalytische Praxis.* Frankfurt/M: Brandes & Apsel.

Horne, A. & Lanyado, M. (Hrsg.) (2016). *Übergangsobjekt und Möglichkeitsraum. Die Kreativität Winnicottschen Denkens für die klinische Praxis.* Frankfurt/M: Brandes & Apsel.

Hug-Hellmuth, H. (1994). Zur Technik der Kinderanalyse. *Kinderanalyse, 1,* 8–27. (Originalarbeit erschienen 1920).

Hummel, U. (1989). Horror – die neue Gewalt im Spiel. *Unsere Jugend, 41,* 145–155.

Hurry, A. (2002). *Psychoanalyse und Entwicklungsförderung von Kindern.* Frankfurt/M: Brandes & Apsel.

Hüther, G. & Quarch, C. (2016). *Rettet das Spiel! Weil Leben mehr als Funktionieren ist.* München: Carl Hanser.

Juen, F., Reiffen-Züger, B., Lehmhaus, D., Prentl, S., Moisl, S., Züger, M., Rexroth, I., Marton, M. A., Maurer, M. H. (2024). Die Operationalisierte Psychodynamische Diagnostik des Kindes- und Jugendalters (OPD-KJ-2) im klinischen Alltag mit dem Plämokasten – Anwendbarkeit und Interraterreliabilität. *Zeitschrift für Kinder- und Jugendpsychiatrie und Psychotherapie 52,* 4, 201–211. Open Access: https://doi.org/10.1024/1422-4917/a000971

Kalff, D. (1969). Das Sandspiel. Ein Beitrag aus der Sicht C. G. Jungs zur Psychotherapie. In G. Biermann (Hrsg.), *Handbuch der Kinderpsychotherapie* Bd. 1 (S. 451–456). München: Reinhardt.

Kanning, U. (2002). Soziale Kompetenz – Definition, Strukturen und Prozesse. *Zeitschrift für Psychologie, 210,* S. 154–163.

Kernberg, P. (1995). Die Formen des Spielens. In *Österr. Studienges. f. Kinderanalyse, Studien zur Psychoanalyse* (S. 9–34). Göttingen: Vandenhoek & Ruprecht.

Kitchener, J. (2016). Eine Freude, verborgen zu sein, aber ein Unglück, wenn man nicht gefunden wird. In A. Horne & M. Lanyado (Hrsg.), *Übergangsobjekt und Möglichkeitsraum. Die Kreativität Winnicott'schen Denkens für die klinische Praxis* (S. 77–100). Frankfurt/M: Brandes & Apsel.

Klein, M. (1997). Die Psychoanalyse des Kindes. In M. Klein, *Gesammelte Schriften Bd II.* Stuttgart: Frommann-Holzboog. (Originalarbeit erschienen 1932).

Klüwer, R. (1983). Agieren und Mitagieren. *Psyche, 9,* 828–840.

Knehr, E. (1982). *Konflikt-Gestaltung im Scenotest.* München: Ernst Reinhardt.

Knellessen, O. (2015). Leuchtende Bildschirme. In V. f. Psychoanalytische Sozialarbeit (Hrsg.), *Screenkids – (auf) gefangen im Netz?* (S. 99–119). Frankfurt/M: Brandes & Apsel.

Kögler, M. (2004). *Winnicotts Übergangsobjekt im Lichte der Säuglingsbeobachtung und der Intersubjektivismus.* www.winnicott-institut.de/fileadmin/Mediathek/Veroeffentlichung/Vortrag20040401_SemStat.pdf

Kögler, M. & Busch, E. (2014). *Übergangsobjekte und Übergangsräume. Winnicotts Konzepte in der Anwendung.* Gießen: Psychosozial-Verlag,

Koch-Möhr, R. (1988). Computer in der Kinderpsychotherapie – Über den Einsatz von Computerspielen in der Erziehungsberatung. *Praxis der Kinderpsychologie und Kinderpsychiatrie, 6*, 416–425.

Koch-Möhr, R. (2001). Computeranwendungen in der Erziehungsberatung und Kinder-Psychotherapie. In J. Fromme & N. Meder (Hrsg.), *Bildung und Computerspiele: Zum kreativen Umgang mit elektronischen Bildschirmspielen*. Opladen: Leske & Budrich.

Kohut, H. (1973). Überlegungen zum Narzissmus und zur narzisstischen Wut. *Psyche, 27*, 513–554.

Largo, R. (2007). *Babyjahre. Entwicklung und Erziehung in den ersten vier Jahren.* München: Piper (Taschenbuch).

Lehmhaus, D. & Reiffen-Züger, B. (2024). *Psychodynamische Diagnostik in der Kinder- und Jugendlichen-Psychotherapie*. Frankfurt/M: Brandes & Apsel.

Lehmkuhl, G. & Petermann, F. (2014). *Fallbuch Scenotest – Beispiele aus der klinischen Praxis*. Göttingen: Hofgrefe.

Lehmkuhl, G., Meyer-Enders, G., Breuer, U., Tschuschke, V., Wienand, F. (2023). *Sceno-2*. Bern: Hogrefe.

Lemma, A. & Caparotta, L. (Hrsg.) (2016). *Psychoanalyse im Cyberspace?* Frankfurt/M: Brandes & Apsel.

Löchel, E. (1996). Zur Genese des Symbols in der kindlichen Entwicklung. *Kinderanalyse, 4*, 254–286.

Löchel, E. (2000). Symbol. In W. Mertens & B. Waldvogel (Hrsg.), *Handbuch psychoanalytischer Grundbegriffe* (S. 695–698). Stuttgart: Kohlhammer.

Löchel, E. (2015). Digitaler Kulturwandel und Psyche: Dilemmata der Fragestellung und Gegenstandskonstitution. *Kinderanalyse, 3*, 261–266.

Loh, J. v. (2015). Technische Medien und ihre möglichen Bedeutungen in der psychodynamischen Therapie mit Kindern und Jugendlichen. *Kinderanalyse, 3*, 241–260.

Lorenzer, A. (1974). *Die Wahrheit der psychoanalytischen Erkenntnis. Ein historisch-materialistischer Entwurf*. Frankfurt/M: Suhrkamp.

Lorenzer, A. (1992). *Das Konzil der Buchhalter* (3. Aufl.). Frankfurt/M: Fischer TB.

Lowenfeld, M. (1969). Die Welt-Technik in der Kinderpsychotherapie. In G. Biermann (Hrsg.), *Handbuch der Kinderpsychotherapie Bd. 1* (S. 442–451). München: Reinhardt.

Menninger, W. (1960). Recreation and mental health. In B. Hill, *Recreation and Psychiatry* (S. 8–18). New York: National Recreation Association.

Mertens, W. (1996). *Entwicklung der Psychosexualität und der Geschlechtsidentität*. 2 Bd. Stuttgart: Kohlhammer.

Mertens, W. (2009). *Psychoanalytische Erkenntnishaltungen und Interventionen*. Stuttgart: Kohlhammer.

Mitschell, R. & Friedmann, H. (1997). *Konzepte und Anwendungen des Sandspiels*. München: Ernst Reinhardt.

Mogel, H. (1991). *Psychologie des Kinderspiels. Die Bedeutung des Spiels als Lebensform des Kindes, seine Funktion und Wirksamkeit für die kindliche Entwicklung.* Berlin, Heidelberg: Springer.

Moreno, J. (1959). *Gruppenpsychotherapie und Psychodrama.* Einleitung in die Theorie und Praxis. Stuttgart: Georg Thieme.

Moreno, J. (1995). *Auszüge aus der Autobiographie.* München: inScenario.

mpfs. (2014 und 2020). *miniKIM-Studie.* Stuttgart.

mpfs. (2016 und 2023). *JIM-Studie.* Stuttgart.

mpfs. (2016b). *Medienpädagogischer Forschungsverbund Südwest.* Abgerufen unter http://www.mpfs.de/ [30.11.16].

mpfs. (2017 und 2022). *KIM-Studie.* Stuttgart.

Müller, H. (2017). Der Spion in meiner Hosentasche? Projekt Psychotherapie bvvp, 1, 26–27.

Naab, T. & Langmeyer, A. (2022). Medien in Zeiten von Corona: Fluch und Segen. In: *Impulse DJI*, 2, 43–46.

Neubauer, P. (1987). The many Meanings of Play: Introduction. *Psychoanal. Stud. Child*, 42, 3–9.

Normann, A. (2016). *Virtuelle Bindung.* Köln: Bachelorarbeit Universiät Köln.

Oerter, R. (1997). *Psychologie des Spiels.* Weinheim: PVU.

Oerter, R. (2003). Spiel. In Herpertz-Dahlmann, B., Resch, F., Schulte-Markwort, M. & Warnke, A. (Hrsg.), *Entwicklungspsychiatrie* (S. 136 ff). Stuttgart: Schattauer.

Ogden, Th. (1997). Über den potentiellen Raum. In *Forum der Psychoanalyse*, 13, 1–18.

OPD-KJ-2. (2016). *Operationalisierte Psychodynamische Diagnostik im Kindes- und Jugendalter. Grundlagen und Manual.* Bern: Hans Huber.

Orwell, G. (1994). *1984.* Berlin: Ullstein Tabu. (Originalarbeit erschienen 1946).

Parens, H. (1995). *Kindliche Aggressionen.* München: Kösel.

Pas Bagdadi, M. (1994). *»Ich koch' dich, ich fress dich und dann mach ich dich tot!« – Verstehen, was Kinder meinen.* Düsseldorf: Patmos.

Petzold, H. (1983). Geheimnis der Puppe. *Integrative Therapie*, 9 (1), 9–19.

Piaget, J. (1975). *Nachahmung, Spiel und Traum. Die Entwicklung der Symbolfunktion beim Kinde.* In J. Piaget, Gesammelte Werke Bd. 5. Stuttgart: Klett-Cotta. (Originalarbeit erschienen 1945).

Quindeau, I. (2008). *Psychoanalyse.* Paderborn: UTB.

Rauchfleisch, U. (1992). *Allgegenwart von Gewalt.* Göttingen: Vandenhoeck & Ruprecht.

Renz-Polster, H. (2009). *Kinder verstehen. Born to be wild: Wie die Evolution unsere Kinder prägt.* München: Kösel.

Rogers, C. (1972). *Die klientenzentrierte Gesprächspsychotherapie.* München: Kindler. (Originalarbeit erschienen 1942).

Rogge, J.-U. (1991). Vom Umgang mit Aggressionen: He-Man, Skeletor und die Barbiepuppe. Geschlechtsspzifische Aspekte im medienbezogenen Handeln. *Medien und Erziehung*, 35, 81–201.

Rosa, H. (2019). *Resonanz. Eine Soziologie der Weltbeziehung.* Frankfurt/M: Suhrkamp TaBu Wissenschaft Bd. 2272.

Ross, H. (1968). Das Schulespiel. *Psyche, 8,* 604–613.

Sabbadini, A. (2016). Neue Technologien und psychoanalytisches Setting. In A. Lemma & L. Caparrotta (Hrsg.), *Psychoanalyse im Cyberspace?* (S. 48–62). Frankfurt/M.: Brandes & Apsel.

Sandler, J. & Freud, A. (1989). *Die Analyse der Abwehr.* Stuttgart: Klett-Cotta.

Schacht, L. (2001). Spielen zwischen Trauma und Kreativität. In Schacht, L., *Baustelle des Selbst. Kreativität in der analytischen Kinderpsychotherapie* (S. 159–229). Stuttgart: Klett-Cotta.

Schäfer, G. (1979). Heilendes Spiel. *Kindheit 1,* 239–250.

Schäfer, G.E. (1995). *Bildungsprozesse im frühen Kindesalter.* Weinheim: Beltz.

Schambeck, F. (2010). Die Handlungssprache in der Jugendlichenanalyse oder »Nichts ist mehr wie vorher«. In S. Hauser & F. Schambeck (Hrsg.), *Übergangsraum Adoleszenz. Entwicklung, Dynamik und Behandlungstechnik Jugendlicher und junger Erwachsener* (S. 93–108). Frankfurt/M: Brandes & Apsel.

Scheerer, A. (2013). *Leidenschaftliche Aggression als Tabu?* Abgerufen unter Psychoanalyse Aktuell – Online Zeitung der Psychoanalytischen Vereinigung (DPT): www.psychoanalyse-aktuell.de [27.03.2018].

Schmidbauer, W. (2007). *Das Helfersyndrom. Hilfe für Helfer.* Reinbek bei Hamburg: Rowohlt.

Searles, H.S. (2016). *Die Welt der Dinge – Die Bedeutung der nichtmenschlichen Umwelt für die seelische Entwicklung.* Gießen: Psychosozialverlag.

Segal, H. (1991). Bemerkungen zur Symbolbildung. In Bott Spillius, E. (Hrsg.), *Melanie Klein heute Bd. I.* Stuttgart: VIP. (Originalarbeit erschienen 1957).

Seiffke-Krenke, I. (1987). Psychologische Konstruktionen bei Jugendlichen: Der imaginäre Gefährte. *Zeitschrift für Entwicklungspsychologie und Pädagogische Psychologie, 19* (1), 14–31.

Seitz, A. (2016). Die Sandspieltherapie nach Dora M. Kalff. *Analytische Kinder- und Jugendlichenpsychotherapie, 166,* 63–90.

Sendak, M. (2013). *Wo die wilden Kerle wohnen.* Zürich: Diogenes. (Originalarbeit erschienen 1963, übersetzt aus dem Amerikanischen von Claudia Schmölders).

Sies, C. (1996). Doktorspiele. In P. Buchheim, M. Cierpka & T. Seifert (Hrsg.), *Spiel und Zusammenspiel in der Psychotherapie. Lindauer Texte* (S. 98–107). Berlin, Heidelberg: Springer

Simmel, E. (1975). Doktorspiel, Kranksein und Arztberuf. *Psyche, 7,* 665–676.

Stadler, T. (2013). Spielen im Spannungsverhältnis von Deutung und Ko-Narration. Beispiele aus der Praxis und Überlegungen zu ergänzenden Selbsterfahrungsangeboten in der Ausbildung. *AKJP, 157,* 103–122.

Staehle, A. (2013). »Spiel mit mir«. Die Bedeutung der Spielfähigkeit für die kindliche Entwicklung und die analytische Kindertherapie. *AKJP, 157,* 29–60.

Statista. (2017). *Rosige Zukunft für erweiterte Realität*. Abgerufen unter Statista: https://de.statista.com/infografik/9006/marktentwicklung-von-augmented-und-virtual-reality/ [18.05.2017]

Steger-Hain, Z. (1992). Die Kinderpsychotherapie Hans Zulligers. In G. Biermann (Hrsg.), *Handbuch der Kinderpsychotherapie* (S. 624–635). München: Ernst Reinhardt.

Störmann-Gaede, L. (2016). Füchse fangen oder: meine Liebe zum Doppelkopf. *Projekt Psychotherapie, 1*, 30–31.

Streeck-Fischer, A. (1997). Verschiedene Formen des Spiels in der analytischen Psychotherapie. *Forum der Psychoanalyse, 13*, 19–37.

Streeck-Fischer, A. (1999). Zur OPD-Diagnostik des kindlichen Spiels. *Praxis d Kinderpsychol. u Kinderpsychiatrie, 48*, 580–588.

Teuber, K. (2017). Das Spielen hat unsere Familie gerettet. In A. Dillig (Interviewer), *Süddeutsche Zeitung Magazin* [28.09.2017].

Tibud, S. (2016). Ludo ergo sum – Ich spiele, also bin ich … Kinderpsychoanalytikerin. *Kinder- und Jugendlichen-Psychotherapie, 171*, 313–338.

Tyson, P. & Tyson, R. (1997). *Lehrbuch der psychoanalytischen Entwicklungspsychologie*. Stuttgart: Kohlhammer.

Ulich, M. (1997). Inszenierungen im Kinderspiel. In R. Fatke (Hrsg.), *Was macht ihr für Geschichten. Ausdrucksformen des kindlichen Erlebens* (S. 29–44). München: dtv.

v. Staabs, G. (1978, 5. Auflage]). *Der Scenotest. Beitrag zur Erfassung unbewusster Problematik und charakterologischer Struktur in Diagnostik und Therapie*. Bern: Hans Huber. (Originalarbeit erschienen 1964).

v. Staabs, G. (1991). *Der Scenotest – Testkasten mit Material*. Göttingen: Testzentrale Hogrefe.

van Loh, J. (2015). Technische Medien und ihre möglichen Bedeutungen. *Kinderanalyse, 3*, 241–260.

Verein für Psychoanalytische Sozialarbeit (Hrsg.). (2015). *Screenkids – (auf-)gefangen im Netz? Risiken und Chancen neuer Medien bei Kindern und Jugendlichen mit psychischen Schwierigkeiten*. Frankfurt/M: Brandes & Apsel.

Wälder, R. (1933). The psychoanalytic theory of play. *Psychoanalytic Quarterly, 2*, 208–224.

Warwitz, S. & Rudolf, A. (2013). Die Faszination des Kriegsspiels. In S. Warwitz & A. Rudolf, *Vom Sinn des Spielens. Reflexionen und Spielideen*. Baltmannsweiler: Schneider Hohengehren TB.

Warwitz, S. & Rudolf, A. (2013). Kriegs- und Friedensspiele. In S. Warwitz & A. Rudolf, *Vom Sinn des Spielens. Reflexionen und Spielideen*. Baltmannsweiler: Schneider Hohengehren TB.

Weiss, P. (2007). *Abschied von den Eltern. Erzählung*. (BasisBibliothek 77). Frankfurt/M: Suhrkamp. (Originalarbeit erschienen 1961).

Wells, H. & Turner, B. (Hrsg.) (2004). *Floor Games*. Cloverdale CA: Temenos Press. (Originalarbeit erschienen 1911).

te Wildt, B. (2015). *Digital Junkies. Internetabhängigkeit und ihre Folgen für uns und unsere Kinder*. München: Droemer

Winnicott, D. W. (1969). Übergangsobjekte und Übergangsphänomene. Eine Studie über den ersten, nicht zum Selbst gehörenden Besitz. *Psyche, 9*, 666–682. (Originalarbeit erschienen 1911).

Winnicott, D. W. (1984). *Kind, Familie und Umwelt*. München: Ernst Reinhardt.

Winnicott, D. W. (2002). Die Frage des Mitteilens und Nicht-Mitteilens führt zu einer Untersuchung gewisser Gegensätze. In D. W. Winnicott, *Reifungsprozesse und fördernde Umwelt* (S. 234–253). Gießen: Psychosozial. (Originalarbeit erschienen 1965).

Winnicott, D. W. (2008). *Von der Kinderheilkunde zur Psychoanalyse*. Gießen: Psychosozial. (Originalarbeit erschienen 1958).

Winnicott, D. W. (2015). *Vom Spiel zur Kreativität*. Stuttgart: Klett-Cotta. (Originalarbeit erschienen 1971).

Wittenberger, A. (2016). *Dem inneren Klang auf der Spur. Der Prozess der Kinderpsychoanalyse*. Frankfurt/M: Brandes & Apsel.

Wolffheim, N. (1973). Psychologisches zum Kinderspiel. In N. Wolffheim, *Psychoanalyse und Kindergarten und andere Arbeiten zur Kinderpsychologie* (S. 155–167). München/Basel: Ernst Reinhardt.

Zulliger, H. (2023 [1952]). *Heilende Kräfte im kindlichen Spiel*. Gießen: Psychosozial-Verlag

Zwiebel, R. (2013). *Was macht einen guten Psychoanalytiker aus?* Stuttgart: Klett-Cotta.

Stichwortverzeichnis

A

Action 147, 194
Adoleszenz 79, 176
Allmacht 136, 145, 149, 193
Als-ob 18, 38, 65, 101, 113, 149, 167, 168, 184
analog 63, 182, 184, 208
Assoziation 11, 91, 93, 97
Aufforderungscharakter 35, 160, 168
Ausstattung 17, 48, 173
Autonomie 63, 73, 119, 120, 149
Avatar 188, 198

B

Ballerspiel 76, 185
bedrohlich 29, 145, 173, 211
Begegnung 95, 202, 205
– Begegnungsraum 97
Beziehung 13, 35, 149, 156, 185
Bindung 20, 37, 69, 83, 121, 198

D

digital 181, 182, 187, 195
Doktorspiel 73, 132, 133, 135, 173
Drittes 61, 109, 140, 201

E

Entwicklungslinie 58, 67, 79, 94, 112, 152
Exotisch 172

F

Flow 26, 27, 108, 176, 188, 205

G

Gewalt 143
– im Computerspiel 204
– Kleinkindalter 143
– narzisstische Abwehr 30
Grandios 30, 77, 86, 127, 145, 146, 195
Grauen 142
Grenzen 26, 31, 33, 50, 120, 143, 188
Gruselspiele 142

H

Hexe 19, 146, 163
Hier und Jetzt 11, 24, 49, 94, 106, 172
Hilfs-Ich 23, 55, 94, 141

225

I

Identifikation 64, 128, 144, 173
- mit dem Aggressor 23
Imagination 17, 38, 91
Inszenierung 11, 14, 20, 38, 43, 90, 125, 126
Intermediäre Raum 96
intersubjektiv 21, 42, 100, 108, 109, 197

K

Kasperl 144
Kaufladen 73, 131
Kommunikation 21, 36, 79, 101, 198
Konstruktionsspiel 72, 77, 82, 124
Körperspiel 69
kreativ 12, 17, 20, 33, 38, 95, 99, 168, 173, 185, 202

M

Macht 118, 127, 138, 144, 146, 151
Mentalisierung 66
Miniaturfiguren 145, 154, 167
Mobbing 79, 127, 205
Möglichkeitsraum 18, 43, 52, 109, 122

N

Narrativ 32, 66, 101, 104, 114, 162, 174
Neugier 12, 28, 57, 133, 135
Non-utilitaristisches Spiel 24, 38

O

Objektbeziehung 72, 96, 198
Objektkonstanz 61, 63, 123

Objektverwendung 72, 108
Ohnmacht 30, 144, 146, 150, 167
Omnipotenz 145, 149

P

Paradigma 197
Paradigmenwechsel 196
Peergroup 80, 173
Plämokasten 167
Potenzieller Raum 96
Präsymbolisch 19, 58, 67, 89
Primärvorgang 63, 71
Projektion 12, 18
Projektiv 151
Projektive Identifizierungen 113
Prothese 198
Puppe 71, 129
Puppenspiel 75

R

Realitätsbewältigung 85
Realitätsprinzip 67, 86
Regelspiel 90, 139, 141
Regisseur 22, 91, 174
Relationale Wende 166, 168
Resonanz 17, 44, 55, 176, 196
Rhythmus 27, 36, 118
Rollenspiel 74, 91, 126, 127, 168, 188, 193

S

Sandspiel 47, 156
Sceno 159, 160, 163, 167
Schätze 121, 145
Schulespiel 135, 138
Sekundärprozess 27, 65, 72
Selbsterfahrung im Spiel 104
Setting 12, 45, 50, 108

Stichwortverzeichnis

Sexualität 135, 202, 203
Spielentwicklung 54, 55, 57, 58, 96
Spieleparadigma 12, 40
Spielfähigkeit 12, 37, 54, 55, 66, 101, 108, 109, 135, 170
Spielzimmer 45, 47, 99, 110
Sublimierung 90
Symbolische Repräsentation 19, 67
Symbolisierung 18, 62, 65, 118
Szene 20, 21, 30, 57, 89, 164
Szenisches Verstehen 20

T

Tagtraum 80
Töne 118, 119
Trauma 17, 56
Traumatisierung 23, 101
Triangulierung 62, 109, 157
Triebparadigma 86, 93

U

Übergangsobjekt 62, 72, 130, 199, 200

Übergangsraum 18, 97, 159, 199–201, 205
Umwelt 35, 54, 55, 96

V

Verschiebung 32, 202
Verstecken 75, 121, 122
Versteckspiele 65, 121, 123
virtuell 118, 182, 184, 188, 192, 201

W

Wiederholungszwang 87, 202
Wirklichkeit 22, 29, 31, 32, 42, 88, 146

Z

Zeichen 161